高 等 学 校 教 师 教 育 系 列 教 材

教育政策法规

主 编　田 虎　龚彦忠

副主编　郝柯羡　王国强

　　　　文 通　刘一叶

南京大学出版社

图书在版编目(CIP)数据

教育政策法规 / 田虎，龚彦忠主编. — 南京：南京大学出版社，2021.8(2024.7重印)
ISBN 978-7-305-24101-7

Ⅰ. ①教… Ⅱ. ①田… ②龚… Ⅲ. ①教育政策-中国②教育法-中国 Ⅳ. ①D922.16

中国版本图书馆 CIP 数据核字(2020)第 257449 号

出版发行　南京大学出版社
社　　址　南京市汉口路 22 号　　　　邮　编　210093
书　　名　**教育政策法规**
　　　　　JIAOYU ZHENGCE FAGUI
主　　编　田 虎　龚彦忠
责任编辑　钱梦菊　　　　　　　　编辑热线　025-83592146
照　　排　南京南琳图文制作有限公司
印　　刷　常州市武进第三印刷有限公司
开　　本　787 mm×1092 mm　1/16　印张 13.25　字数 290 千
版　　次　2021 年 8 月第 1 版　2024 年 7 月第 4 次印刷
ISBN 978-7-305-24101-7
定　　价　42.00 元

网址：http://www.njupco.com
官方微博：http://weibo.com/njupco
微信服务号：NJUyuexue
销售咨询热线：(025) 83594756

前　言

　　"教育政策法规"是教师教育类课程的重要组成部分,是体现教师教育师范性特点的一门必修课程,也是加强中小学教师队伍建设的重要抓手。本教材针对学生将来从事教育管理、教育教学、班级管理等岗位职业能力的要求,着眼于提高学生的教育政策法规的知识与能力,培养学生的守法护法意识,既具有一定的理论性,又具有很强的应用性。

　　本教材的编写以《国家中长期教育改革和发展规划纲要(2010—2020 年)》中提出的"深化教师教育改革,创新培养模式,强化师德修养和教学能力训练,提高培养质量"为指导方针,体现了教育部对中小学教师资格证考试大纲的相关要求。在编写中,力求反映和体现以下特点:

　　第一,基础性。本教材以培养未来中小学教师的法律素养为宗旨,精选教育政策法规领域的基本法律知识,为学生未来从事教师职业打下坚实的法律理论与能力基础。

　　第二,时代性。本教材的内容选取紧密结合未来教师的职业需求,从学校教育的实际出发,对有关学校、学生、教师的教育法律问题进行了专题解读,努力反映教育政策法规理论研究的新进展,注重反映教育法治改革与实践中的新理念和新问题,使教材充分体现时代特色。

　　第三,实践性。本教材编写重视对师范院校学生进行教育政策法规的系统讲授,更注重培养学生思考、判断、解决教育教学中具体法律问题的能力,力求实现理论与实践的紧密结合。

　　第四,操作性。本教材编写在内容安排上充分关注了教育政策法规知识的实用性特征,尽量简化和淡化冗余的言语阐述,突出法规学习的深入理解与现实生活的紧密结合,增强对学生行为的指导性和现实操作性。

本教材在每章内容后面都提供了案例分析与思考练习题。通过这些题目,意在帮助学生梳理章节的内容要点,突出"教育政策法规"课程理论学习与实践运用的内在统一性,体现教育法律对教育实践的规范性。

本教材由咸阳师范学院田虎、龚彦忠担任主编,西安交通工程学院郝柯羡、西安文理学院王国强、湘中幼儿师范高等专科学校文通、商洛职业技术学院刘一叶担任副主编。本教材在编写过程中,借鉴、引用了很多专家、学者的著作文献,参考了大量国内外同行的研究成果和案例资料,在此谨向作者表示真诚的感谢。在书稿完成过程中,得到了很多同仁的帮助和支持,在此一并表示诚挚的谢意。

限于编者水平,本教材的不足之处,恳请各位同仁和同学在使用过程中批评指正,多提宝贵意见,以便今后有机会进一步修改完善。

编 者

2021 年 3 月

目录
CONTENTS

第一章
导 论

学习导航 ➡

【学习目标】

1. 了解教育政策法规方面基本知识。

2. 掌握教育政策法规应知、应会的主要内容。

3. 提高教育法律意识，强化依法治教、依法管理的思想观念。

【本章重难点】

1. 培养学生教育法律意识，强化依法治教、依法管理的思想观念。

2. "依法治教"与"以法治教、以罚代教"的区别。

3. 教育政策与教育法律的关系。

微信扫码

获取配套资源

依法治教是党中央提出的依法治国方针在教育工作中的具体体现，是关系教育改革与发展全局的一个重要的工作方针。随着依法治国思想的深入人心和教育体制改革的不断推进，依法治教成为 21 世纪中国教育改革与发展的必然选择和重要任务。加强教育的法制建设，实现依法治教，使教育工作全面走上法治轨道，对于坚持教育的社会主义方向，确保教育优先发展的战略地位，实施科教兴国的战略，具有十分重要的意义。

第一节　依法治教概述

一、依法治教的含义

所谓依法治教，是指依据法律来管理教育，依法行使权利，自觉履行义务，也就是在社会主义民主的基础上，使教育工作逐步走上法制化、规范化。对依法治教可以从以下几个方面来理解。

（一）依法治教的主体

依法治教主体的范围十分广泛，主要包括各级权力机关，即各级人民代表大会及其常务委员会；各级行政机关，即各级人民政府及其职能部门；各级审判机关、检察机关，即各级人民法院和人民检察院；各级教育行政部门及其他有关行政部门；各级各类学校及其他有关机构；企事业单位、社会团体；公民个人等。

各级人民代表大会及其常务委员会在其权限范围内制定有关教育的法律、法规，审议有关教育经费的预算、决算，听取政府有关教育工作的报告，检查教育法律的实施情况等；人民法院依法审理有关教育的案件；人民检察院依法对人民法院审理的有关教育的案件进行监督；政府的其他行政部门都在各自的职权范围内履行有关教育的管理职责。他们都是依法治教的重要主体。

依法治教不仅是政府机关、权力机关、司法机关的事情，同时也是全体社会组织和社会成员的事情，不仅需要依靠教育行政机关、司法机关等，还必须依靠社会团体和广大人民群众。从一定意义上讲，凡是从事教育活动或有关教育活动的主体，都应该是依法治教的主体。

（二）依法治教的范围

依法治教的范围主要包括国家机关管理教育的有关活动，各种社会组织和个人举办学校及其他教育机构的活动，学校及其他教育机构的办学活动，教师及其他教育工作者实施教育教学的活动，学生及其他受教育者接受和参与教育教学的活动以及各种社会组织和个人从事和参与教育的活动。由此看来，依法治教不局限于举办学校、学校办学、教师教学、学生学习等十分明显的教育活动，还包括教育经费拨款、举办校办产业、捐资助学等有关教育的活动。

(三) 依法治教的内容

依法治教的内容，主要包括教育立法、教育普法、教育执法、教育司法、教育守法、教育法律监督、教育法律救济等方面。其中依法行政、依法治校是依法治教的核心体现。

二、依法治教的基本要求

全面实现依法治教，使教育工作走上法制化的轨道，必须具备以下五个基本条件。

(一) 具有完备的教育法律、法规体系

教育立法是依法治教的基础，只有健全、完备的教育法体系，才能为依法治教工作提供全面的法律依据，也才能使依法治教工作做到有法可依、有章可循。

依法治教首先需要建立起反映教育规律、体现人民的共同意志、符合人民的利益、层次排列有序的教育法律、法规体系，做到有法可依。改革开放以来，我国的教育立法工作取得了重大进展。目前为止，全国人民代表大会及其常务委员会已制定了《教育法》《义务教育法》《未成年人保护法》《预防未成年人犯罪法》《职业教育法》《教师法》《高等教育法》《民办教育促进法》和《学位条例》。国务院制定了《幼儿园管理条例》《扫除文盲工作条例》《残疾人教育条例》《教师资格条例》《普通高等学校设置暂行条例》《高等教育自学考试暂行条例》《教学成果奖励条例》《学校体育工作条例》《学校卫生工作条例》等有关教育的行政法规。国务院教育行政部门也制定了一大批教育行政规章。地方权力机关及行政机关也制定了一大批有关教育的地方性法规及规章。可以说，以《教育法》为核心的教育法律、法规体系的框架已基本形成。

(二) 具有严格、公正的教育执法制度

教育执法制度是依法治教实现的基本保证。教育执法制度，要求各级人民政府及其有关部门严格依法行政，在各自的职责范围内履行相应的职责，保证教育事业的经费投入和其他基本条件，正确地规范和引导教育的改革与发展；不得滥用权力；要建立完备的有关教育的行政处罚制度、行政复议制度、教育申诉制度及教育仲裁制度等一系列教育法律制度。当公民在教育领域内的合法权益受到侵害时，国家行政机关或司法机关应当依法及时予以法律保护；对侵害公民教育合法权益的责任人，国家行政机关或司法机关应当依法予以追究。真正做到有法必依，执法必严，违法必究。

(三) 具有高素质的教育执法队伍

教育法律、法规能否得到全面贯彻执行，与执法者的业务素质、道德素质及工作态度和能力有直接的关系，教育执法人员的素质是依法治教的关键。依法治教的实现，要求我们建立一支适应依法治教需要的执法队伍，包括教育行政机关工作人员的队伍、教育行政执法队伍、教育督导队伍、教育司法队伍以及教育法律服务队伍。首先，教育执法人员应当具有较高的政治素质，拥护宪法确定的基本原则，拥护党的基本路线、方针

和政策,严格执行教育法律。其次,教育执法人员应当具有较高的业务素质,要有相应的文化和专业知识,熟悉教育法律、法规和政策,具有教育工作的实践经验,具有相应的分析、判断能力,能够正确地运用法律处理教育案件。最后,教育执法人员还应当具有良好的职业道德素质,遵纪守法、廉洁自律、敬业勤政、秉公执法。有这样一支高素质的教育执法队伍,是实现全面依法治教的关键。

(四) 提高全社会的教育法律意识

教育法律的实施,不仅要靠执法队伍,更重要的是靠全体公民的自觉遵守。这就要提高全体公民的教育法律意识。教育法律意识是人们对于教育法律现象的思想、观点、知识和心理的总称,不仅包括人们对教育法律的本质和作用的理解和评价,也包括对教育执法和司法的信任程度和守法、用法的自觉性等。公民具有良好的教育法律意识,应该能够对教育法律进行正确的认识和评价,具有较高的守法、用法的自觉性。因此,只有提高全体公民的教育法律意识,才能从根本上实现全面依法治教。

(五) 具有健全的有关教育的民主与监督制度

依法治国的根本任务就在于保障社会主义民主。没有社会主义民主,就没有真正意义上的依法治国。而依法治教的根本任务就是要充分保障公民的受教育权利,为公民提供平等的教育机会。教育的决策和学校的管理都要贯彻民主原则,保证人民群众通过法定的民主程序参与教育的决策和学校的管理。教育工作应当依法接受国家权力机关的监督、行政的监督、司法的监督和社会的监督,包括人民群众的监督。教育法制建设就是要建立、健全保障公民受教育的平等权利的各项制度;建立、健全保证人民群众民主参与教育决策和学校管理的各项制度;建立、健全对教育工作进行监督的各项制度和有效的监督机制,充分发挥国家权力机关监督、行政监督、社会监督的作用,明确监督标准和程序,综合运用各种监督手段,保证做到监督工作经常化、制度化。如果不坚持教育工作中的社会主义民主原则,即使法律规定再完备,也不是真正的社会主义的现代教育法制。

三、推进依法治教的必要性

依法治教是实施依法治国方略的重要组成部分,依法治教不仅是我国教育事业改革和发展的客观要求、现代教育发展的必然趋势,也是我国教育事业发展的重要保障。因此,在深化教育改革、全面推进素质教育的新形势下,依法治教工作对推进教育事业发展具有重要作用。

(一) 依法治教是发扬社会主义民主、加强党的领导在教育领域的直接体现和必然要求

依法治国是党的正确主张同人民共同意志的统一,其基本出发点就是发展社会主义民主,实现人民当家作主。而教育事业是人民的事业,受教育的权利是宪法赋予我国

公民的基本权利,教育同广大人民群众的切身利益息息相关,是实现社会主义民主的广阔的、重要的领域。广大人民群众密切关注着教育的发展,对接受高质量、多层次的教育有着越来越强烈的要求。因此,依法保障人民群众在党的领导下,通过各种途径和形式参与教育管理事业,既是贯彻依法治国的方略的必然要求,也是在教育领域发扬社会主义民主的体现。

(二) 依法治教是社会主义市场经济条件下,教育事业改革和发展的必然要求

社会主义市场经济,从一定意义上讲就是法制经济。面对计划经济体制向市场经济体制的重大转变,教育体制必须随之改革,以适应市场经济发展和教育事业发展的需要,在教育体制改革的过程中,教育领域里的社会关系发生了较大变化。一些旧的社会关系消失了,一些新的社会关系产生了,有些社会关系在性质上发生了变化。新中国成立以来,我国的教育事业不断发展,为社会主义现代化建设事业作出了巨大贡献。但总的来讲,我国教育仍然有着明显的计划经济的烙印,随着社会主义市场经济和现代化教育手段的发展,教育的局限性已越来越突出,所以教育决策的民主化,受教育者法制意识的强化,教育管理的规范化、制度化建设等,还需要人们更加重视。且随着各级教育的发展与自主权的扩大,教育管理越来越复杂,遇到了许多新情况、新问题,所有这些矛盾和问题的解决只有依靠法律,用规章制度来理顺关系、规范行为、加强管理。可以说,依照相关法律和规章制度依法治教是教育自身改革和发展的需要。

(三) 依法治教是教育行政机关和学校转变管理职能的需要

随着社会经济的飞速发展和教育活动的日益复杂化,教育行政管理的范围及内容发生了很大的变化,主要体现在教育行政管理范围的扩大和教育行政管理职能的转变。过去我国办学主体主要是各级政府及其部门和农村集体经济组织,办学主体相对来讲比较单一。如今除了国家举办学校以外,还鼓励各种社会力量办学。目前,我国教育的形式、考试种类也更加多样,既有普通教育,又有成人教育和其他各种远程教育形式,此外还有各种形式的中外合作办学、出国留学等,教育行政管理的范围大大扩展了。随着教育体制改革的不断深化,学校增强了办学自主权,政府对学校的管理由过去的直接管理为主转变为间接管理为主,由过去的具体管理为主转变为宏观管理为主,政府管理职能发生了很大的变化。在这样的背景下,只有通过立法确立教育活动的基本准则,在学校的权利和职责、教育行政部门及有关部门的教育管理职责等方面作出规定,依法规范教育行为,减少对学校直接管理过程的干预,才能提高教育行政管理效率,保障教育事业的顺利进行。

(四) 依法治教是全面促进素质教育的法律保障

当今世界,各国之间综合国力竞争日益激烈,我国比以往任何时候都需要更多的、更全面发展的人才。为了培养适应现代化建设需要的社会主义建设人才,就必须大力提高国民素质,全面推进素质教育。全面推进素质教育,必然涉及教育体制、教育思想

观念、教育内容、教育方法、教育手段等多方面的改革,而要保证国家教育方针的全面贯彻落实和一系列改革决策的实施,除了必要的行政手段之外,更重要的是要运用法律手段,推进教育改革的进程。现代的法律意识、法制观念及法律知识也是 21 世纪一代新人必须具备的基本素质。在社会、学校中创造良好的法制环境,让广大青少年学生在日常学习、生活的潜移默化中,逐步培养法律意识,树立法制观念,养成守法习惯,提高依法保护自身权利、参与国家和社会事务的能力,这既是实施素质教育的重要内容,也必将对提高国民素质、推进我国的民主法制进程产生重大而深远的影响。

第二节 依法治教的基本原则

一、坚持教育社会主义方向的原则

依法治教的基本原则是我国教育立法、执法、司法活动应遵循的一般原则,它既是依法治教的基本原则,也是我国的教育工作应当遵循的基本原则。这些原则是我国社会主义法制建设的总原则在教育法制建设中的具体体现,也是对国家教育基本政策的集中体现,反映了我国社会主义教育制度的基本性质和教育工作的基本规律。

坚持教育的社会主义方向,是我国教育工作必须始终贯彻实施的一项根本性的原则。《教育法》第三条规定:"国家坚持中国共产党的领导,坚持以马克思列宁主义、毛泽东思想、邓小平理论、'三个代表'重要思想、科学发展观、习近平新时代中国特色社会主义思想为指导,遵循宪法确定的基本原则,发展社会主义的教育事业。"这明确规定了我国教育工作的指导思想和我国教育的社会主义性质。《教育法》第五条规定了"教育必须为社会主义现代化建设服务、为人民服务,必须与生产劳动和社会实践相结合,培养德智体美劳全面发展的社会主义建设者和接班人"的教育方针以及其他保证教育事业沿着社会主义方向健康发展的一系列法律规范,从而为我们坚持教育的社会主义方向提供了法律保障。

二、受教育机会平等的原则

《教育法》第九条规定:"中华人民共和国公民有受教育的权利和义务。公民不分民族、种族、性别、职业、财产状况、宗教信仰等,依法享有平等的受教育机会。"这一规定确立了公民受教育机会平等的基本原则。

这一原则指公民在受教育方面享有权利和履行义务具有平等的法律地位,不因公民的民族、种族、性别、职业、财产状况、宗教信仰等的不同而受到不平等的待遇。教育机会平等一般包括起点上的平等、过程上的平等和终点上的平等这三个基本环节。所谓起点上的平等,指入学上的平等;过程上的平等,指就学过程的平等;终点上的平等,指学业成就上的平等。教育机会平等的这三个基本环节,同时也是教育机会平等原则实现的三个台阶。由于经济、教育的发展水平不同,教育机会平等原则的实现程度也会有差异。我们应当积极创造条件,努力实现教育机会平等,并且不断提高实现这一原则的水平。

三、教育活动符合国家和社会公共利益的原则

《教育法》第八条关于"教育活动必须符合国家和社会公共利益"的规定,确立了我国教育的公共性原则。教育活动必须符合国家和社会的公共利益,这是现代教育的重要特征,也是国家对教育活动的基本要求。

坚持教育的公共性原则主要体现在以下方面:在中国境内实施的教育活动必须对国家和人民负责,而不是对个人或小团体负责,不能因个人或小团体的利益而损害国家、人民和社会的公共利益。在中国境内的学校及其他教育机构应当坚持公益性,不得以营利为目的办学。同时,也正是由于我国教育事业的公益性,国家对教育事业在学校用地,校舍建设,校办产业,教科书及教学图书资料的出版发行,教学仪器设备的生产和供应,学校用于教学科研的图书资料、教学仪器设备的进口等各个方面,给予了优先安排和优惠扶持,且规定不应向公益性的教育机构征收营业税。

坚持教育的公共性原则还要求教育活动必须接受国家和社会依法进行的管理和监督,做到教育与宗教相分离。任何组织和个人不得利用宗教妨碍国家教育制度的活动。教育的公共性原则不但适用于国家举办的各级各类学校,而且适用于社会力量举办的各种学校及其他教育机构。教育的公共性原则,对于规范教育活动,保证教育事业的健康发展,具有十分重要的意义。

四、权利和义务相一致的原则

这一原则要求教育法律关系的主体既要依法行使其教育权或者受教育权,又要依法履行相应的义务,不能把权利和义务对立起来,片面地强调权利的享有或者义务的履行。

首先,教育领域中的权利和义务的一致性,体现在受教育的权利和义务在法律规定的条件下是统一的。《义务教育法》第四条规定:"凡具有中华人民共和国国籍的适龄儿童、少年,不分性别、民族、种族、家庭财产状况、宗教信仰等,依法享有平等接受义务教育的权利,并履行接受义务教育的义务。"第五条规定:"各级人民政府及其有关部门应当履行本法规定的各项职责,保障适龄儿童、少年接受义务教育的权利。适龄儿童、少年的父母或者其他法定监护人应当依法保证其按时入学接受并完成义务教育。依法实施义务教育的学校应当按照规定标准完成教育教学任务,保证教育教学质量。社会组织和个人应当为适龄儿童、少年接受义务教育创造良好的环境。"在这里,适龄儿童、少年接受义务教育的权利和义务是统一的。接受义务教育既是适龄儿童、少年的权利,也是他们的义务。当然,并不是在任何条件下的教育的实施,都实行权利和义务的统一。例如,实施学前教育、高中阶段的教育、高等教育,依照法律的规定,就没有实行权利和义务的统一。国家是否对接受某级或者某类教育实行权利和义务的统一,不仅要看其提高国民素质的需要程度,还要看国家和社会是否具备提供相应教育的条件。

其次,教育领域中的权利和义务的一致性,也体现在权利和义务的相互依存。权利人权利的享受依赖于义务人履行其义务,义务人如果不履行义务,权利人就不可能享受权利。例如,国家、社会、学校和家庭如果不履行各自的保障适龄儿童、少年接受义务教育的义务,适龄儿童、少年就不能享受其接受义务教育的权利。从整体而言,如果相应的权利不存在,则相应的义务也就没有任何意义。

最后,教育领域中的权利和义务的一致性,还体现在行使权利的同时,应当履行相应的义务。权利人在行使自己权利的同时,必须承担一定的义务;而义务人在履行自己的义务时,也同时享有一定的权利。例如,教师既要依法行使其相应的权利,同时也要依法履行相应的义务,不能只强调权利的行使,而不愿履行其应尽的义务。学校和校长也不能只一味地要求教师履行其义务,而不尊重和保护教师的合法权利。

五、教育法制统一的原则

教育法制统一指有关教育的法律、法规由国家机关统一制定、统一实施,对全体公民和法人组织具有普遍约束力。教育法制统一的原则,体现为教育法律、法规的制定权只能由国家机关在各自的职责权限范围内行使;教育法律、法规的执行权只能由国家机关或有关机构依法行使,其他任何组织和个人均无权行使;教育法律、法规的效力按发布机关、调整对象及适用范围,形成层次有序、协调统一的整体,以维护教育法制的统一和权威。

教育法制统一的原则,在法律效力上体现为"下位法服从上位法"。这指法律、法规之间按国家法律体系层级高低排列,地位高的法律、法规的效力高于地位低的法律、法规的效力,下位法的规定不得与上位法的规定相抵触。如果发生抵触,应当停止执行下位法的规定,并应修改或者废止其规定。这是保证法制统一的基本要求。

我国是一个统一的、多民族的国家,经济、文化、教育的发展不平衡,各地的实际情况千差万别。因此,在坚持法制统一原则的同时,也要考虑到某些特殊情况。在法律效力的范围上,适用于特定地区、特定时期、特定对象的法律、法规为特别法。例如,《中华人民共和国香港特别行政区基本法》(以下简称《香港特别行政区基本法》)、《中华人民共和国戒严法》(以下简称《戒严法》)、《教师法》等,从广义上说属于特别法。而适用于全国区域或者非特殊的平常时期、全体公民的法律、法规,则为一般法。在法律适用上,特别法可优先于一般法。

第三节　推进我国依法治教的具体措施

一、当前我国依法治教存在的主要问题

客观地说,随着一系列教育政策法规的颁布实施,我国依法治国与依法治教精神基本上得到了落实,教育法制建设逐步完善,正引导着我国教育改革走向深入。在学校,

从领导、教师到学生大都具有良好的品行和高素质的文化素养,依法治教的形势总体上应该得到肯定。但是,与教育改革发展新形势和新任务的要求相比,还有较大差距,面对既有问题与困境,只有依循法治的逻辑、法治的思维,方能求得突破。

当前依法治教中存在的问题主要有以下几个方面:

(一)思想上教育法律意识淡薄

长期以来,学校相当一部分人在思想上教育法律意识淡薄,教育法律观念淡化。他们对《宪法》《教育法》《教师法》等法律的基本精神知之甚少,甚至对自己的权利义务也稀里糊涂,更谈不上对"依法治国与依法治教关系""依法治教与依法治校关系""权利与义务关系"等关系的深刻理解。例如,有的教师往往简单地认为,当教师教好课就可以了,在学校又不会违法犯罪,法制观念淡薄致使教育方法不当等。

(二)理论上教育法律认识欠缺

理论是行动的向导,导致教育法律意识淡薄的直接原因,就在于理论上对教育法律的认识还不到位。这个问题再深究,其原因就在于不重视教育法律知识的学习。客观地说,教育法律法规方面的学习内容不够或者过少,在这方面安排的专题讨论以及相关活动的开展更少。因此,长期以来教育部门的个别领导、教师在理论上对教育法律知识的认识不到位,导致行动上出现问题。

(三)行动上教育执法严肃性不够

正是思想上法律意识淡薄,理论学习上含糊,使得对教育法律的认识不到位,必然导致行动上教育执法严肃性不够,主要表现在个别领导、教师在教育、教学过程中存在以下问题:第一,重权利,轻义务。一味要求应该享有的权利,而很少检查自身所承担义务完成的情况。第二,重教学,轻育人。片面地认为教师的任务就是上好课,而对立德树人很少考虑,因此,有些教师一味搞应试教育,信奉"只要分数高,一好顶几好",甚至不择手段,加重学生负担,片面追求升学率,轻视学生的全面发展。第三,重科研,轻教学。这种倾向在高校不同程度地存在着。甚至有人认为,教学是软任务,科研是硬杠子,不能正确认识与处理二者的关系。

(四)教育法治主体参与的热情相对不高

教育法律关系主体是教育法律关系中享有权利和承担义务者,包括自然人和法人。学校、教师、学生作为法治主体,一些人还不能自觉正确行使自己权利和义务,对主动维护合法权益缺乏积极性。这些人在思想上糊涂、在行动上盲目,工作中存在的突出问题就是对受教育者的权利义务落实不到位。一方面,许多中小学生不明白自己拥有的权利与义务;另一方面,有的教师知法违法,侵害学生的受教育权、人身自由权、人格权和隐私权等,给受教育者造成了不应有的身心伤害。

（五）学校相应的配套制度与措施不够健全

客观地看，以上问题的出现，除主观原因外，还与学校相应的配套制度与措施不够健全有直接关系。一些学校相应的配套制度与措施如文件、制度形式上都有，但实际上没有很好地贯彻落实，为的是应付上级部门的检查，而联系实际对怎样将依法治教、依法治校落到实处的具体措施考虑甚少，对已有的教育政策法规认识不够，具体执行不到位，以至于造成一定的工作被动。例如，我们知道，有权利就应该有救济，然而在教育法律法规具体执行的过程中，存在着教育救济制度的执行往往不够严肃，教育行政复议等制度尚不健全等。因此，必须建立健全学校相应的配套制度与措施。

二、推进依法治教的具体措施

依法治教是教育改革与发展的基石，作为依法治国方略在教育工作中的具体体现，依法治教是新时期教育改革与发展全局的一个重要方针。依法治教，加强教育法制建设，为落实教育在社会主义现代化建设全局中优先发展的战略地位提供了强有力的法律保障，意义重大而深远。建设 21 世纪的社会主义，必须与时俱进，建立法制健全、依法行政、依法管理、依法运作的教育体系。从总体上看，我国教育法制建设还不够完善；在计划经济体制下形成的单纯以行政手段管理教育的惯性依然非常大；对依法治教重要性的认识还不够，没有普遍形成运用法律手段管理教育、调解纠纷、维护权益的观念与习惯；教育法制观念还比较淡薄，依法治教的意识有待更大程度的提高。

（一）依法治教的重要条件是有法可依

依法治教，首先是要做到有法可依，为教育提供法制保障。实施科教兴国战略必须依靠法律，而不能依赖某个领导。不实现治国方略的大转变，就难以真正长期实施科教兴国战略，也无法真正实施依法治教。依法治教是依法治国的一个重要方面和体现，为此，党的十四大提出："要抓紧草拟基本的教育法律、法规和当前急需的教育法律、法规，争取到本世纪末，初步建立起教育法律、法规体系的框架。地方要从各自的实际出发，加快制定地方性的教育法规"，同时提出"加强立法工作，提高立法质量，到 2010 年形成有中国特色社会主义法律体系"。1981 年，自我国的第一部教育法规《学位条例》颁行以来，我国的教育立法已初步形成了以《教育法》为核心的，包括《义务教育法》《教师法》《高等教育法》《职业教育法》《民办教育促进法》等在内的教育法律框架。

但教育法规的横向覆盖面尚不完整，一些在教育实践中急需的教育法律、法规尚未出台，如教育经费、成人教育、教育行政组织、教师聘任办法、教育投资、教育督导与评估等方面的教育法律、法规。这势必导致在相关方面无法可依，从而影响整个教育领域依法行政的进程。另外，教育法规的纵向体系还不完备，还没有形成教育法律、教育行政法规、地方教育法规、部门教育规章和地方教育规章的体系。教育法律、法规大多是一些原则性规定，可操作性较差，若实现有效的实施，需要有不同层次的具有不同法律效力的地方性法规、规章和实施细则相配套，从而形成一个教育法规网络。

同时,我国目前的教育法律、法规关于教育行政部门的职权范围、行政程序、主体责任等方面的规定还不尽合理,存在"职权范围不明确""重实体、轻程序""重权利、轻责任"等问题,有待进一步补充、修改和完善。

(二)运用法律手段推动、促进、深化教育改革

依法治教的一个鲜明特点就是以法律推动教育事业的改革。随着治国基本方略的转变和依法治教的推行,教育事业必须进行大的改革。深化教育改革,必然要涉及利益和权力的重大调整,只有依据法律、法规的原则与规定,按照权利与义务对等的原则,在下放权力的同时明确责任,处理好学校与其他各方面新的利益关系,才能使改革有序进行。通过法律途径来促进、推动、保障改革的进程,积极依法调节新的社会关系,解决好改革中出现的社会普遍关注的热点问题,探索建立相应的制度或规范,依法推动改革的健康发展。在涉及改革的方向与原则的问题上,严格以教育法律所确立的坚持社会主义方向、教育优先发展、教育权平等基本原则为依据,保证改革符合最大多数人民的需要,符合党和国家的根本利益。

(三)初步建立新的运行体制,不断提高教育行政部门依法行政的能力与水平

按照国务院对各级行政部门提出的依法行政的要求,要真正将遵守、落实教育法律、法规的规定作为教育行政工作的出发点和立足点,严格按照法律、法规规定的权限与职责、规范,高效、公平、公正地行使教育行政管理权利。推进依法行政要明确宏观思路,抓住关键环节,从转变政府职能、健全制度规范入手,将属于学校法定办学自主权的事项和管理职能交给学校或者社会中介组织去管。

同时,应当采取具体的措施,尽快明确、落实本部门及内部各机构、所属有关单位的行政执法的具体职责,理顺行政执法机制,加强执法制度建设。逐步健全科学、民主的决策程序,建立部门内部实行法制监督的工作规程,保证行政决策和具体的行政行为符合法律的规定与原则精神。尽快建立和完善体现公平、公正、效率、便民原则的行政程序与制度,将与人民群众切身利益相关的办事程序、规则和信息公开,将监督的方式和途径公开,以方便基层、方便群众,更好地接受群众监督。

(四)继续推进教育法律的实施与监督工作

实施好教育法律,树立起教育法律的权威是和立法一样关键的问题。广大教育工作者必须严格依法办事,自觉守法、护法,要加大监督力度,加强机关、学校、党内、党外及社会监督,相互协调、相互配合,依法保障学校、教师、学生的合法权益。应下大力气促进教育经费投入中拖欠教师工资等教育法律实施中的难点问题的解决。

推进法律的有效实施,需要建立有力的监督机制,对教育法律实施情况进行的执法检查是促进教育法律实施的有效监督制度,也是对教育工作的支持。要积极利用司法监督、政府系统的层级监督,畅通社会监督和新闻舆论监督的途径,综合发挥各种监督渠道的作用,切实推动教育法律有关规定的落实。

（五）提高教育法律意识，转变教育管理观念

教育法律意识的强弱，是人们能否自觉守法、用法、护法的内在决定因素。依法治教是以对法的理解为前提的自觉活动。只有开展教育法制宣传，普及教育法律知识，树立教育法律的权威，优化教育法制建设环境，做到全体公民人人学法、知法、用法、护法，提高全体公民的教育法制意识，才能从根本上推进教育法制建设，实现全面依法治教。

目前，依法治教的最大障碍就是教育管理工作人员的教育法律意识淡薄，缺乏依法治教的观念，漠视学校、教职员工和广大受教育者的合法权益，官本位的思想和作风根深蒂固。因此，从1985年教育界就开始开展普法活动，为了提高教育系统广大干部和师生的法制观念，扩大法律的社会影响，进行多种形式的教育法律、法规的宣传教育活动，基本做到了使《义务教育法》《教师法》《教育法》等重要的教育法律家喻户晓。教育系统普法规划的制定、各地相应的普法规划和计划的制定、普法教材的编写、法制培训班的举办、教育法律知识竞赛、教育法律宣传月或宣传周等活动的举行，使教育行政干部和校长、教师增强了法律意识，树立了依法行政和管理的观念，取得了良好成效。

总之，依法治教是依法治国方针在教育领域的具体体现，是在社会主义民主的基础之上，以一定的教育法律体系为基础，依据法律来加强对教育事业的管理和规范，以促进教育事业的发展。依法治教作为一种手段，与行政手段、经济手段一样，是加强教育行政和学校管理以及提高教育教学质量的有效手段。随着教育法律理论的发展以及法律、法规知识的普及，我国教育工作者依法从教的能力会不断提高，从而提高我国基础教育的质量并促进社会法制化的进程。

第四节　教育法律与教育政策的关系

一、教育法律与教育政策的异同

（一）教育政策的概念

教育政策是国家政策系统的一部分，是国家政策在教育领域中的反映，也是一个相对独立的政策子系统。掌握政策的含义是理解教育政策的前提。

1. 政策

政策的内涵十分丰富，表现形式多样，其作为一门科学，是从20世纪50年代开始发展起来的，不同学者从不同的角度对政策的本质进行了解释和假设，大致可分三类：第一类认为政策是某种有目的地进行价值分配、处理问题或实现既定目标的复杂过程。第二类认为政策是某种行为准则、计划、法规、文件、方案或者措施等，即某种由人们来执行或者遵守的"文本"。如美国学者伍德罗·威尔逊认为"政策是由政治家，即由具有立法者指定的而由行政人员执行的法律和法规"。我国学者王福生、林德金、陈振明等

都赞同这种对政策的解释。第三类认为政策是一个"动态"的、不断发展变化的、复杂的过程。如詹姆斯·安德森认为"政策是一个有目的的活动过程,而这些活动是由一个或者一批行为者,为处理某个问题及其有关事物的有目的的行为过程"。

从中外学者对"政策"内涵的界定和解读可以看出,从广义上讲,政策是个人、团体或政府等为了达到某个目标,实现某种目的所提出的各项有计划的活动的总称。从狭义上讲,政策是政府、政党和其他政治团体等具有公共权力的主体在一定的历史条件下和社会环境中,为了实现其政治、经济、文化、社会、科技、教育等各项发展目标而提出的政治性的行为依据和准则。它是一系列计划、法律、措施、规章、规则、条例、策略和方法的总称。狭义内涵的"政策"等同于"公共政策",二者具有相同的范畴结构和方法体系。本书所讨论的政策是狭义的政策。

公共政策就其本质而言是一种对人们行为产生引导与约束作用的价值准则与规范,具备以下三个方面的特点:第一,正式性与强约束性。正式性是指这种价值准则与规范是由正式组织机构制定与颁布的。强约束性是指这种价值准则与规范比较稳定,对每一成员都具有约束与影响作用,带有一定的强制性。第二,由掌握公共权力的机构制定与组织实施。掌握公共权力的机构主要是国家机关,包括立法机关、司法机关和行政机关。第三,广泛的社会适用性。公共政策具有非常广泛的社会适用性,其社会适用性大小与制定主体密切相关。

2. 教育政策

随着现代国家的兴起和现代教育的发展,教育的公共性特征、教育活动的公共性质、教育问题的公共性日益增强;教育研究对象及方法论愈来愈成为公共议题,体现出复杂性思维特质;教育理论研究中公共理论的介入和教育实践与社会变革的关联不断得到强化。与此相对应的是国家在承办教育、管理教育、评价教育等教育发展方面的权利和义务日趋增大,教育政策作为国家、政府、政党利用其公共权力制定的公共政策在教育领域中的作用日益增大。

教育政策是国家和政党为了实现一定时期的教育目标和任务,通过一定的程序制定的调节教育内外关系的行动依据和准则,表现为教育路线、教育方针、教育战略、教育规划、教育决定、教育法律法规等形式。

(二)教育政策的特点

教育政策作为国家总体政策的一部分,除了具备政策的一般性特征以外,还具有以下几个典型特点。

1. 政治性与原则性

政治性是教育政策的根本特征,教育作为一项培养未来社会公民和统治阶级接班人的社会事业,具有鲜明的上层建筑特质。原则性是指任何国家和政党的教育政策,都必然满足其自身的利益和政治意图,它规定人民应做什么,不应做什么,提倡或鼓励什么。

2. 目的性与可行性

教育政策是人们根据一定的需要而制定出来的,是人们主观意识的体现和主观能动性的产物,具有明确的目的性。明确的目的性是教育政策的基本特征,没有目的性的教育政策是不存在的。同时,要使教育政策的目的变成现实,就要充分考虑教育政策的可行性。因为,再好的目的,如果脱离了现实条件,是难以实现的,是注定要失败的,这就要求我们在制定教育政策时,必须把其目的性和可行性联系起来考虑,使两者有机结合起来。

3. 稳定性与可变性

教育政策的制定需要充分考虑社会发展的历史阶段所处的各种情况,在一定时期和范围,保持相对的稳定,有利于教育活动正常、稳定地运行。如果教育政策朝令夕改,变化频繁,使人无所适从,教育政策就会失去作为规范和准则的作用,影响民众对教育政策的信任程度和执行政策的坚定性。但随着政治、经济、科技等外部环境和条件的变化,以及教育自身内部的变化,教育政策需要与之相适应,作出相应的调整。

4. 合法性与权威性

教育政策是党和国家依据宪法的授权,为实现人民的教育意志而制定的教育准则。党和国家行为的合宪性决定了他们所颁布的教育政策的合法性以及由此而具有的权威性。

5. 系统性与多功能性

教育是相对独立的社会活动,其自身构成一个结构严谨、作用复杂的体系,教育体制政策、教育经费政策、教师政策、教育质量政策共同构成了国家基本的教育政策。同时,任何教育政策都是在与其他政策相互作用的过程中而发挥其功能的,其相互支持、相互制约,组成了有关社会发展的整体政策。教育政策既是一般政策系统中的一个有机组成部分,同时自身又组成了一个相对独立的体系,这决定了教育政策所指的行动必然要牵扯教育事业的方方面面,从而决定了教育政策的功能必定是多方面的,而不是单一零散的。

(三) 教育政策、法规的功能

教育政策、法规的功能是指教育政策、法规对教育改革和发展所发挥的功效与作用。制定与实施教育的政策和法规,既要着眼于教育改革和发展的实践需要,也要直接为教育实践服务。任何教育政策、法规的实施,均会给教育实践带来影响。这种影响或有强烈与微弱之分,或有深刻与浅显之别,或有持续与即时之异。无论教育政策、法规的影响有着怎样的不同,都是其功能的显现。

1. 保障性功能

所谓保障性功能,是指教育政策、法规在客观上起着维护与保障教育事业发展的作用。在现实生活中,人们常说"有了政策、法律的保障",这反映出人们对政策、法规所具有的保障性功能的普遍认同与期待。对教育事业的发展而言,如果没有必要的政策与法律作保障,那么它的发展将会困难重重,举步维艰。

教育政策、法规的保障性功能主要表现在以下几个方面:

首先,制定教育政策、法规是为了使教育事业的改革与发展有政策可依,有法律可依。这是由制定政策、法规的基本目的所决定的。为什么要制定教育政策与法规?或者为什么要制定这样或那样的教育政策与法规?这乃是因为教育实践存在着"政策缺失"或"法律缺失",有着依凭教育政策、法规的现实需要。教育政策、法规的制定,其本身就意味着是为教育事业的改革和发展提供政策与法律上的支持与保障。

其次,实施教育政策、法规,是为了保障教育事业能够按照政策、法规所确立的目标并沿着政策、法规所指引的路径向前发展。无论是宏观的教育政策与法规(如国家教育总政策与教育法),还是各项具体的教育政策与法规,均带有鲜明的实践性特征。教育政策、法规指向教育实践,教育的实践过程也就成为实践教育政策、法规的过程。教育政策因而为教育的改革与发展提供坚实的实践保障。

从总体上看,教育政策、法规的保障性功能重点体现在:保障教育事业在社会发展中应有的地位,保障教育改革与发展的明确方向,保护全社会(包括团体和个人)支持教育事业发展的积极性与热情,等等。保障性功能是教育政策、法规的基本功能。

2. 规范性功能

所谓规范性功能,是指教育政策、法规为教育事业的发展提供了某种标准与范式,起着某种规定性的作用。教育政策、法规的规范性功能是由政策、法规本身固有的特点决定的,作为一种政策文本,它所提供的是一种行动的标准。政策总是带有鲜明的规范性或规定性,它规定着应该做什么或不应该做什么,应该怎样做或不应该怎样做。作为法规,其规范性功能更是题中之义。"法者,所以兴功惧暴也,律者,所以定分止争也,令者,所以令人知事也,法律政令者,吏民规矩绳墨也。"在教育事业发展过程中,教育政策、法规的规范性功能与作用是一种普遍的存在。

教育政策、法规的规范性功能主要表现在以下几个方面:其一,指引作用,即指教育政策、法规具有对人的教育行为起着导向、引路的作用。教育政策、法规对人教育行为的指引是一种规范指引,这种指引具有稳定性和连续性的特点。执行教育政策、法规就是按确定的规范行事。其二,评价作用,即指教育政策、法规对人的教育行为的评价标准所起的作用。任何教育政策、法规,当它成为一种行为规范时,这种规范也就具有判断、衡量他人行为标准的作用。人们在执行教育政策、法规时,事实上总是自觉或不自觉地用政策、法规的规范对照自己的行为,或衡量自己的行为,同时也用这种规范对照他人的行为,或衡量他人的行为。例如,当人们在询问某种教育行为是否符合政策、符合法律时,实际上这种询问也就隐含着把教育政策、法规的规范性作为一种评价标准。所以,教育政策、法规的规范性功能也突出地表现为其所具有的评价作用。

3. 激励性功能

所谓激励性功能,是指教育政策、法规客观上起着一种激励、鼓舞、促进教育事业不断向前发展的作用。激励性功能是教育政策、法规的力量所在。教育政策、法规是否能真正发挥激励性功能或将激励性功能发挥到何种程度,取决于政策、法规的品质或质量。只有品质优良的政策、法规才能对人与社会的教育行为产生良好的影响。而品质优良的教育政策、法规则应是"符合民意""顺乎民心",代表人民的教育意志与愿望,真正顺应教育改革与发展的潮流与趋向的。

教育政策、法规的激励性功能首先表现为它能在广泛的层面上得到大众的认同与响应。真正代表人民利益的教育政策、法规必然是最具有激励性功能的。因为这种政策、法规是人们所期盼与渴望的,它往往寓含着对传统政策的必要调整与改革,同时又用法律的形式保障人们对教育事业的合理追求。当它得到人们真心实意拥护的时候,必然会焕发起巨大的热情与力量。例如,1977年,我国教育界及时终止"推荐选拔"制度,实施恢复高考政策。这一重大的政策调整顷刻间在全国产生强烈的影响,它唤起无数青年学子追求科学、追求知识的热情,并使国家人才培养迅速步入正常轨道。

教育政策、法规的激励性功能除了表现在它能引起社会大众情感上的共鸣与回应之外,更重要的是,它能激发人民对于教育政策、法规实施的积极参与。从拥护政策、法规,到积极、自觉地践履政策、法规,这是政策、法规产生威力的深刻表现。例如,20世纪80年代以来,我国制定了一系列关于基础教育的政策、法规,尤其是颁布了《中华人民共和国义务教育法》,由于这些政策、法规真切地代表着人民群众的根本利益,体现着教育权利与机会的平等,所以它能在最广泛的层面上唤起人们的积极参与,有力地保障着我国基础教育的顺利实施。

4. 制约性功能

所谓制约性功能,是指教育政策、法规有着限制或禁止某种教育行为的作用。"制约性功能所要达到的目标是制约、禁止政策制定者所不希望的行为发生。"正如我们在教育政策、法规的规范性功能中所讲到的,教育政策、法规总是含有某种规定性,规定着应该怎样做和不应该怎样做。这里不应该怎样做就是一种制约性,所以制约性功能也可看成是规范性功能的一种特有的表现。

教育政策、法规的制约性功能首先表现在它以明令禁止的方式限制某种不被允许的教育行为。有的教育政策、法规本身就是一种禁令,如《禁止使用童工的规定》《禁止中小学乱收费的规定》等。这类政策、法规的限制性功能十分明显。在非禁令性的教育政策中,也存在着种种对不被允许的教育行为的限制。这样的实例不胜枚举。教育政策、法规的制约性功能同时表现为立法制约。任何教育法律,其本身均包含着对违反教育法律行为的制约。制定与颁行教育法规,是为了从根本上保障教育事业的发展。教育法律的保障性作用也包含着对阻碍、干扰教育发展的行为的限制与制约。教育法律中对权利与义务的限定、对适用范围的限定、对法律责任的追究等,都鲜明地表现出法律的制约性,因而教育法律是极具制约性功能的。

5. 管理性功能

所谓管理性功能,是指教育政策、法规对教育工作具有管理的作用。教育工作离不开教育管理,而教育管理则在很大程度上是通过执行教育政策、法规进行的。离开教育政策、法规谈教育管理,或者离开教育管理谈执行教育政策、法规都是不可思议的。教育政策、法规的管理性功能是通过计划、控制、协调等方式进行的。教育政策、法规的管理性功能对教育实践具有十分重要的意义。

首先,教育政策、法规的管理性功能体现在通过政策、法规对教育工作进行规划与部署,以保证教育活动有目的、有秩序地进行,同时也保证教育活动合法地进行。党和国家的宏观教育发展规划与教育计划以文献形式予以发布,这种文献本身就是政策性文献。

其次,教育政策、法规的管理性功能体现在通过政策、法规对教育活动实施有效的控制。政策控制是指在政策上,对政策制定者所希望发生的行为予以鼓励,以调动与激发人们对于教育的积极性与创造性;对不希望发生的教育行为予以防范,以避免不应该发生的行为发生。法规控制则重在保障教育行为的合法性,并避免不合法的教育行为的发生。教育政策、法规的管理功能所体现的控制是与前述规范性功能、制约性功能所具有的控制相联系的。

再次,教育政策、法规的管理性功能也体现在通过政策、法规协调教育活动中的各种利益关系,以保证教育活动和谐地进行。管理是一种协调,协调需遵循一定的准则与原则,这种准则与原则突出地表现为政策性与合法性。任何教育政策、法规均涉及利益的调整和利益关系的分配。而在教育实践活动中,利益的冲突与碰撞在所难免。协调好教育活动中各种利益的关系,对于教育活动的顺利推进无疑十分重要。这种协调就需要依凭政策、法律,需要有效地发挥政策、法律的功能与作用。

以上对教育政策、法规的功能做了一个初步的分析,这种分析乃是从正向的、积极的方面入手的。然而,在不同的社会制度与不同的经济、文化背景下,教育政策、法规的制定会呈现不同的模式与特征。"好"的教育政策、法规可能会产生良好的影响与作用,"不好"的教育政策与法规则会产生消极的影响与作用。所以,教育政策、法规的功能在整体上具有双重性特征,即有正向功能与负向功能之分。认识功能的这种分野,一方面有利于在执行政策、法规时尽量趋利避害,张扬正面功能,克服负面功能;另一方面则需要更多地反思政策、法规本身,促进政策、法规的完善。

(四) 教育政策与教育法规的关系

1. 教育政策与教育法规的联系

现行的教育政策与教育法规在本质上是一致的,具有深刻的内在联系。主要表现在:

其一,教育政策与教育法规都是国家管理教育的重要手段,都是在教育活动中应予遵循的行为准则与行为依据。

其二,一般说来,教育法规,尤其是教育法律,建立在教育政策的基础上,成熟稳定的教育政策会被立为教育法律。

其三,教育政策的实施需要"法"的保障,只有合法化的教育政策才能成为真正可供遵循、实施的政策,同时政策实施的全过程都要依法进行。

2. 教育政策与教育法规的区别

教育法规作为一种特殊的行为规范,与教育政策又有着明显的差别,主要反映在以下几个方面。

(1) 基本属性不同

教育法规是通过国家的政权表现出来的国家意志;而教育政策是通过政党表现出来的统治阶级的意志,这二者之间具有属性的不同。

(2) 制定的机关和约束力不同

教育法规是由国家制定和认可的,依其层级的不同,在一定范围内具有普遍的约束力。教育政策则由党的领导机关制定,要使党的政策具有普遍的约束力,必须把它上升为国家意志,转化为国家层面的法规。

(3) 制定的程序不同

教育法规必须严格依照法定程序进行,而党的教育政策是通过党的领导机关会议等形式,在充分展开民主讨论、广泛征求意见的基础上,通过集体研究形成的。

(4) 表现形式不同

教育法规制定以后,通常以条文形式出现,它作为法律规范有着特殊的形式,对法规的适用条件和具体情况、具体行为规则以及违反者所应承担的后果作出确切的表述。在语言表达方式上,法规条文一般都是直接陈述句,且主谓分明,语意清晰,使人们一看就明白谁必须做什么,谁不得做什么,谁可以做什么;而党的教育政策通常以党组织机关的指示、决议、意见、通知等形式表现出来,其文体格式多样,内容大多较为原则性,突出指导性,富有号召力。

(5) 实施方式不同

教育法规以国家强制力保证实施,它不是可做可不做的行为,而是必须做的行为;也不是可以这样做或可以那样做的行为,而是必须这样做或那样做的行为,这样的实施方式带有强制性。而党的教育政策的贯彻执行,更多的靠宣传教育,靠思想政治工作,靠党组织的领导干部、工作人员模范带头作用的发挥,其强制力是有一定限度的。

(6) 稳定程度和调整范围不同

教育法规一般是在总结当下国家的教育政策执行情况和经验的基础上,广泛集中群众智慧和意见之后确定下来的,它具有长期性、稳定性,不宜随意变动。教育法规一般就教育活动的根本方面和教育的基本关系加以约束、规范,其调整的范围比教育政策调整的面要小一些,而党的教育政策则随着教育工作形势、任务的改变而需要适当地调整、修正,使之完善。教育政策制定的灵活性和及时性还决定了教育政策调整的范围更广泛,它可以及时渗透到教育领域的各个方面,发挥其调节、导向作用。

(7) 公布的范围不同

教育法规一经审议通过,必须通过适当方式在全社会公布,让全体公民知晓,以便大家遵守,公开是原则,不公开是例外;而党和国家的教育政策不完全在全体公民中公布,有的政策只在一定时期或一定范围内公开。

二、正确处理教育法律和教育政策的关系

（一）制定和实施教育法规应以教育政策为指导

教育政策不但指导教育立法的过程，体现在教育法律规范之中，而且也指导着教育法规的实施。在一些教育法规中，常设有"总则"部分，这部分的某些条文的实质就是政策性的说明。例如，《中华人民共和国教育法》等教育法规中关于立法宗旨的表述。同《中共中央关于教育体制改革的决定》和《中共中央关于加强社会主义精神文明建设若干重要问题的决议》中提出的提高全民族素质的根本指导思想及其有关原则都是一致的。可见，教育法规的制定往往要以教育政策为依据，教育法规的实施也要以教育政策为指导。

（二）教育政策的落实应以教育法规为保障

将教育政策上升为教育法规，成为人们理解和执行教育政策的规范，排除了理解和执行政策中的主观随意性，即不以党和国家行政机关领导人的更换及其个人注意力的转移而受到影响，从而使教育法规以其特有的强制性成为推动教育政策贯彻落实的保障，成为实践教育政策的最强有力的手段。新中国成立 70 多年来的历史经验证明，将教育政策与法规结合起来加以贯彻、实施，这是教育改革与发展的动力与保障。

（三）推行教育政策不能超越教育法规所规定的范围

尽管教育法规的制定和实施应当以党和国家的教育政策为指导，但这并不意味着教育政策可以随意左右教育法规的制定或超越教育法规规定的范围。在贯彻落实教育政策时，必须自觉维护教育法规的尊严，必须有助于教育法规的实施。

目前，我国教育法规尚不完备，在有些方面还存在有政策而无法规的情况，再加上教育上的有些问题无法用教育法规加以规范，遇到这种情况时，要坚持有法依法、无法依政策的原则。就像《中华人民共和国民法通则》规定的："民事活动必须遵守法律，法律没有规定的，应当遵守国家政策。"在一定的历史时期内，教育政策在对教育事业进行宏观调控方面，仍然发挥十分重要的作用。

在处理教育政策与法规的关系时，应该注意两种偏向：一是片面强调教育政策的主导作用、决定作用；二是片面扩大、夸大教育法规的作用。前者在实践中容易形成重政策、轻法规、以政策性文件取代教育法规的状况，只讲依政策办事，不讲依法办事；后者只讲依法办事，而忽略教育政策在教育活动中的重要作用。这两种倾向，都应当注意防范和克服。

思考与练习

一、名词解释

依法治教 教育法律 教育政策

二、问题思考

1. 简述依法治教的含义。

2. 简述依法治教的基本要求。

3. 简述依法治教的必要性。

4. 简述我国依法治教的基本原则。

5. 简述推进我国依法治教的具体措施。

三、案例分析

1. 某校初中班主任张老师为了掌握学生的思想现状,为了检查学生是否具有不良行为,经常私自开拆学生信件。有次张老师批改作业时,发现学生刘某的作业本中夹了一封写给同班同学的信件,张老师便拆封阅读了此信。这是刘某写给一位女同学的求爱信,张老师看了十分生气,于是在班会上宣读了此信,同时对刘某提出了批评。刘某家长找到张老师表示难以认同其宣读信件的行为时,张老师解释说:"我作为教师,对学生进行教育和管理是我的职责,我批评刘某是为了教育和爱护他。"

请问:

(1) 你认为班主任张老师的解释是否正确?

(2) 你认为班主任张老师的做法合法吗?试述你的判断所依据的法规及条款。

2. 某初级中学学生肖某,平时学习成绩不好,守纪情况也差。一天,在教学楼内玩篮球,故意用球将一个价值三百元的吊灯砸坏。学校在查明事情经过后,依据学校有关"损坏公物要赔偿和罚款"的规章制度,对肖某作出三点处理决定:一是给予警告处分;二是照价赔偿吊灯;三是罚款三百元。

对此学校、教师、学生及家长均没有感到什么不妥当,该校在全校师生大会上以此事为案例,大谈依法治校,从严治校的重要性。

对此做法,你认为是否妥当?为什么?

第二章
教育法的基本理论

【学习目标】

1. 了解教育法的概念、特征、原则与作用。

2. 掌握教育法律规范的含义和结构及教育法的渊源。

3. 掌握教育法律关系的含义及特征、类型、主体、客体和内容。

【本章重难点】

1. 培养学生教育法律意识,强化依法治教、依法管理的思想观念。

2. 教育法律规范与教育法、教育法律、教育法律条文及教育法律文书的区别。

3. 正确理解法人的概念。

微信扫码

教师资格考试
真题练习

第一节　教育法概述

一、教育法的含义

教育法有广义和狭义之分。广义的教育法指国家机关(权力机关和行政机关)依照法定权限的程度制定颁布的所有有关教育的规范性文件的总称,它主要包括最高国家权力机关制定的法律、最高行政机关制定的行政法规、地方权力机关制定的地方性法规、中央政府各部委制定的规章和地方政府制定的规章。狭义的教育法指由国家权力机关制定颁布的教育法律,在我国是指由全国人民代表大会及其常务委员会制定的教育法律。人们一般从广义的角度使用教育法的概念。

我们认为,教育法是由国家制定或认可,并由国家强制保证实施的调整和规定教育活动和教育关系的行为规范的总称。它是统治阶级教育意志的反映,也体现了教育规律和多数人民的教育利益,其目的是保证和维护教育活动的有效性、有序性和正义性。这一定义包括以下三层含义。

(一) 教育法是一种行为规范

教育法从其本体形式而言,是一种行为规范,这种行为规范以权利和义务为特有的表现形式。这种规范形式能够使人们按照统一的标准处理问题,从而为教育活动提供权威的行为标准,为教育事业的稳定发展提供有力保障。

(二) 教育法是由国家制定或认可的行为规范

教育法从其来源而言,是由国家机关按照法定权限和程序制定的,具有不同法律效力的规范性文件。从制定机关而言,教育法必须由国家机关制定,非国家机关不能制定有关法律,非国家机关制定的规范本身不具有国家意志属性。这也是教育法区别于教育政策、教育道德和其他社会规范的重要特征。

(三) 教育法是以国家强制力保证实施的行为规则

教育法从其运行机制而言,是以国家强制力保证实施的。教育法以国家的名义规定了人们在教育活动中应享有的权利和应履行的义务。为了使人们的法定权利免遭非法侵犯或剥夺,使人们的法律义务得以全面履行,把教育法确定的行为规则变为社会现实,就必须以国家强制力为后盾,通过相应的强制措施予以保障。

二、教育法的特征和原则

(一) 教育法的特征

教育法的特征是指教育法作为一种社会规范不同于其他社会规范的特性以及作为一种法律与其他社会规范和法律相比,其自身具有的特点,一般而言,教育法的特点主要表现为以下四个方面。

1. 教育法的规定具有公定力

教育法所规定的事项,主要是表达国家对教育的要求和意志。为此,该事项具有公认而确定的效力,即公定力。与民法、刑法不同,教育法更多地具有行政法的性质,它所调整的法律关系主要是纵向型的,以命令与服从为基本内容,以隶属性为基本特征的教育行政法律关系。在这种法律关系中,当事人之间的法律地位是不对等的,不论这种关系的相对方意见如何,只要国家机关依法下达了指示或命令,这种法律关系就形成了,关系的相对方就必须履行作为或不作为的行为,任何个人都无权否定教育法法定的权利。

2. 教育法的规定具有强制性

教育法是国家意志的体现,它所规定的事项,与其他法律一样具有国家强制性,不允许任何人违反或变更。教育法以国家强制力为后盾,当义务人违反了教育法的规定时,国家机关可以依法强制追究法律责任。教育法的这种强制性与民法、刑法相比,比较简单、范围有限,它主要侧重于规定事前的作为或如何作为、不作为,通过反复宣传教育人们怎样做,而事后的制裁只是实现教育法所规定事项的一种手段。因此,教育法使用范围的强度与其他法律、法规相比,有所不同。

3. 教育法具有多变性

教育法的多变性主要是由教育立法主体的多元性导致的。在我国,立法的主体不仅有最高权力机关、地方权力机关,而且有最高行政机关及其所属部、委以及地方的行政机关。行政机关为实施法律、行使职权和适应实际需要,有权制定、修改、废止行政法规和规章,不用经过立法机关的批准。行政部门既是立法者,又是执行者。因此,教育法的修改频率较高,多变性在所难免。

4. 教育法没有统一的法典

教育法与民法、刑法不同。民法、刑法都有统一的法典,分别适用于民事活动和刑法事项。而教育法在形式上散见于宪法、民法、行政法等法律、法规之中,没有统一的法典和完整的系统,也没有共同或一般的规定。教育法的这一特点与其调整范围的广泛性、教育教学活动的多样性等因素有关,因此,立法者很难对教育问题进行综合立法,制定出完整统一的法典。

（二）教育法的基本原则

教育法的基本原则是所有教育法律、法规应遵循的总原则，它贯穿于一切教育法律规范中，是教育立法、执法和研究的出发点和基本依据。教育法的基本原则主要有以下几点。

1. 方向性原则

教育法必须坚持教育的社会主义方向。《教育法》第六条规定："国家在受教育者中进行爱国主义、集体主义、中国特色社会主义的教育，进行理想、道德、纪律、法治、国防和民族团结的教育。"方向性原则主要表现在两个方面：一方面必须保证教育权掌握在无产阶级手中；另一方面必须保证培养社会主义事业的建设者和接班人。

2. 公益性原则

公益性原则是现代教育的重要特征，它指教育事业的过程和结果具有社会影响，符合国家和社会公共利益的要求。《教育法》第八条规定："教育活动必须符合国家和社会公共利益。"

3. 平等性原则

平等性原则是指人们在教育方面享有平等的权利和义务，平等地承担法律责任，任何人不得拥有超越法律的特权。《教育法》第九条规定："中华人民共和国公民有受教育的权利和义务。公民不分民族、种族、性别、职业、财产状况、宗教信仰等，依法享有平等的受教育机会。"《教育法》第十条规定："国家根据各少数民族的特点和需要，帮助各少数民族地区发展教育事业。国家扶持边远贫困地区发展教育事业。国家扶持和发展残疾人教育事业。"

4. 终身性原则

终身性原则是指人的一生应当不断地接受教育，应当在任何阶段都有机会接受教育，教育应当面向所有的人。《教育法》第十一条规定："国家适应社会主义市场经济发展和社会进步的需要，推进教育改革，促进各级各类教育协调发展、衔接融通，完善现代国民教育体系，健全终身教育体系，提高教育现代化水平。"

三、教育法的作用

法的作用是指法对人的行为以及最终对社会生活的影响。根据法作用于人们的行为和社会关系的形式和内容的不同，可以将法的作用分为法的规范作用和社会作用。相应地，教育法的作用也体现在规范作用与社会作用两个方面。

（一）教育法的规范作用

1. 指引作用

法对社会关系的调整是通过法律规范实现的。法明确地规定了人们的行为规则。

它明确规定了人们应该有怎样的行为、禁止怎样的行为和可以有怎样的行为,从而为人们的行为指明了方向。教育法正是通过命令性规范、禁止性规范和引导性规范为不同的教育法律关系主体指明了方向。

2. 评价作用

法律作为一种行为规范,是判断、衡量人们的行为是否合法的标准。我们常讲,要以事实为根据,以法律为准绳。这就是说,法律是判断、衡量人们的行为合法与否的评价标准。

3. 教育作用

法是人们的行为规范,它对于人们应该做什么、不应该做什么都具有明确的教育作用。法律制裁违法行为,不仅对违法者具有教育改造作用,而且对所有社会成员具有教育作用。同时,法律支持合法行为,对人们具有示范教育作用。教育法本身的特点决定了教育法的教育作用更为突出。特别是教师的职责要求、学生守则等法规文件,其首要意义就是以法的形式强化对有关人员的教育。

4. 预测作用

法具有的严格而稳定的规范性使人们预先知道从事某种行为或不从事某种行为必然发生的法律后果,从而调整人们的行为。

《学位条例》规定:"凡是拥护中国共产党的领导、拥护社会主义制度,具有一定学术水平的公民,都可以按照本条例的规定申请相应的学位。学位分学士、硕士、博士三级。"该条例还规定了各种学位的相应条件和授予办法。根据该条例的规定,每个公民都可以根据自己的实际条件对自己能取得哪种学位进行预测,并可依照条例确定自己的奋斗目标。

5. 强制作用

法律的强制作用具有两方面的含义:其一,法对于人们应该做什么、禁止做什么和可以做什么加以规定,而且还要使人们必须接受,这体现了法的强制性特征;其二,违反法律规定的行为要受国家强制力的制裁。

我国的《义务教育法》中,就有一些强制性规定,充分显示了义务教育的强制性特点,其中第十一条规定:"凡年满六周岁的儿童,其父母或者其他法定监护人应当送其入学接受并完成义务教育;条件不具备的地区的儿童,可以推迟到七周岁。"第十四条规定:"禁止用人单位招用应当接受义务教育的适龄儿童、少年。"

(二) 教育法的社会作用

教育法有其独特的社会作用,主要体现在以下五个方面。

1. 保障我国教育法的正确方向

古今中外的政治势力,为了维护自己的统治,无不通过制定教育政策、颁布教育法令等把政治的基本准则贯彻到教育的各个方面去,保障教育为一定阶级的政治服务。

我国教育法的首要作用就在于通过立法的形式切实保障教育为社会主义建设服务,也就是要保障我国教育的社会主义性质,保障党对教育事业的领导,保障培养出适合社会主义建设需要的人才,提高劳动者和全民族的素质。

2. 保障和促进我国教育事业的发展

教育法保证了我国公民受教育的权利和义务。教育法对教育的地位、作用、结构、规模、经费、师资和管理体制等方面都作出了明确的规定。国家、社会和公民可按照这些规定参与教育事业。教育法对我国教育事业的发展起着重要的保障与促进作用。

3. 保障按教育规律办教育

教育规律是指教育这一社会现象内在的必然联系。教育规律是客观存在的,它不以人们的意志为转移。由于我国教育法的社会主义性质与教育规律在本质上完全一致,所以教育法应该体现教育规律,通过教育立法将按照教育规律办教育的一般要求转化为法律规范,以避免教育工作中的主观随意性。由于教育法本身是依照教育规律制定的法律规范,从形式上看,它符合法律特点;从内容上看,它符合客观规律。它可以保障我们在教育活动中遵循教育规律办事。

4. 保障有关各方在教育上的合法权益

教育法律、法规明确规定和保障与教育相关的各方的权利与义务。教育是一种极为复杂的社会现象,它涉及学生、家长、教师、学校、政府各部门以及社会各方面。在教育活动中,各方享有什么权利,承担什么义务,教育法作出了具体规定,这样,教育法就可以保障有关各方在教育上的合法权益,充分发挥他们的积极性,同时可以防止和制裁违法行为。

例如,我国的《义务教育法》明确规定了国家、社会、家庭三方面在教育中的权利、义务。对于国家来讲,必须创造条件使适龄儿童的父母或其他法定监护人送适龄子女或被监护人按时入学,接受规定年限的义务教育。对于社会来讲,要关心、支持教育事业,为教育的发展创造良好的环境。

5. 提高教育管理效率

教育管理是为了实现预定目标,组织和使用人、财、物、时间、信息的过程,旨在提高管理功效。完备的教育法规对于教育管理的职责、权限、任务、工作程序等都有明确的规定,这有利于教育管理活动在法律授权内的事务完全自主自律,以减少或防止相互推诿现象的发生。

第二节　教育法的渊源

一般来说,法律的渊源是指法的效力和渊源,即法律规范的外部表现形式,是指由不同的国家机关制定或认可的具有不同法律效力的规范性法律文件。教育法的渊源是指国家根据法律的职权和程序制定的关于教育方面的规范性文件。我国教育法的渊源主要有宪法、教育法律、教育行政法规、地方性教育法规、教育规章以及教育条约和协定。

一、宪法

(一) 宪法规定了教育法的基本指导思想和教育立法的基本原则

宪法是我国的根本大法,它规定了我国的根本制度和任务,具有最高的法律地位和法律效力,是制定一切法律、法规的依据。其中的教育法律条款,原则性地规定了教育法的指导思想,即坚持四项基本原则、坚持改革开放、以社会主义现代化建设为中心等。

宪法的基本原则也是教育立法的基本原则,主要包括:一切权力属于人民、社会主义公有制、坚持社会主义精神文明建设、宪法至上等。

(二) 宪法规定了教育活动的基本法律规范

1. 宪法规定了发展教育事业的目的、形式和任务

教育是整个国家发展的基础,所以宪法必须对发展教育事业的目的、形式和任务作出原则性的规定。《宪法》第十九条规定:"国家发展社会主义的教育事业,提高全国人民的科学文化水平。国家举办各种学校,普及初等义务教育,发展中等教育、职业教育和高等教育,并且发展学前教育。国家发展各种教育设施,扫除文盲,对工人、农民、国家工作人员和其他劳动者进行政治、文化、科学、技术、业务的教育,鼓励自学成才。国家鼓励集体经济组织、国家企业事业组织和其他社会力量依靠法律规定举办各种教育事业。国家推广全国通用的普通话。"

2. 宪法规定了公民的教育权利

受教育是每一个公民的权利。《宪法》第四十六条规定:"中华人民共和国公民有受教育的权利和义务。国家培养青年、少年、儿童在品德、智力、体质等方面全面发展。"《宪法》第四十九条规定:"父母有抚养教育未成年子女的义务。"

3. 宪法规定了从事教育工作的公民有进行创造性工作的自由

《宪法》第四十七条规定:"中华人民共和国公民有进行科学研究、文学艺术创作和其他文化活动的自由。国家对于从事教育、科学、技术、文学、艺术和其他文化事业的公民的有益于人民的创造性工作,给予鼓励和帮助。"

4. 宪法规定了教育管理的权限

现代教育主要是由国家推动的,为了保证教育的有效发展,国家必须重视对教育的管理。《宪法》第八十九条、第一百零七条、第一百一十九条,规定了国务院、县级以上地方各级人民政府和民族自治地方的自治机关领导和管理教育工作的权限。

二、教育法律

（一）教育基本法律

教育基本法律是依据宪法制定的调整教育内外部相互关系的基本法律规范，是教育法律体系的"母法"。教育基本法律通常规定国家教育的基本方针、基本任务、基本制度以及教育活动中各主体的权利和义务。

我国的教育基本法——《中华人民共和国教育法》是1995年3月18日在第八届全国人民代表大会第三次会议通过，并于同年9月1日起施行的，并于2009年和2015年分别进行了第一次修正和第二次修正；2021年4月29日，第十三届全国人民代表大会常务委员会第二十八次会议通过《全国人民代表大会常务委员会关于修改〈中华人民共和国教育法〉的决定》，自2021年4月30日起施行。该法共10章86条，规定了我国教育的地位、性质、方针、体制和教育活动的基本原则，规定了教育的基本制度，政府、学校及其他教育机构，教师及其他教育工作者，学生、学生家长等教育法律关系主体的法律地位及其权利和义务，规定了教育与社会的关系、教育投入与条件保障、教育对外交流与合作，以及保护教育法律关系主体合法权益的法律措施。

（二）教育单行法律

教育单行法律是国家根据宪法和教育基本法律的原则制定的规范和调整某一类教育或教育的某部分关系的教育法律。教育单行法律的门类可以根据教育的层次和类别确定。从层次来分，教育依次分为学前教育、初等教育、中等教育和高等教育；从类别来分，教育可分为普通教育和职业教育、全日制教育和非全日制教育等。我国教育单行法律属于一般法律，根据《宪法》第六十七条的规定，一般由全国人民代表大会常务委员会制定。目前，我国已经制定并公布实施的教育单行法律主要有五部。

1.《学位条例》

该条例由第五届全国人民代表大会常务委员会第十三次会议于1980年2月12日通过，1981年1月1日起施行，并于2004年进行修正。该条例共有20条，把学位层次分为学士、硕士、博士三级，对授予各级学位的条件、学位的评定、学位授予机关、授予程序和方法作出了明确规定。《学位条例》的颁布和实行确立了我国的学位制度，保证了我国学位的质量。

2.《义务教育法》

该法由第六届全国人民代表大会常务委员会第四次会议于1986年4月12日通过，1986年7月1日起施行，并于2006年、2015年和2018年进行修正。该法共8章63条，对我国的义务教育的性质、形式、学制、管理体制、保障措施等作出了规定，有力保证了我国义务教育的实施。

3.《教师法》

该法由第八届全国人民代表大会常务委员会第四次会议于1993年10月31日通

过,1994年1月1日起施行,并于2009年进行修正。该法共9章43条,主要就教师的职业性质、教师的权利和义务、教师的资格和任用、教师的培养和培训、教师的考核、教师的待遇、教师的奖励以及有关的法律责任进行了规定。《教师法》是我国教师职业化和专业化的法律保障。

4.《职业教育法》

该法由第八届全国人民代表大会常务委员会第十九次会议于1996年5月15日通过,1996年9月1日起施行。该法共5章40条,规定了职业教育的地位、发展方针、职业教育的管理体系、职业教育的实施、职业教育的保障条件等。

5.《高等教育法》

该法由第九届全国人民代表大会常务委员会第四次会议于1998年8月29日通过,并于2015年和2018年进行了修正。该法共8章69条,对高等教育管理体制、高等院校内部管理体制、教师和学生的权利和义务等方面作出了规定。

三、教育法规

(一) 教育行政法规

教育行政法规是指国家最高行政机关实施、管理教育事业,根据宪法和教育法律制定的规范性文件。教育行政法规在内容上是针对某一类教育事务作出的规范,具有相对的稳定性,其制定、审定、发布需要经过法定的程序。我国《宪法》第八十九条规定,国务院有权"根据宪法和法律,规定行政措施,制定行政法规,发布决定和命令"。教育行政法规一般有条例、规定和办法或细则三种。

1. 条例

条例是指对某一方面的教育行政工作的比较系统、全面的规定。教育方面的条例主要包括《普通高等学校设置暂行条例》《高等教育自学考试暂行条例》《幼儿园管理条例》《学校体育工作条例》《学校卫生工作条例》《残疾人教育条例》《扫除文盲工作条例》《教师资格条例》和《教学成果奖励条例》等。

2. 规定

规定是指对某一方面工作部分的规定。教育方面的规定主要包括《征收教育费附加的暂行规定》《高等教育管理职责暂行规定》等。

3. 办法或细则

办法或细则是指对某一项行政工作的较为具体的规定。教育方面的办法或细则主要包括《中华人民共和国学位条例暂行实施办法》《义务教育法实施细则》等。

(二) 地方性教育法规

地方性教育法规是我国教育法的重要渊源之一,根据立法目的和立法依据可分为两种：第一种是执行性、补充性的地方性教育法规，主要是为了执行宪法、教育法律和教育法规，根据本地区实际情况而制定。第二种是自主性的地方性教育法规。在国家尚未制定出教育法规的情况下，地方在不违背宪法的前提下，可制定本地区的自主性的地方法规。地方性教育法规与一般性的教育法规相比，有以下特点：一是与国家的宪法，教育法律、法规保持一致，不得违背或抵触；二是只在本地区适用；三是更具有可操作性。

四、教育规章

按制定、发布机关的不同，教育规章可分为两类：一类是教育部（原国家教育委员会）制定的教育规章，即部门教育规章，经常称之为规定、办法、规程、大纲、标准等。部门教育规章由教育部颁布或由教育部与其他部委联合颁布，在全国有效。教育规章主要包括《普通高等学校学生管理规定》《普通高等学校教育评估暂行规定》《全国中小学校长任职条件和岗位要求（试行）》《小学生日常行为规范》和《中学生日常行为规范》等。这些部门教育规章是对教育法律、法规的重要补充。

另一类是省、市、自治区、直辖市的人民政府和经国务院批准的较大市的人民政府制定的规范性文件，这些文件被称为地方性教育规章，其范围局限于本行政区域，但内容的性质和国务院各部委制定的规章是一致的。

此外，行政法、民法、刑法、教育政策、教育判例等也是教育法律的重要渊源。

第三节 教育法律规范

一、教育法律规范的含义

法律规范是由法确定的人们的行为规范。法律规范一般具有两个特征：一是规范性，二是概括性。规范性指法律规范为人们的行为规定了一定的模式，使人们共同遵守；概括性指法律规范的逻辑基础是概括的。法律规范是普遍适用和反复适用的，而非一次性适用于处理某一特定事件。

教育法律规范是指通过一定的法律条文表现出来的具有自己内在逻辑结构的一般行为规则。每一部具体的教育法都是若干个行为规则组成的有机整体，其中组成教育法行为规则的有机整体的单个行为规则，就是具体的教育法律规范，它是组成教育法的"基本细胞"。教育法律规范与教育法、教育法律文件、教育法律条文之间既有联系又有区别。一般而言，教育法律规范是教育法、教育法律文件及教育法律条文的内容，而教育法的各种规范性文件或法律条文是教育法律规范的载体，它们之间是内容和形式的关系，其主要区别体现在以下四个方面。

（一）教育法律规范与教育法的区别

教育法是指由国家制定和认可，并以国家强制力保证实施的教育活动中的全部行为规则的总称。教育法律规范是一种特指的行为规范,而不是行为规范的"总称"。因此,二者在逻辑上是种属关系。教育法是种概念,它的外延大于教育法律规范,教育法律规范是属概念,它的外延包含在教育法概念的外延之中。也就是说,教育法的最一般特征在具体的教育法规范中也有所体现。

(二)教育法律规范与教育法律文件的区别

教育法律规范是教育法律各种规范性文件的基本内容,但不是全部内容。各个具体的教育法律文件中,除了大量的教育法律规范外,还有关于立法目的、立法依据和有关概念等的规定和说明性文字,它们是非规范性的内容,不属于教育法律规范。

(三)教育法律规范与教育法律条文的区别

教育法律规范要用教育法律条文来表示,但教育法律条文不一定就是教育法律规范。有的教育法律条文不包括规范,例如,"本法中的教育,专指学校教育",这样专门界定有关概念的条文就不包含规范,或者仅包含一个教育法律规范的片段。因此,要掌握完整的教育法律规范,往往要将教育法律条文以及有关文件综合起来。同时,就教育法律规范的逻辑结构来说,它的全部组成部分往往不全在一个教育法律条文里出现。

(四)教育法律规范与教育法律文书的区别

教育法律文书,包括司法文书,是适用法律规范而使用的特殊的法律文件,如教育行政处罚决定书、调解协议、判决书等。教育法律文书的特点是在特定的地区和时间内,对某一特定的主体(包括自然人、法人、社会团体或国家机关)具有约束力,它们是适用法律规范的结果,而不是法律规范本身。

二、教育法律规范的结构

法律规范的结构即构成法律规范的要求,也就是构成法律规范内容的各个组成部分及相应关系。从逻辑结构上看,法律规范通常由法定条件、行为准则和法律后果三个要素组成,这三个要素之间要有内在的关系。教育法律规范的结构也是如此。

(一)法定条件

法定条件指法律规范适用的条件和情况。每一项教育法律规范,只有在规定的法定条件出现时,才能适用该规范。

例如,《义务教育法》第十一条规定:"适龄儿童、少年因身体状况需要延缓入学或者休学的,其父母或者其他法定监护人应当提出申请,由当地乡镇人民政府或者县级人民政府教育行政部门批准。"

这项教育法律规范中,"因身体状况""由当地乡镇人民政府或者县级人民政府教育行政部门批准"就是该规范使用的法定条件。也就是说,适龄儿童、少年只有出现疾病或者特殊情况,并且经过批准,才可延缓入学或休学。在一些情况下,法定条件不明确写出,但它隐含在规范条文中。但是,对含有处罚或奖励内容的规范,法定条件必须明确地见诸条文中,这才能保证规范被准确地实施。

(二) 行为准则

行为准则指法律规范中指明的行为规则的基本要求。具体来说,就是教育法律规范中规定的当某种条件和情况出现时,法律关系的参加者应该做什么、不应该做什么,可以做什么、禁止做什么,这是教育法律规范的核心部分,是行为规则的主要内容。任何一项法律规范都必须具备该部分内容。

例如,《义务教育法》第十一条规定:"凡年满六周岁的儿童,其父母或者其他法定监护人应当送其入学接受并完成义务教育;条件不具备的地区的儿童,可以推迟到七周岁。"这是规定应当做什么。第二十二条规定:"县级以上人民政府及其教育行政部门应当促进学校均衡发展,缩小学校之间办学条件的差距,不得将学校分为重点学校和非重点学校。学校不得分设重点班和非重点班。"这是规定不应该做什么和禁止做什么。第三十五条规定:"学校和教师按照确定的教育教学内容和课程设置开展教育教学活动,保证达到国家规定的基本质量要求。"这是规定允许做什么。这样一些规定指明了在义务教育中国家、社会、学校、家庭及适龄儿童、少年各方的行为方向和模式。

(三) 法律后果

法律后果是指在某种条件或情况出现时,法律关系的参与者作出或没有作出"行为准则"要求的某种行为(作为或不作为)时,应承担的法律后果、法律责任,即对违反法律规范的行为给予何种处置。教育法的后果分为肯定式的后果和否定式的后果两种。

例如,《义务教育法》第五十一条规定:"国务院有关部门和地方各级人民政府违反本法第六章的规定,未履行对义务教育经费保障职责的,由国务院或者上级地方人民政府责令限期改正;情节严重的,对直接负责的主管人员和其他直接责任人员依法给予行政处分。"第六十条规定:"违反本法规定,构成犯罪的,依法追究刑事责任。"这就是教育法的否定式后果,它表明的是国家对违反某种法律规范所持的不赞许态度,对违反法律规范的相对人来说,否定式后果表现为一定形式的责罚和制裁。再如,《中华人民共和国义务教育法实施细则》(以下简称《义务教育法实施细则》)第三十七条规定:"地方各级人民政府对为实施义务教育作出突出贡献的企业事业单位、学校、社会团体、部队、居(村)民组织和公民,给予奖励。"这就是教育法的肯定式后果,它表明的是国家对合乎某种法律规范所持的赞许和鼓励态度,表现形式是对行为人的肯定和奖励。

应当指出,教育法律规范的法定条件、行为准则、法律后果三个要素是密切联系、缺一不可的,否则难以起到法律规范的作用。但教育法律规范要明确表达这三个要素,并非每一个教育法律条文都必须包含上述三个要素,这就要求我们具体问题具体分析。

第四节 教育法律关系

一、教育法律关系的含义

(一) 教育法律关系的概念与特征

法律关系,是指人们在社会生活中,依照法律的规定相互之间形成的一定的社会关系,即法律规范在调整人们的行为过程中形成的法律上的权利和义务关系。法律关系的形成必须以法律规范为前提。在社会生活中,人们必然要发生各种各样的联系,形成各种各样的事实关系,但并不是所有事实关系都是法律关系。例如,政治关系、经济关系、家庭关系、邻里关系,爱情关系、师生关系等,这些事实关系中,只有法律调整的,即由法律规范的事实关系才具有法律关系的性质,不由法律规范调整的事实关系不是法律关系。例如,朋友要互相帮助、讲求信义等,这些属于道德规范调整的范畴。

教育法律关系,是指由教育法律规范所确认和调整的,表现为教育法律关系主体之间的权利和义务联系的社会关系。

在教育活动中,人们彼此要产生各种各样的联系,即社会关系。教育法律关系同基于习惯、道德、信仰等形成的社会关系相比,具有以下特征。

第一,教育法律关系是依据教育法形成的社会关系,是教育法律规范在教育活动中的体现。教育法律关系与教育法律规范有着不容分割的联系。任何一种教育法律关系,都是由与这一法律关系相适应的现代教育法律规范确认和调整的。如果某种教育关系没有法律上的规定,就不是教育法律关系。

第二,教育法律关系根源于社会物质生活条件,并由教育关系和教育法律的性质和内容决定,属于上层建筑范畴。

第三,教育法律关系是由国家强制力保证执行的社会关系,对违反和破坏教育法律关系的行为予以相应制裁。

第四,某种教育法律关系的存在,总是以相应的现行的教育法律为前提。教育法律规范规定了教育法律关系产生、变更或消亡的条件和教育法律关系的一般内容,如果不存在某种教育法律规范,就不会产生教育法律关系。

(二) 教育法律关系的类型

教育法是调整教育关系的法律的规范的总和。这些教育关系虽然复杂多样,但就其性质而言可分为两类。一类是纵向性的法律关系,一般称为教育行政法律关系;另一类是横向性的法律关系,一般称为教育民事法律关系。

1. 教育行政法律关系

教育行政法律关系是国家行政机关在教育行政过程中发生的关系。这一关系反映的是国家与相对人的纵向关系,其实质是国家如何领导、组织和管理教育活动。在这一关系中,国家教育行政机关是最主要的当事人,与国家教育行政机关相对的当事人则主要是学校及其他教育机构、教育职员、学生及其家长、企事业单位、社会团体、公民个人等。当国家教育行政机关行使教育行政职能时,便与上述各行为主体发生法律关系。

在这一法律关系中,国家教育行政机关与其相对人的法律地位是不平等的。国家教育行政机关处于管理的、领导的和主动的法律地位,而其管理的相对人,如学校、教师、学生等处于被管理的、被领导的和被动的法律地位。教育行政法律关系虽然也存在着"强迫性"的行政法律关系,如教育行政部门对教育事业的宏观调控权利等,但其强迫度明显弱于其他类型的行政法律关系。即教育行政机关在作出某种决定时还需在一定程度上考虑其行政相对人的意愿。尤其在扩大学校办学自主权后,教育行政机关与学校的关系就更是如此,教育行政关系与一般行政管理者、管理相对人之间的领导与服从、命令与执行的隶属关系不同,它必须考虑其管理相对人的特点。因为学校是一个以"教学民主和学术自由"为主要特征的教育机构,教师与学生需要一个专门从事科学与文化创造的宽松和谐的环境,这就不能简单地将教育行政关系与一般的行政法律关系同等对待。

2. 教育民事法律关系

教育民事法律关系是不具有行政隶属关系的学校与行政机关、企事业单位、集体经济组织、社会团体、个人之间在教育活动中发生的关系。这类法律关系是在共同意思表示的基础上建立起来的。各个平等主体之间在教育教学活动中所引起的财产所有和流转是这类关系的基本内容。教育民事法律关系涉及财产、人身、土地、学校环境、人才培养合作、科技成果转让、联办产业、联合办学等方面。确切地说,这是一类具有教育特征和民事性质的教育法律关系,随着教育民主化的发展,这种平权型的教育法律关系的范围将会逐步扩大。

二、教育法律关系的主体

教育法律关系的构成要素有三个:教育法律关系主体、教育法律关系客体和教育法律关系内容。

(一)教育法律关系主体

教育法律关系主体是指教育法律关系的参与者,即在教育法律关系中享有权利和承担义务者,是教育法律关系的构成要素之一。

可以成为教育法律关系主体的自然人和法人有教育行政机关、其他国家机关、学校及其他教育机构、教育者、学生及其他受教育者、企事业单位、社会组织和其他公民等。在华的外国人、无国籍人,财团法人也可以成为我国教育法律关系的主体。

教育法律关系的主体必须具有教育法上的权利能力和行为能力。所谓教育法上的权利能力,是教育法律关系的主体依法能够享受教育法上的权利和履行教育法上的义务的一种资格或者能力。受教育者在教育法上的权利能力不同于其在民法上的权利能力,公民在民法上的权利能力始于出生,终于死亡,受教育者在教育法上的权利能力则必须达到一定年龄或者具备某种资格才能取得。

所谓教育法上的行为能力,是教育法律关系主体能够以自己的行为,依法行使教育法上的权利和承担教育法上的义务的能力。教育者在教育法上的行为能力,除必须具备完全的民事行为能力外,还应具备中华人民共和国国籍,是中华人民共和国公民,或是经国务院教育行政主管机关特别许可的外国人或无国籍人,以及具有法定的相应学历并经国家教师资格考试合格,由国家教育行政机关认定。如果相对人不具有法定的相应学历或未通过国家教师资格考试,即不能通过自己的行为来行使教育法上的教育者的权利和履行教育法上的教育者的义务时,也就不具备教育法上的教育者的行为能力。

国家教育行政机关是依照组织法建立起来的行使教育行政管理职权的行政主体,它在教育法上的权利能力和行为能力,始于它们依法成立,终于它们依法撤销。学校和其他教育机构是具体组织教育者和受教育者实施教育教学活动的社会组织,其在教育法上的权利能力和行为能力始于其合法成立,终于其合法撤销。个人捐资成立的以发展教育、科技为宗旨的教育基金会的性质属于财团法人,在教育法律关系中独立享有民事权利,承担民事义务,属于教育法律关系主体。

综上所述,任何教育法律关系都是其主体间形成的一种权利与义务关系。

(二)教育法律关系客体

教育法律关系客体是指教育法律关系的权利、义务所指向的对象,即教育法律关系客观化的表现形式,是教育法律关系构成的要素之一,一般包括物、行为、与人身相联系的精神财富(精神产品和其他智力成果)等。

1. 物

物可分为不动产和动产两大类。

不动产包括场地、房屋和其他建筑设施以及场馆等,主要指学校或其他教育机构占用并用于教育教学活动的专用土地。依据我国宪法及有关法律规定,土地的所有权属于国家或集体,学校和其他教育机构的用地所有权均属于国家或集体。学校和其他教育机构只拥有使用权。任何单位或个人都不能随意侵占教育用地。房屋和其他建筑设施,主要指专门用于教育教学活动的教学、实验用房或教室、实验室及其必要的附属建筑物。场馆,主要指国家或地方政府及有关组织为发展公共教育事业而兴建的博物馆、图书馆、文化馆、科技馆、体育馆、美术馆、历史文化古迹和革命纪念馆等,属于公益性机构并兼有教育功能。

动产包括资金、教学仪器设备等。资金,即教育事业的经费,以国家财政拨款为主。国家对教育的拨款,旨在改善办学条件、教师待遇,提高教育质量,不允许任何机关或个人以任何借口将教育事业经费擅自挪作他用。企事业单位、社会团体或公民个人为祖国的教育事业提供的捐助,包括委托国家教育行政机关把捐款代为投放到最需要的地方,或直接把捐款投向某一具体学校或其他教育机构,或依据捐款人心愿设立奖学金、

35

科研基金等。上述这些被投放的单位均有妥善保管、合理使用、专款专用的义务,使捐助发挥最大效用。教学仪器设备包括广播、电视等视听器材,各类植物标本及其他用于教育教学的必需品。

2. 行为

行为是指教育法律关系主体实现权利、义务的作为或者不作为,主要包括以下几个方面。

(1)行政机关的行政行为

行政机关的行政行为指国家行政机关为履行国家的教育事业的行政管理权而依法实施的,直接或间接产生行政法律后果的行为,它包括行政立法行为和行政执法行为。行政立法行为,从狭义上讲,专指行政机关制定的有关教育行政管理的行政法规、行政规章及其他规范性文件的活动;从广义上讲,指国家机关依照法定权限和程序制定有关国家教育行政管理工作的规范性文件的活动。

行政执法行为,是国家行政机关及其授权学校和其他教育机构依法针对具体的人或事施行的单方面的能直接产生教育法律效果的行为,如通知行为、批准或拒绝行为、许可行为、免除行为、处罚行为及委托给学校或其他教育机构具体颁发学历证书的授权行为等。

(2)学校和其他教育机构的管理行为

学校和其他教育机构的管理行为包括制定学校或机构内部管理规范的行为;具体组织教学科研活动的行为;决定给予违纪教育者或受教育者一定的教育纪律处分,接受被处分者申诉的行为;决定给予工作出色、成绩优秀的教育者或受教育者一定奖励的行为;对修业期满,符合国家学历水平要求的受教育者发给毕业证书或学位证书的行为;对符合本教育机构自行规定的学业水平要求的受教育者发给教育机构的结业证书的行为;其他内部管理行为。

(3)教育者与受教育者之间的教育教学行为

教育者与受教育者之间的教育教学行为是维系教育关系最基本的行为,是教育法律关系赖以存在的重要条件。

此外,还有学生家长、各种社会组织参与、支持教育活动的各种行为。

3. 精神产品和其他智力成果

精神产品是智力的创造性活动的结晶,属于非物质财富,主要包括各种教材、著作在内的精神产品和智力成果,各种具有独创性并行之有效的教法、教具等的发明。

(三)教育法律关系内容

权利和义务是法律关系的核心,没有权利和义务为内容,则无所谓法律关系。

1. 法律上的权利

法律上的权利是指法律关系主体(法律关系的参加者)依法享有的某种利益或资格,表现为权利享有者可以作出一定的作为或不作为,并能要求与该项权利相对的义务承担者实施一定的作为或不作为。例如,根据我国的《著作权法》第十条的规定,作者享有发表权、署名权、修改权、保护作品完整权等权利。他人,即义务承担者未经同意,侵犯上述权利就构成侵权行为。一切法定的权利,国家都以其强制力给予保障,当法定的权利受到分割时,权利的享有者有权向有关国家机关请求法律保障。

2. 法律上的义务

法律上的义务是指法律关系主体(法律关系的参加者)依法承担的责任,表现为义务承担者必须依法实施一定的作为或不作为。例如,《教育法》的第四十一条规定,"从业人员有依法接受职业培训和继续教育的权利和义务。国家机关、企业事业组织和其他社会组织,应当为本单位职工的学习和培训提供条件和便利",就是必须作为的义务。一切法定的义务,国家都以强制力强制其履行,当义务的承担者拒绝履行应尽的义务时,国家司法机关或其他有关机关有权采取措施强制其履行,甚至给予相应的行政、民事或刑事制裁。

教育法律关系内容,是指教育法律关系主体在依法成立的法律关系中享有的某种权利和应承担的某种必须履行的责任,它由法律规范所确认,并由国家强制力保证实施,是教育法律关系的重要构成要素之一。这里所说的教育法律关系主体享有的某种权利,即教育法律规范对其能够作出或者不作出一定行为以及可以要求他人相应作出或不作出一定行为的许可与保障,又称法律权利,它由法律确认、设定,并被法律保护。这里所说的教育法律关系主体应承担的某种必须履行的责任,即教育法律规范对其必须作出一定行为或不得作出一定行为的约束,又称法定义务,它以法律规定为前提,不履行者将受到国家强制力制裁。

三、教育法律关系的产生、变更和消灭

教育法律关系的产生、变更和消灭表明了教育法律关系主体权利与义务变化的三种基本情况:

教育法律关系的产生是指教育法律关系主体之间权利、义务关系的确立,如因委托培养合同的签订产生了用人单位与学校以及学生之间的权利和义务关系。

教育法律关系的变更是指法律关系构成要素的变更,即主体、客体、内容的变更。主体变更是指主体的增加、减少和改变。如学校与企业间的委托培养学生因原委托企业破产而改变委托方。

教育法律关系的消灭是指教育法律关系主体、客体的消灭,主体间权利、义务的终止。如学校向某一企业借款而形成了民事法律关系(债权关系),学校为债务人,企业为债权人。届时学校依照合同返还了借款,则与该企业的债权债务民事关系归于消灭。

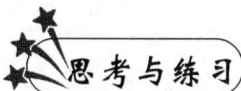

思考与练习

一、名词解释

教育法　教育法律规范　教育法律关系

二、问题思考

1. 简述教育法的含义。
2. 简述教育法的特征。
3. 简述教育法的原则。
4. 简述教育法的作用。
5. 简述教育法的渊源。
6. 简述教育法律规范的结构。

三、案例分析

案例1：音乐老师王某在学校音乐教室上音乐课时，学生刘某一直在说话。王老师"警告"刘某："在课堂上不要讲话了，如果再讲话，就用胶带纸把嘴巴封起来。"9岁的刘某没有听从老师的"警告"，又开始自言自语。发火的王老师立刻站起来，走到刘某跟前，掏出一段封箱胶带纸贴在了刘某嘴上，在场所有学生哄堂大笑，刘某则开始哭泣。王老师没有理会刘某的情绪变化，继续上课。就这样，刘某被封住嘴巴上完了音乐课，在同学们的笑声中一路哭回了教室。

案例2：刘某和白某是小学同班同学。某日下午放学前的自由活动时间，在教室里的王某因数学老师要他订正作业，就从自己座位走上讲台拿作业本，在经过坐在前排的白某身边时，刘某伸了个懒腰，手中的铅笔尖正巧戳进了白某的左眼。当时，白某因痛揉了揉眼睛，没在意，回去也没告诉家人。第二天上课时，班主任发现白某频繁揉眼睛，问了问白某得知他左眼被戳的事，但也没有采取任何措施。次日晚上，白某父亲在家发现白某左眼红肿、流泪，一问才知真相，立即带其到医院治疗。虽经手术治疗，但白某视力仍急剧下降，且不能矫正已达六级伤残。白某在向王某索赔无果的情况下，将同学刘某和学校告上了法庭，要求两被告赔偿11.9万余元。法院审理后认为，学校和致害学生对白某受伤均有过错，判决两被告赔偿受伤人白某各项损失74 200元，其中白某的监护人承担90％的责任，学校承担10％的责任。

根据相关法律法规，回答：

(1) 案例1和案例2中涉及的法律关系主体有哪些？

(2) 案例1和案例2中当事人之间构成何种法律关系？

第三章
学校、学生的权利与义务

学习导航

【学习目标】

1. 了解学校的权利与义务。

2. 掌握法学视角上学校的概念与特点、学校的法律地位、权利和义务。

3. 掌握学生的法律地位、权利与义务,关注学生权利保护问题。

【本章重难点】

1. 了解学校、学生的权利与义务。

2. 法学视角上学校与教育理论上学校的区别。

3. 学生的法律地位、权利与义务。

4. 关注学生权利保护中存在的问题。

微信扫码

教师资格考试
真题练习

第一节　学校的权利与义务

一、法学视角上的学校概念

（一）学校的概念

从教育理论角度看，学校是指按照一定社会或阶级的需要，依据社会及青少年身心发展规律，有目的、有计划、有组织地对青少年进行培养和教育的专门机构。学校教育对人的发展，特别是对青少年的发展起着主导作用，是社会和教育发展到一定阶段的产物。它萌芽于原始社会末期，出现于奴隶社会，发展于封建社会，完善于现代社会。

从法学角度看，学校是法律调整的对象，是经教育行政主管机关批准设立或登记注册，以实施学制系统内的教育为主的教育机构，享有一定权利并承担一定义务。我国学制系统内的基本教育阶段为学前教育、初等教育、中等教育和高等教育。每一个教育阶段根据教育对象和培养目标的不同而设有不同类型的学校，主要包括幼儿园、小学、初级中学、高级中学或完全中学，各类中等专业学校、职业学校、技工学校、普通高等学校，具有颁发学历证明资格的成人学校，以及其他专门实施学历性教育的教育机构。

正确理解法学视角的学校的含义，应注意三点：第一，学校是法律调整的对象。根据社会发展的需要，法律有权干预学校的办学方向、发展规模、学校结构等。第二，必须经主管机关批准成立和登记注册的教育机构是享有一定权利并承担一定义务的社会组织。学校是事业单位法人。第三，学校一经批准设立或登记注册，就享有自己的权利和义务。

（二）学校的特点

法学视角的学校作为事业法人，和企业法人有很大的不同，具有自己的特点，具体表现在以下几个方面。

1. 设立学校的目的是培养全面发展的人才，以学生是否得到全面发展为衡量标准

我国学校设置的目的就是为社会主义现代化建设服务，必须与生产劳动相结合，培养德、智、体、美、劳等方面全面发展的社会主义事业的建设者和接班人，而企业是以营利为目的的生产和经营单位，追求利润的最大化是企业发展的终极目标，也是企业发展的原动力。因此，衡量学校的教育质量和发展水平，主要是以人才的培养质量为标准，即学生是否得到了全面发展，而企业的发展是以经济效益的高低为衡量标准。

2. 学校的经费来源主要是国家财政拨款

在我国，教育的经费主要来源于国家的财政拨款，有一部分来源于社会团体及个人的捐赠、捐资、集资等，但这些其他社会力量举办的教育不占主要地位，这些财政拨款的使用与企业的借贷资金不同,是不用偿还的,而企业的资产来源于所有者投入资本和债权人借入资金及企业在生产经营中获得的效益。

3. 在限制范围内赋予学校法定的办学自主权

因为学校是公益性组织,它的办学活动直接影响到学生受教育权的实现,所以,教育法在赋予学校法定的办学自主权的同时,也必须对其权能作出必要的限制。国家应根据社会发展的需要,干预学校的办学方向、发展规模以及学校的结构等。学校所拥有的办学决策权、用人自主权、招生分配权、财产权等都是在国家宏观调控的监督和控制之下的。

二、我国学校的法律地位

(一) 学校法律地位的含义

所谓学校的法律地位,是指法律根据学校这种社会组织的目的、任务、性质和特点而赋予它的一种同自然人相似的"人格"。我们可以从以下几个方面进一步来理解这个概念。

1. 学校法律地位的实质是其法律人格

我们知道,作为生命体的自然人具有自己独立的人格。法学上借用"人格"一词,把社会组织体看成一个"人"(民法上称"法人"),其人格主要是指该社会组织从事某种活动的权利能力、行为能力及相应的责任能力,并主要以这三种能力在某种法律关系中取得主体资格。学校的法律人格,主要从其从事教育教学活动的权利和义务中反映出来,是其办学自主权的抽象化、形象化。

2. 学校法律地位的内容体现学校的任务、条件和特点

从民法意义上讲,学校的法人权利能力的范围决定于成立该法人的宗旨和业务范围,法人无权进行违背它的宗旨和超越其业务范围的民事活动。我国的《教育法》规定的学校的具体权利,体现了学校培养社会主义建设者和接班人的育人宗旨。而不同条件和特点的学校,如中小学和高等学校,其权利、义务的内容也不完全相同。

3. 学校法律地位在形式上是由法律赋予的

学校是相对独立的组织教育活动的实体,必须具有相应的法律地位,这是毋庸置疑的。学校成为法人的实体要求必须符合我国《民法通则》规定的条件:依法成立;有必要的财产或者经费;有自己的名称、组织机构和场所;能够独立承担民事责任。同时,《教育法》第三十二条明确规定了学校"自批准设立或登记注册之日起取得法人资格"。这些规定,为进一步落实学校的法律地位,扩大学校依法办学的自主权,促使教育机构广泛参与民事活动,提供了基本的法律依据。应当指出,学校的法律地位不仅包括它在民事法律关系中的法人地位,也包括它在行政法律关系中的法律地位。学校在行政法律关系中的法律地位,则由宪法和行政法所规定。

（二）学校法律地位的特点

1. 公共性

许多国家都有"公法人"的概念。所谓公法人，一般指行使、分担国家权利或依据属于公法的行政法等特别法，以公共事业为成立目的的法人。换言之，公法人是按照涉及公共利益的法律建立的，能够作为公权力并承担义务的组织，是为公共利益而存在的主体，它与民法、公司法等法律设立的私人或合伙组织不同。国外教育立法中明文规定学校为公法人，或强调其公共性。例如，德国规定，学校是公共机构，同时也是国家机构。日本的《教育基本法》规定："法律所承认的学校，具有公共性质。"我国虽然没有公法人的概念，但学校却体现了"公"或者国家的特点，主要表现为以下几点。

（1）学校法律地位是依据《教育法》确立的，学校的设立、变更、终止有特殊的注册登记程序，必须经国家教育行政部门审批决定。

（2）学校设立的目的是提高全民族素质，培养人才，促进物质文明和精神文明建设。因此，国家有权根据本国国情建立相应的教育制度，并为提高国民素质采取必要的教育措施，同时，国家也要承担与受教育权相应的责任，为教育的发展提供必要的财政来源及其他条件。国家对教育的投入，同一般的社会公益事业是不同的，体现了国家的利益。

（3）学校行使的教育权，实质上属于国家教育权的一部分。我国的《教育法》第二十九条明确规定了学校享有教育教学权、招生权、对学生进行学籍管理权、实施奖励或处分权、对学生颁发相应的学业证书权等。对学校来说，这种教育教学实施权，既是国家授予的权利，又是国家交予的任务，只能正确行使，不能放弃。

2. 多重性

我国学校根据条件和性质的不同，可以有多重主体资格。当学校参与教育行政法律关系，取得行政上的权利和承担行政上的义务时，它就是教育行政法律关系的主体；当学校参与教育民事法律关系，取得民事权利和承担民事义务时，它就是教育民事法律关系的主体。所谓教育行政法律关系，是指学校在实施教育活动中，与国家行政机关发生的关系或是当学校享有法律、法规授予的某些行政管理职权，取得行政主体资格时，与教师、学生发生的关系。所谓教育民事法律关系，是学校与不具有行政隶属关系的行政机关（此时，行政机关是机关法人身份）、企事业组织、集体经济组织、社会团体、个人之间发生的社会关系，这类关系涉及面颇广，涉及学校财产、人身、土地、学校环境乃至创收中的权利，这些社会关系都会产生民事所有和流转上的必然联系。教育行政法律关系和教育民事法律关系是两类不同的法律关系。学校在这两类不同的法律关系中的法律地位是不一样的。在教育行政法律关系中，学校是作为行政管理相对人出现的。当然，这并不排除学校作为办学实体享有自己的权利义务。在教育民事法律关系中，学校与其他主体处于平等地位。

（三）学校法人的特点

学校作为事业单位的重要组成部分，是事业单位法人，自成立之日起取得法人资格，独立进行民事活动并独立承担民事责任，具有法人的民事权利能力、行为能力、责任能力。

1. 公益性

在我国法系中，法人分为公法人和私法人。公立学校属于公法人。私立学校一般属于私法人中的公益法人，其设立宗旨是谋取公共利益，以区别于谋取财产利益的营利法人。我国学校法人属于事业单位法人。事业单位主要靠国家财政拨款进行活动，国家对事业单位法人的经费拨款，都是按预算支出科目进行的，事业单位法人必须遵守专款专用的原则，必须按规定的开支范围和货币额度用款。我国的《教育法》第八条规定，"教育活动必须符合国家和社会公共利益"，教育的公益性原则，要求在中国境内实施的教育活动必须对国家和人民负责，而不是对个人或小团体负责，不能因个人或小团体的利益而损害国家、人民和社会的公共利益；要求不得以营利为目的，即不得以主要从事经济活动获取财产上的增值为目的。划分是否以营利为目的的标准，关键看是否将收入用于学校自身的建设和发展。如果收益归举办者所有或在举办者中分配，就属于以营利为目的的办学，是违反教育法律规定的。

2. 具有办学自主权

学校法人仅仅是享有财产权、参与民事法律关系流转的法人，还是同时具有"事权"意义上的法人，对这一问题有两种不同的观点。《中国教育改革和发展纲要》在"逐步建立政府宏观管理、学校面向社会自主办学的体制"的醒目标题下，指出："在政府与学校的关系上，要按照政事分开的原则，通过立法，明确高等学校的权利、义务，使高等学校真正成为面向社会自主办学的法人实体。"这尽管针对高等学校，但后来的《教育法》已将自主办学权推及基础教育的所有学校。不难看出，立法者建立学校法人制度的立法意图在于：调整政府与学校的关系，保障学校的自主权。它所规定的不仅仅是财产上的权利与义务，也是"事权"意义上的全面的自主办学的权利与义务。因此，学校法人既具有民法上法人的一般权利，也具有办学自主的权利。

3. 财产独立性

法人拥有独立的财产是其具有法律人格的基础和前提条件，是独立地享有民事权利和承担民事义务的物质基础。法人的独立财产是法人拥有的、独立于其创设人或成员的财产。学校法人财产的独立性问题在教育理论界似乎没有引起大的讨论，但在实践中却存在不少混乱，尤其是在中小学，主要是公立学校财产（学校自有的部分资产除外）面临着财产所有权与管理权、使用权的分离。学校无论是过去处于"附属物"的地位还是现在具有法人资格，学校的财产所有权无疑属于国家；财产使用权，过去和现在一般都属于学校。而在财产管理权上却发生了变化，过去学校对其财产不具有或不完全具有管理权，学校的土地、房屋、设施、设备乃至办学经费，政府都可以任意调拨。根据

《教育法》规定,学校具有"管理、使用本单位的设施和经费"的权利。可以说,学校法人制度的确立,增加了学校对其财产的管理权。

4. 独立承担民事责任

我国的《教育法》第三十二条规定:"学校及其他教育机构在民事活动中依法享有民事权利,承担民事责任。"法人独立责任是法人独立人格的两大基本支柱之一,而独立责任是独立财产的最终体现。学校法人在民事活动中产生的债务,教育主管部门不承担连带责任;同时,学校内的成员(教师、学生)也不对其债务负责;并且在一般情况下,校长、学校管理人员也不承担其债务。学校法人的独立责任是由其独立的民事主体地位决定的。学校法人作为民事主体,既独立于它的成员,也独立于它的领导机构和下属机构,虽然它们之间存在千丝万缕的联系,但在民事法律地位上则是相互独立的。学校法人有自己的法律人格,拥有独立的财产,享有自主管理的权利,其责任当然由自己承担。

(四) 学校作为行政相对人的权利

在行政法律关系中,学校具有两种主体资格,它既是法律、法规授权的行政主体,又是行政主体实施行政行为的行政相对人。作为行政主体,它与行政相对人,即学生、教师构成行政法律关系;作为行政相对人,它又与其他的行政主体形成行政法律关系。学校作为行政相对人具有以下权利:

1. 排除违法行政的请求权和行政介入权

学校的权益受到法律的保护,但行政主体违法或不当行使权力,给学校的法人权和办学自主权带来侵害时,或者行政主体怠慢行使行政权,没有给学校法定的给付和保护时,学校有权请求排除行政权的违法行为或不当侵害,有权请求行政主体履行法定职责。

2. 参与制定教育法规或计划的权利

教育行政权的行使应反映学校及其教师、学生的意志。学校、教师、学生除了通过其代表机关制定法律,为行政主体提供基本存在的依据和行为准则外,还有权参与制定较具体的教育行政法规或行政计划。随着行政民主化要求的不断提高,这种广泛吸收公民和社会组织参与行政过程的权利,必将成为现代法治行政中人权保障的重要内容。

3. 听证的权利

在行政行为作出之前,特别是在损益性行政行为作出之前,必须保证学校有听证的权利,对相对方提供有关行政行为的认定事实、理由和依据,给对方充分的辩论的机会,从而作出合法、合理的行政行为。这样才能在最大限度上避免行政机关对学校权益的侵害。

三、学校的权利和义务

学校的权利是指其在教育活动中依法享有的权利,即学校在教育活动中能够作出或不作出一定行为,并要求相对人相应作出或不作出一定行为的许可和保障,学校的权利由教育法确认、设定和保护。

（一）学校的基本权利

根据《教育法》第二十九条的规定，我国学校及其他教育机构享有的具体权利包括以下几方面。

1. 按照章程自主管理学校权

章程是指学校为保证正常运行，对内部管理进行规范而制定的基本制度，是实行依法治校，提高学校管理水平和效率的重要保证。学校依法制定章程，确立其办学宗旨、管理体制及各项重大原则，制定具体的管理规章和发展规划，自主作出管理决策，并建立、完善自己的管理系统，组织实施管理活动，这是建立现代学校管理体制的重要前提。主管部门或举办者对学校符合其章程规定的管理行为无权干涉。

教育法规定学校享有这样的权利，是基于学校作为法人在依法批准设立时，必须具有符合国家规定的组织章程。法人本身是一个组织机构，组织机构的运转活动必须有自身内部的管理章程，这是设立学校及其他教育机构必须具备的基本条件。学校一经依法设立，即意味着具备得以设立的全部条件，也就是说，其章程得到了确认，因此学校按照被确认的章程可管理自身内部的活动。各级各类学校的任务不同，章程的内容各有不同，但其共同点应主要包括：办学宗旨、教育教学活动管理规则、校内管理体制、财务管理制度、安全保卫制度、民主管理与监督制度、修改章程的程序等。

学校章程的制定应注意以下几点：一是要与现行的法律、法规相一致；二是代表改革与发展的方向，并为学校的各项教育教学、管理工作提供保证；三是建立与章程相配套的各项规章制度，形成一整套学校管理的规范性文件；四是制定规章制度的用语应准确，不应使执行者和遵守者产生歧义。

2. 组织实施教育教学活动权

这是学校的一项最基本的权利。学校之所以成立，就是要实施教育教学活动。因此，这项权利的内容主要是，学校有权根据自己的办学宗旨和任务，依据国家教育主管部门有关教学计划、课程、专业设置等方面的规定，自行决定和实施自己的教学计划，决定具体的课程、专业设置，决定选用何种教材，决定具体课时和教学进度，组织教学评比、集体备课，对学生进行统一考核、考试等。学校作为以培养人、教育人为宗旨的法人，具有《教育法》确定的从事教育教学活动的权利；其他领域不是依据《教育法》成立的法人，均不具有从事教育教学活动的权利。

3. 招收学生权

学校有权依据国家的招生法律、法规和主管部门的招生管理规定，根据自己的办学宗旨、培养目标、任务以及办学条件和能力，制定本机构具体的招生办法，发布招生广告，确定招生的具体数量和人员，确定招生范围和来源。招生是一种属于教育活动的特殊活动，招生权是教育机构的基本权利。学校一旦被教育法确认为具有进行教育活动的权利能力的法人，那么作为学校组织实施的教育活动之一的招收学生的活动，就被认定为学校具有的特殊的法定权利;其他领域中不被教育法确认的法人机构,不具有招生的权利。同时,学校招收学生必须符合国家的有关规定,其招生简章和广告内容必须真实、准确,严格按规定履行审核手续,不得制发虚假招生简章和广告。

4. 学籍管理权

所谓"学籍管理",主要是指学校针对受教育者的不同层次、类别,制定有关入学与报名注册、成绩考核、纪律与考勤、留级、降级、转专业与转系、退学、休学与复学、转学的管理办法,并对其实施具体的管理活动。"奖励"是指学校针对受教育者德、智、体等方面的突出表现,给予精神的、物质的奖励,如颁发荣誉证书,给予奖学金等。"处分"是指学校对违反校纪校规的受教育者给予的校内处分,包括警告、记过、留校察看、勒令退学、开除学籍等处分形式。

学校根据教育部关于学籍的管理规定,制定相应的具体的学籍管理办法。学校根据国家有关学生奖励、处分的规定,结合本校的实际,制定具体的奖励与处分办法;并可以根据这些管理办法,对受教育者进行具体的管理活动。但学校制定管理制度,应符合有关教育的法律、法规、规章的规定,且制定的对学生的处分不得重于现行法律、法规、规章的规定。

学籍管理权是学校代表国家行使对受教育者的教育活动的权利的重要组成部分,是普通公民和一般社会组织不能行使的公共权力,是加强对受教育者的教育、管理职能,维护教学秩序,保证教育教学质量的需要。公民作为受教育者,一旦进入学校及其他教育机构,其受教育的权利即依法实现,而这个权利的实现过程又是公民依法履行受教育义务的过程。所以,受教育者有义务接受所在学校及其他教育机构的法律确认的学籍管理和纪律要求。值得注意的是,学校在运用国家赋予的这一专项权力时,应严格遵守国家有关学籍管理的规定,不仅要遵守法律、法规及规章规定的实体性的管理规定,而且在对学生进行学籍管理时要注重程序,要将处理决定进行告知,应允许被处理者本人提出申诉、申辩和保留意见,并且学校有责任对学生的申诉进行复查。要注意不能侵犯受教育者的受教育权等相关权利。

5. 对受教育者颁发相应的学业证书权

学校依据国家有关学业证书的管理规定,根据自己的办学宗旨、培养目标和教育教学任务的要求,有权对经考核、成绩合格的受教育者,按其类别颁发毕业证书、结业证书等学业证书。学业证书制度是我国的教育基本制度之一。法律授予了学校行使对受教育者颁发学业证书、学位证书的行政权力,这种权力是代表国家行使的在学位、学历证书方面的行政管理职权。

经国家批准设立的学校,就具有了《教育法》确认的按国家规定颁发学历证书或其他学业证书的权利。学校在行使这一权利时,应该严格依据法律、法规、规章的规定,维护学生的受教育权利。

《教育法》规定:"经国家批准设立或者认可的学校及其他教育机构按照国家有关规定,颁发学历证书和其他学业证书。"《义务教育法实施细则》规定:"对受完规定义务教育的儿童、少年,由学校发给完成义务教育的证书。"《职业教育法》也有类似的规定。《学位条例》规定,我国学位分为三级,即学士、硕士和博士;国务院设立学位委员会,负责领导全国学位授予工作。《学位条例》第八条规定:"学士学位,由国务院授权的高等学校授予;硕士学位、博士学位,由国务院授权的高等学校和科学研究机构授予。"

6. 聘任并管理教师及其他职工权

学校根据国家有关教师和其他教职工管理的法规、规章的规定,从本校的办学条件、办学能力和实际编制情况出发,有权自主决定聘任、解聘有关教师和其他职工,可以制定本校的教师及其他职工的聘任办法,签订和解除聘任合同,并可以对教师及其他职工实施包括奖励、处分在内的具体管理活动。教育机构在聘任、奖励、处分教师和其他职工时,应根据教师和其他职工的职责要求,重点考虑本人的表现及业绩。此项权利是学校实施教育活动的保证,也是学校作为法人被法律确认的权利之一。

我国《教师法》第十七条规定:"教师的聘任应当遵循双方地位平等的原则,由学校和教师签订聘任合同,明确规定双方的权利、义务和责任。"实施教师聘任制,学校和教师的关系以共同的意愿为前提,以平等为原则,双方的权利和义务是对等的,没有隶属关系。同时,教职工在接受聘任后,学校有权对其工作成绩进行奖励,对其不良表现进行惩罚。《教师法》第三十三条规定:"教师在教育教学、培养人才、科学研究、教学改革、学校建设、社会服务、勤工俭学等方面成绩优异的,由所在学校予以表彰、奖励。"

7. 对本单位设施和经费的管理使用权

学校作为法人单位,对其占有的场地、教室、宿舍、教学设备等设施,办学经费以及其他有关财产,享有财产管理权和使用权,必要时可对其占有的财产进行处置或获得一定的收益。同时,学校行使此项权利,也应遵守国家有关国有资产管理、教育经费投入及学校财务活动的管理规定,符合国家和社会的公共利益,此项权利有利于学校发展和实现学校的办学宗旨,有利于合理利用教育资源,任何人不得妨碍学校教育和管理活动的正常进行,不得侵害举办者、投资者等有关权利人的财产权利。

我国的《教育法》第七十二条规定:"破坏校舍、场地及其他财产的,由公安机关给予治安管理处罚;构成犯罪的,依法追究刑事责任。侵占学校及其他教育机构的校舍、场地及其他财产的,依法承担民事责任。"

8. 拒绝对教育教学活动的非法干涉权

依据《教育法》规定,学校有权"拒绝任何组织和个人对教育教学活动的非法干涉",即学校对来自行政机关(教育行政机关)、企事业组织、社会团体、个人等任何方面的非法干涉教育教学活动的行为,有权拒绝。所谓"非法干涉",是指行为人违反法律、法规和有关规定,作出的不利于教育教学活动的行为。例如,强行占用教室,随意冲进教室抓人,随意要求学校停课,以行政命令干涉具体的教学活动,要求学校向学生家长催粮要款等。当前,某些教育行政部门的业务机构,对学校教学的随意检查、干预过多,这是侵犯学校实施教育教学自主权的行为,干扰了正常的教育教学秩序,对此,学校有权抵制。

我国《教育法》第七十二条规定："结伙斗殴、寻衅滋事,扰乱学校及其他教育机构教育教学秩序或者破坏校舍、场地及其他财产的,由公安机关给予治安管理处罚;构成犯罪的,依法追究刑事责任。"

9. 法定的其他权

法定的其他权是《教育法》规定的"法律、法规规定的其他权利",是指除前述八项权利外,现行法律、行政法规以及地方性法规赋予学校的民法中规定的一般法人的权利和其他法律、法规规定的权利,还包括将来制定的法律、法规确立的有关权利。此项规定是对学校享有的除前述八项权利外的其他合法权利的概括。此项规定有利于将来制定有关的教育法律、法规,进一步完善学校的办学自主权。

(二) 学校的基本义务

学校的义务是指其在教育活动中必须履行的法律义务,即对学校在教育活动中必须作出一定行为或不得作出一定行为的约束。它依据法律产生,并以国家强制力保障履行。规定学校的义务,一是为保证学校实现育人宗旨、实施教育教学活动;二是保障学校学生的受教育权利和教师的合法权益。从深层次上说,这也是权利、义务一致的体现。我国《教育法》规定的学校的基本义务包括以下几个方面。

1. 遵守法律、法规

这项义务是基于我国宪法的有关规定确立的,是法律对一般法人的要求。《宪法》第五条规定："一切国家机关和武装力量、各政党和各社会团体、各企业事业组织都必须遵守宪法和法律。一切违反宪法和法律的行为,必须予以追究。""任何组织或者个人都不得超越宪法和法律的特权。"学校是培养人的社会组织,遵守法律、法规是其必须履行的基本义务。此项义务中的"法律"包括宪法和国家权力机关制定的法律;"法规"包括国务院制定的行政法规和地方性法规。《教育法》作出此项规定,并不是对宪法有关内容的简单重复,它包括两层含义,既包括学校在一般意义上的守法,不得违背法律;也包括教育法律、法规、规章中对学校及其他教育机构确立的特定意义上的义务,这些义务与实施教育教学活动、实现办学宗旨有密切联系。

2. 贯彻国家教育方针,执行国家教育教学标准,保证教育教学质量

这项义务的内容包括:① 学校及其他教育机构在整个教育教学活动中,要坚持社会主义办学方向,贯彻《教育法》第五条确立的国家教育方针,走教育教学与生产劳动和社会实践相结合的办学道路,要使受教育者把学习科学文化与加强思想修养、学习书本知识与投身社会实践、实现自身价值与服务祖国人民、树立远大理想与进行艰苦奋斗统一起来,从德、智、体、美等方面全面教育、培养学生。② 要执行国家教育教学标准,努力改善办学条件,加强育人环节,保证教育教学活动和培养学生的质量达到国家的教育教学质量要求,并不断提高教育教学质量。所谓"国家教育教学标准",是指国家对各级各类教育的教育内容、教育教学质量及办学条件等规定的必须达到的一般标准,它是国家评估和指导教育活动的基本依据,是一国教育水平的集中反映。国家教育教学标准通常由国家组织编订或者经国家审定批准,由各级各类教育机构具体实施。

确立此项义务,有利于保证学校教育的社会主义性质,促使学校努力为社会主义现代化建设培养德、智、体、美等方面全面发展的各类人才,要改变当前学校教育中出现的"片面追求升学率""唯智育"等不良倾向,以提高国民素质为根本宗旨,以培养学生的创新精神和实践能力为重点,全面推进素质教育。从法律意义上讲,《教育法》施行后,不履行此项义务,出现上述违背国家教育方针的办学行为,或者不执行国家教育教学标准,已不再是单纯的教育思想和教育方针的错误问题,将被作为违法行为对待,学校及有关的直接责任人员要承担相应的法律责任。

3. 维护受教育者、教师及其他职工的合法权益

这项义务的内容包括:① 学校自身的行为不得侵犯受教育者、教师及其他职工的合法权益,例如,不得克扣、拖欠教职工工资,不得拒绝合乎入学标准的受教育者入学,尊重学生的受教育权,包括学籍权、学历证书权、学位证书权、上课权等。② 当教育机构以外的其他社会组织和个人侵犯了本校学生、教师及其他职工的合法权益时,学校应当以合法方式,积极协助有关单位查处违法行为的当事人,维护其合法权益。这项义务的确立,有助于形成一种学校爱护师生,学生与教师关心、爱护学校的良好教育教学关系,保持校园秩序乃至社会秩序的稳定,也有助于维护学生、教师的合法权益。对学校侵犯教师、学生合法权益的,教师、学生有权依法提起申诉或诉讼。

4. 以适当方式为受教育者及其监护人了解情况提供便利

这项义务的实质是学校保障受教育者及其监护人了解受教育者本人的学业成绩和在校表现等的知情权,是加强学校教育与家庭教育的联系和沟通的需要,也是保证学生在学业方面受到公正评价的一种途径。所谓"适当方式",是指学校通过设立"家长接待日""家长会议""教师家访"等合法的、正当的方式,保障家长及其他监护人、学生本人的知情权。不得采取"考试成绩排队""公布学生档案"等非法的、侵犯学生合法权益的方式。所谓"监护人",是指未成年人的父母,父母没有监护能力或者不能履行监护职责时,由未成年人的其他成年亲属或者所在基层组织担任监护人。所谓"提供便利"一般包括两方面:一是学校不得拒绝受教育者及其监护人了解学业成绩、在校表现等情况的请求;二是学校应当提供便利条件,帮助受教育者及其监护人行使此项知情权。学校在履行此项义务时,要特别注意不得侵犯受教育者的隐私权、名誉权等合法权益。

5. 遵照国家有关规定收取费用并公开收费项目

学校应依据中央和地方各级政府及其有关部门的收费规定,从办学公益性质出发,按照成本分担原则,公平、合理确定本校的收取学费和杂费的标准(其中,义务教育学校执行国家标准),并向家长、社会及时公布收费的项目。我国现行关于学校收费的法规、政策文件的基本精神是,国家举办的实施义务教育的学校,不得收取学费,但可酌情收取杂费;非义务教育的学校可以适当收取学费。中小学的收费项目和标准,一般由省一级教育、物价主管部门根据本地实际具体确定;高等学校以及一部分部属、省属中等专业学校的收费项目和标准,一般由各中央主管部门或省一级教育、物价主管部门具体确定。

幼儿园一般由县、市教育、物价主管部门确定收费标准。《教育法》确立此项义务，使国家现行的有关学校及其他教育机构收费的一系列政策、规章具有法律效力。学校应向社会公开收费项目，包括收费的具体名称和标准，必要时还应公开所收费用的账目，以便广大人民群众给予监督。

对所有面向学生发行的教学用书（含各科辅导材料和课外读物等），都必须经省、自治区、直辖市教材审定委员会审定。教学用书的征订范围，要限定在省、自治区、直辖市教育行政主管部门发布的图书目录之内，未经省、自治区、直辖市教材审定委员会审定的教学用书不准在学校面向学生发行。对代收费项目要加以规范，代收费的项目应严格限定在必须由学校统一购买的学习用品。除课本以及的确需统一购买的作业本外，学生个人的学习、生活、娱乐用品，学校和教师不准统一收费代购。代收费的具体范围由省级物价、财政和教育行政主管部门规定，各中小学不得擅自扩大代收费的范围，学校代收费应遵循"随时发生、随时收取、多退少补、不得营利、及时结算"的原则。所有与学生有关的社会保险，均由学生及其家长自愿到保险机构办理，学校及其教职人员一律不准代办。不履行此项义务，不执行各级政府有关主管部门的规定，巧立名目，乱收费用，甚至把学校变成营利的工具，都是非法行为，学校及其直接责任人员要承担相应的法律责任。

6. 依法接受监督

这项义务是指学校对各级权力机关、行政机关依法进行的检查、监督以及社会各界依法进行的监督，应当积极予以配合，不得拒绝，更不得妨碍检查、监督工作的正常进行。这是学校作为行政管理相对人和独立法人应承担的法定义务，特别是符合《教育法》第八条确立的"教育活动必须符合国家和社会公共利益"原则的基本要求，有利于促进学校自觉地把教育教学和管理活动置于主管部门和社会的监督之下，全面贯彻国家的教育方针。

第二节　学生的权利与义务

一、学生法律地位的确立

（一）学生的法律地位的概述

1. 学生的概念及特点

（1）学生的概念

对"学生"这一概念，有广义和狭义两种理解。广义的学生是指向教师或前辈学习的人；狭义的学生是指在学校或其他教育机构中专门从事学习活动的人。法律意义上的学生是指在依法成立的或国家法律认可的学校及其他教育机构按规定条件具有或取得学籍,并在其中接受教育的公民。学生也是受教育者的另一种称谓,受教育者是指依照法律、法规尤其是教育法律、法规的规定,由教育机构实施有目的、有计划的教育教学活动,以学习者身份构成的社会群体。

(2) 学生的特点

学生是教育活动中最重要的角色,也是教育法律关系中最重要的主体,没有了学生也就没有了法律意义的教育活动。学生作为教育法律关系主体之一,与其他教育法律关系主体相比,具有以下特点。

一是主体权利、义务的多样性。一方面,受教育者作为特定的社会群体,具有共同的权利和义务;另一方面,不同年龄、身份的学生以及接受不同类型教育的学生,在教育法律关系中又存在权利与义务的差异性。例如,《幼儿园管理条例》《义务教育法》《高等教育法》分别对幼儿、少年儿童、大学生的权利和义务作出了明确规定。

二是主体法律关系的多重性。教育活动是涉及多个主体的社会活动。受教育者作为教育活动主体之一,在教育活动中依法与其他主体之间形成一定的教育法律关系。如学生与学校、学生与教师之间的法律关系。一方面,学校、教师与学生之间存在着管理与被管理、教育与被教育的关系;另一方面,学校、教师与学生之间也存在着平等的权利主体关系。

2. 学生的法律地位的含义

法律地位指法律主体享受权利与承担义务的资格。也用以指法律主体在法律关系中所处的位置,它常用来表示权利和义务的对应程度。法律地位一般由其他社会规范、习俗先行限定,由法律最终确认后生效。

(1) 现行法对学生法律地位的界定

学生的法律地位要在具体的社会关系中加以界定。学生所处的社会关系概括起来可以分为一般社会关系和教育法律关系两种。在这两种社会关系中,学生的法律地位是不同的,所取得的主体资格也是不同的,即分别为一般社会关系中的公民地位和教育法律关系中的主体地位。学生作为一般社会关系中的公民,具有宪法和法律所赋予公民的各项基本权利,同时也享有教育法律所赋予教育法律关系主体的各项权利。例如,《宪法》第四十六条规定:"中华人民共和国公民有受教育的权利和义务。"《教育法》第九条规定:"中华人民共和国公民有受教育的权利和义务。""公民不分民族、种族、性别、职业、财产状况、宗教信仰等,依法享有平等的受教育机会。"第三十七条规定:"受教育者在入学、升学、就业等方面依法享有平等权利。"《义务教育法》规定,国家、社会、学校和家庭依法保障适龄儿童、少年接受义务教育的权利。这些规定,反映了学生作为公民和作为教育法律关系主体的地位和权利。

另外,学生作为特殊年龄阶段的社会群体,已成为国际社会共同关注、干预和援助的对象。

1989 年 11 月 20 日,联合国第 44 届大会一致通过《儿童权利公约》。该公约界定儿童是指 18 岁以下的任何人,并规定儿童出生后就具有姓名权、国籍权、生存权、受教育权、不受剥削和虐待等各项权利,不受种族、肤色、性别、语言、宗教信仰、政治主张等影响。我国政府于 1990 年 8 月 29 日正式签署了这一公约,成为该公约的第 105 个签约国。同时,就我国对未成年学生保护的国内法而言,《未成年人保护法》《预防未成年人犯罪法》等一系列法律、法规都对未成年人的国家保护、社会保护、家庭保护以及学校保护方面作出了具体的规定。

（2）学生的法律地位的界定

学生的法律地位是指学生以其权利能力和行为能力在具体法律关系中取得的一种主体资格。学生的法律地位必须要得到法律的确认和赋予,从根本上说,法律的这种确认和赋予都源于学生的受教育权利。因此,我们认为学生法律地位的取得是以学生的受教育权为基础的。

3. 学生的法律地位的特点

（1）不同年龄段的学生的法律地位的特点不同

学生的年龄分布是从幼儿到青少年,不同年龄段的学生的法律地位的特点是不同的,相应享受的法律权利和应承担的法律义务、责任也就有所不同。例如,1989 年 8 月 20 日,经国务院批准,国家教委第 4 号令发布的《幼儿园管理条例》,确立了幼儿的法律地位;1986 年 4 月 12 日公布,1986 年 7 月 1 日生效的《义务教育法》确立的是少年儿童的法律地位;1998 年 8 月 29 日通过,1999 年 1 月 1 日起实施的《高等教育法》确立的是大学生的法律地位。

（2）作为受教育者,学生与教育者的权利、义务的不对等性

学生作为受教育者,与学校、教师之间事实上存在着管理和被管理、教育和被教育、组织和被组织的关系,也就是说,学生和学校以及教师之间有不对等性。学校不是行政主体,学校不享有行政职权。但学校享有的法律明文规定的某些权利,如自主招生、制定学校规章制度、发放毕业文凭、授予学位以及奖励和处分学生等明显具有公权力的性质。当学校对学生行使这种类似行政职权性质的权利时,学校不需要征求学生的意见,往往只根据学校单方的意志表示,学生无权与校方讨价还价、协商解决。因此,在这种情况下,学校与学生之间的地位并不完全对等。

（二）学生法律主体地位的确立与演变

1. 社会的进步引起学生地位的变迁

在古代社会,教育强调学生应尽的义务,漠视学生的权利,学生只能服从教师的教导,教师在学生面前拥有绝对的权威。但在现代社会,民主、平等、自由是人类的理想和信念,不管在政治还是经济方面都需要个体积极参与,并成为主体。在教育领域的体现就是,学生不再是被动的受教育者,而是学习的主体,师生关系也转变成民主、平等的关系。学生作为法律关系的主体是经过宪法、民法和教育法确定的,有其权利和义务,具有法律性和社会性。因此,学生的法律地位不是一开始就有的,而是在社会政治、经济和文化生活发展的影响下逐渐形成的,并经法律承认后正式确立。

2. 学生观的转变

我国传统的教育主要是从社会发展的需要来培养人,而很少从学生身心发展的要

求来教育人。人们一贯把学生看作教育的加工对象,缺乏尊重学生的意识,没有把学生作为有主体意识的个体,更没有把学生当作独立的个体和法律关系主体,这种"师尊生卑"的学生观延续了几千年。20世纪七八十年代,随着我国改革开放的不断深入,民主与法制的建设以及教育的不断发展,传统的师生关系得到很大的改变,学生逐渐被看作有思想、有感情、有意志、有主体意识的人,法律对学生的权利和义务作出了明确的规定。

3. 学生自身法律意识的提高

随着我国法治水平的提高,个人主体意识也在逐渐增强,学生法律意识的提高尤其明显。学生不仅在社会生活中、学校生活中逐渐意识到他们是拥有权利的,而且其权利是受法律保护的,不得随意受到侵害,否则他们将运用法律的武器捍卫自己的正当权益。学生的教育法律主体地位的确立,是和学生自身主体意识的增强、法律意识的提高密切相关的。

4. 通过立法确立学生的法律地位

自20世纪80年代以来,我国加大了依法治教的力度,颁布了一系列的教育法律、法规,如《义务教育法》《教育法》《未成年人保护法》《职业教育法》及《高等教育法》等,这些法律、法规对各级各类学生的权利和义务作出了明确的规定,确立了学生的法律地位。

二、学生的权利

学生是一个以学习为主要任务的社会群体,是公民在学校或其他教育机构上学期间身份的特殊表现形式。这意味着学生身份的双重性,学生并不因为其成为学生而丢失其公民的基本身份。因而,公民以学生身份在学校期间具有学生的权利和义务,但同时仍具有公民本身应有的权利和义务。因此,学生的权利一般由两个部分组成:一是学生作为公民所享有的权利,《宪法》第四十六条规定了公民有受教育的权利;二是学生作为受教育者所享有的权利,《教育法》中规定了学生作为受教育者区别于其他公民所应享有的具体权利。

《教育法》第四十三条规定受教育者享有以下权利。

(一)学生的基本权利

1. 受教育权

受教育权是指公民作为权利主体依照法律、法规的规定,在受教育方面可以作出或不作出一定行为的许可和自由,并可要求他人为其受教育而作出一定行为或履行一定义务的权利。我国《宪法》及各项教育法律、法规也从不同角度、不同层面对此作出了规定。例如,我国《宪法》第四十六条规定:"中华人民共和国公民有受教育的权利和义务。"《教育法》第九条规定:"中华人民共和国公民有受教育的权利和义务。"《义务教育法》第十一条规定:"凡年满六周岁的儿童,其父母或者其他法定监护人应当送其入学接受并完成义务教育;条件不具备的地区的儿童,可以推迟到七周岁。"受教育权包括受教育机会获得权和受教育条件使用权。受教育机会获得权是指公民依法获得接受一定形式、一定阶段的受教育机会的权利。平等是受教育机会的主要原则。我国《教育法》第三十七条规定:"受教育者在入学、升学、就业等方面依法享有平等权利。"受教育机会获得权是受教育条件使用权得以实现的前提条件。受教育条件使用权是指公民依法享有利用法律规定的受教育条件发展自己的权利。受教育条件使用权包括参加学校教育教学计划安排的各种活动(如教学活动、课外活动)的权利和使用教育教学设施、设备、图书资料的权利。受教育条件使用权是受教育机会获得权的深化和发展。

2. 获得经济资助权

学生享有"按照国家有关规定获得奖学金、贷学金、助学金"的权利,简称"获得经济资助权"。

奖学金是为奖励品学兼优的学生和报考国家重点保证的、特殊的、条件艰苦的专业的学生而设立的经济资助制度。

贷学金是指为向家庭经济困难的学生提供帮助而设立的经济资助制度。当前,贫困家庭的孩子上不起学已引起社会各界的广泛关注,为此教育部、财政部、中国人民银行、银监会联合下发了《关于进一步完善国家助学贷款工作的若干意见》,对助学贷款政策作出重大调整,就是为了保障贫困家庭学生的法定受教育权利的有效实现,从而维护教育公平。凡符合规定条件的学生都可以通过学校申请贷学金,这是受教育者享受法律保护的平等权利。对贷学金的款额、对象,国家都有明文规定。

助学金,又称为勤工俭学金,是指为使学生,特别是家庭经济困难的学生通过参加劳动获得报酬,自主完成学业的经济资助制度。凡是符合规定的学生都有权参加勤工俭学活动,并获得一定的劳动报酬,任何单位和个人不得克扣或拖欠学生的助学金。对于义务教育阶段的学生,国家已经明确规定不收学费、杂费,并且由国家财政保障义务教育经费。《义务教育法》第四十四条还规定:"各级人民政府对家庭经济困难的适龄儿童、少年免费提供教科书并补助寄宿生生活费。"义务教育阶段的适龄儿童、少年有获得国家经济帮助的权利。

3. 获得学业证书权

获得学业证书权是指学生享有"在学业成绩和品行上获得公正评价,完成规定的学业后获得相应的学业证书、学位证书"的权利。对此,我们可以从两个方面来进行理解。

(1) 获得公正评价

按照学生学籍管理的规定,学生的学籍档案里有学习成绩登记表,学校要如实地记录学生各科学习成绩和品行状况。学业成绩的评价是教育机构对学生在受教育的某一时期内的学习情况和知识结构、知识水平的概括,具体包括课程考试成绩记录、平时学习情况和总评等。品行评价包括对政治觉悟、道德品质、劳动态度等的评价。在学业成绩和品行上获得公正评价是指学生有权在德、智、体、美等方面获得国家统一标准的一视同仁的客观评价。值得注意的是教师对学生的评价不应受到学生家长的权势、地位、金钱等的影响,也不能受到其他与教育教学无关因素的影响。例如,评价不能受个人好恶的影响等。

（2）获得学业证书

一个学生完成规定的学业后就应该获得相应的学业证书或学位证书，这是学生的一项重大权利。根据国家相关教育法律、法规的授权，学校可以制定校规、校纪对在校学生进行教学管理和违纪处分。但是这一切都必须符合国家宪法和法律的规定，必须保护学生的合法权益。例如，不能以学生是否给学校提供捐助作为颁发学业证书的条件；不能增加和减少颁发学业证书的条件。从本质上来看，学业证书和学位证书是对学生一段受教育时期的学业成绩、学术水平和品行的最终评定。学生除思想品德等方面合格外，完成或提前完成教育教学计划规定的全部课程，考试、考核及格或修满学分，在该教育阶段结束时均有权获得相应的学业证书、学位证书。

4. 申诉起诉权

申诉起诉权包括申诉权和诉讼权。学生的申诉权和诉讼权是学生作为公民所享有的程序性权利。《宪法》第四十一条规定："对于任何国家机关和国家工作人员的违法失职行为，有向有关国家机关提出申诉、控告或者检举的权利，但是不得捏造或者歪曲事实进行诬告陷害。对于公民的申诉、控告或者检举，有关国家机关必须查清事实，负责处理。任何人不得压制和打击报复。"以《宪法》为依据，《教育法》对学生的申诉权和诉讼权进一步作出了明确规定，《教育法》第四十三条规定，受教育者对学校给予的处分不服，有向有关部门提出申诉的权利，对学校、教师侵犯其人身权、财产权等合法权益，有提出申诉或依法提起诉讼的权利。在学生申诉制度中，学生是申诉人。但由于学生的行为能力有限，学生的监护人亦可代为申诉。被申诉人一般是学校和教师。受理申诉的机构一般是学校或教育行政主管部门。目前，我国的学生申诉制度，尤其是学生申诉的具体管辖问题还有待完善。学生的诉讼权是指学生对学校、教师侵犯其人身权、财产权等合法权益，有依法提起诉讼的权利。诉讼权在理论上包括民事诉讼权、刑事诉讼权和行政诉讼权。

5. 人身权

人身自由权是指公民有按照自己的意志，在法律规定的范围内自主支配行动的权利。人身自由权的核心是行动的自由。人身自由权包括身体自由权和内心自由权。我们一般提到的是身体自由权。因为对身体自由侵害的同时，也一般构成对内心自由的侵害。人身自由权是法律赋予每一个公民的重要的人身权利，是公民参加各种社会活动以及行使其他权利的必要条件。《宪法》第三十七条规定："中华人民共和国公民的人身自由不受侵犯。任何公民，非经人民检察院批准或者决定或者人民法院决定，并由公安机关执行，不受逮捕。禁止非法拘禁和以其他方法非法剥夺或者限制公民的人身自由，禁止非法搜查公民的身体。"公民的人身自由权是《宪法》规定的一项基本权利。学生作为普通公民，同样享有人身自由权。学校侵犯学生人身自由的主要表现是非法拘禁学生，例如，一些学校和教师将未完成作业的学生、违反纪律的学生在放学后长时间地留在学校。所谓拘禁，主要是指用捆绑、禁闭等方法，使他人在一定时间内失去行动自由。非法拘禁学生是故意剥夺学生人身自由的行为。一些学校的管理人员与教师法制观念淡薄,当学生的行为不当或违法时,不用正确的教育手段,也不依靠司法机关,而是擅自体罚,非法拘禁,侵犯了学生的人身自由,甚至还会导致学生自杀。

(二)特殊学生群体的特殊教育权利

除上述权利以外,一些特殊群体的学生还享有法律、法规规定的其他权利。这一特殊群体主要包括女性、经济困难学生及残疾学生等。

1. 女性——享有平等的受教育权利

现代社会,男女应该是平等的,但由于文化、经济和其他因素,男女不平等的现象依然存在。所以,法律、法规对女性受教育权予以保护就显得尤为重要。《教育法》第三十七条规定:"学校和有关行政部门应当按照国家有关规定,保障女子在入学、升学、就业、授予学位、派出留学等方面享有同男子平等的权利。"《妇女权益保障法》第十七条规定:"学校应当根据女性青少年的特点,在教育、管理、设施等方面采取措施,保障女性青少年身心健康发展。"该法第十七条规定:"父母或者其他监护人必须履行保障适龄女性儿童少年接受义务教育的义务。"这些规定都对女性受教育权利的实现起到法律保障作用。

2. 经济困难学生——享有获得资助的权利

为保证家庭经济困难的学生也有平等受教育的机会,国家规定对这些学生进行经济资助。《教育法》第三十八条规定:"国家、社会对符合入学条件、家庭经济困难的儿童、少年、青年,提供各种形式的资助。"《高等教育法》第五十四条规定:"家庭经济困难的学生,可以申请补助或者减免学费。"第五十五条规定:"国家设立高等学校学生勤工助学基金和贷学金,并鼓励高等学校、企业事业组织、社会团体以及其他社会组织和个人设立各种形式的助学金,对家庭经济困难的学生提供帮助。"这些规定对保障家庭经济困难的学生接受教育起到一定的作用。

3. 残疾学生——享有平等的受教育权利

残疾人是社会的一个特殊群体,国家有责任保障这部分人受教育的权利得到实现。《教育法》第三十九条规定:"国家、社会、学校及其他教育机构应当根据残疾人身心特性和需要实施教育,并为其提供帮助和便利。"《残疾人保障法》第二十一条规定:"国家保障残疾人享有平等接受教育的权利。各级人民政府应当将残疾人教育作为国家教育事业的组成部分,统一规划,加强领导,为残疾人接受教育创造条件。政府、社会、学校应当采取有效措施,解决残疾儿童、少年就学存在的实际困难,帮助其完成义务教育。各级人民政府对接受义务教育的残疾学生、贫困残疾人家庭的学生提供免费教科书,并给予寄宿生活费等费用补助;对接受义务教育以外其他教育的残疾学生、贫困残疾人家庭的学生按照国家有关规定给予资助。"

(三)学生权利保护中存在的问题

学校内部管理欠缺应有的规范。对教师、学生、学校等各方的权利和义务的规定大多停留在理论条文上,而未能以具体的、操作性的正式程序规定来加以落实。

我国传统社会观念和传统教育都习惯于把中小学生看作管理和教育的对象,而非看作具有独立个性和主体意识的个人,尊重学生权利的意识淡薄。人们普遍把学校中的学生当作有关诉讼案中的相对弱势群体。

三、学生的义务

学生在享有权利的同时,要承担相应的义务。《教育法》第四十四条规定受教育者应当履行下列义务。

(一) 遵纪守法的义务

遵纪守法既是每个公民应履行的义务,也是每个学生应履行的义务。学生遵守国家法律、法规,重点在于遵守法律、法规中有关学生的规定。法律、法规对不同层次和不同类型学校的学生有不同的要求。如果不遵守国家法律、法规或者触犯了有关法律、法规,就要受到法律的制裁。

(二) 养成良好思想品德和习惯的义务

这是指学生应履行遵守学生行为规范,尊敬师长,养成良好的思想品德和行为习惯的义务。学校的任务是为社会培养德智体美劳全面发展的社会主义事业的建设者和接班人。德智体美劳全面发展以德育为首,以教书育人、培养人才为本。学生养成良好的品德既是学生成才的基本义务,也是学校教育的重要职责。法律、法规对不同层次和不同类型学校的学生有不同的要求,履行养成良好品德和习惯的具体标准是不同的。目前我国已制定的相应的学生行为准则包括《小学生守则》《中学生守则》《小学生日常行为规范》《中学生日常行为规范》《中小学德育工作规程》《高等学校学生行为准则》等。

(三) 努力学习的义务

学生的根本任务就是要努力学习科学文化知识,完成规定的学习任务,成为德、智、体、美等方面全面发展的社会主义事业的建设者和接班人。这是学生作为受教育者区别于其他公民的一项特定的主要义务。该义务的具体内容主要是指学生应该明确学习目的,刻苦认真学习;遵守课堂纪律,按时到校,不迟到、不早退、不无故缺课;上课专心听讲,勇于提出问题,敢于发表自己的见解,积极回答教师的提问;认真复习,按时独立完成各科作业;遵守考试纪律,考试不作弊;完成各个阶段的必修课程,努力取得优良成绩。教育的学习任务包括两种,一种是结果性的,即某一教育阶段的教学计划规定的受教育者在该教育阶段结束时所应完成的学习任务;一种是过程性的,即受教育者为完成某一教育阶段总的学习任务而要完成的日常的、大量的、具体的学习任务。这两种性质的学习任务是相辅相成的,受教育者应按时完成。

(四) 遵守学校管理制度的义务

学校规章制度是保证学校教育教学工作按时、按质完成的基本举措。学生作为学校教育教学工作的对象与参与者,有遵守这些管理制度的义务。遵守学校的管理制度,与遵守国家的法律、法规在实质上是一致的。从广义上说,学校的管理制度是国家法律、法规的具体化。遵守学校的管理制度主要是指学生遵守其所在学校的思想政治教育管理制度、教育教学管理制度、学籍管理制度、体育与卫生管理制度等。

四、未成年学生的法律保护

在学生群体中,未满 18 周岁的未成年人是一个特殊的群体。由于未成年学生处于生理上、心理上尚未完全发育成熟的阶段,缺乏自我保护能力,因此需要对其实施法律保护,特别是需要实施人身权和受教育权的保护。

(一) 对人身权的保护

人身权是公民权利中最基本、最重要的一项权利。因为人身权的正常享有与否,关系到公民能否进行正常的学习、工作和生活,我国《宪法》《刑法》《国家赔偿法》等对人身权及其保护作了详细规定。一般而言,人身权包括生命健康权、人格尊严权、人身安全权、人身自由权、心理健康权、名誉权、荣誉权、隐私权、肖像权、信用权、婚姻自主权、著作权、监护权等多项具体权利。

1. 对身心健康权的保护

身心健康权是人身权的最基本权利,主要包括学生的生命健康、人身安全、人身自由和心理健康等方面的内容。未成年学生的身心健康权应受到法律的保护。

2. 对隐私权的保护

隐私权是指学生有权要求他人尊重自己个人的、不愿让或不方便让他人获知或干涉的、与公共利益无关的信息或生活领域。对这一权利的保护主要表现在:①不得披露未成年人的隐私。《未成年人保护法》第四条第三项规定:"保护未成年人隐私权和个人信息。"②不得隐匿、毁弃、非法拆开未成年人的信件。《宪法》第四十条规定:"中华人民共和国公民的通信自由和通信秘密受法律的保护。"《未成年人保护法》第六十三条规定:"任何组织或者个人不得隐匿、毁弃、非法删除未成年人的信件、日记、电子邮件或者其他网络通讯内容。除下列情形外,任何组织或者个人不得开拆、查阅未成年人的信件、日记、电子邮件或者其他网络通讯内容:(一) 无民事行为能力未成年人的父母或者其他监护人代未成年人开拆、查阅;(二) 因国家安全或者追查刑事犯罪依法进行检查;(三) 紧急情况下为了保护未成年人本人的人身安全。"

3. 对名誉荣誉权的保护

名誉荣誉权是指学生有权根据其日常生活行为、作风、观点和工作表现获得关于思想品德、学业表现或其他方面形成的积极社会评价以及特定社会组织授予称号的权利。未成年学生的名誉荣誉权受到法律保护,他人不得诽谤、诋毁,非法定程序,他人不得剥夺,否则,就构成了对学生名誉荣誉权的侵犯。

（二）对受教育权的保护

未成年学生的受教育权是其享有的一项重要权利。《教育法》第九条规定："中华人民共和国公民有受教育的权利和义务。""公民不分民族、种族、性别、职业、财产状况、宗教信仰等，依法享有平等的受教育机会。"

对于未成年学生来说，受教育权是其在学校各项权利中最重要、最基本的权利。对未成年学生受教育权的保护主要体现在对就学的平等权保护以及对未成年学生受教育权侵犯的法律救济保护等方面。

就学的平等权首先体现在对依法接受规定年限的义务教育的未成年学生，学校必须按照有关规定接纳他们入学，不得以任何理由将他们拒之于校门之外。《义务教育法》第二条规定："国家实行九年义务教育制度。"第四条规定："凡具有中华人民共和国国籍的适龄儿童、少年，不分性别、民族、种族、家庭财产状况、宗教信仰等，依法享有平等接受义务教育的权利，并履行接受义务教育的义务。"

另外，就学的平等权还表现为不分民族、种族、性别、职业、财产状况、宗教信仰等，学生依法享有平等的受教育机会。这主要体现在一些弱势群体的受教育权上，具体包括：女子享有与男子同等的受教育权利，为经济困难的学生提供资助，为残疾学生接受教育提供帮助和便利，为违法犯罪的未成年人接受教育创造条件等。对未成年学生受教育权的侵犯，国家实行法律救济制度。当未成年学生的受教育权受到侵犯时，可以通过行政渠道或司法渠道获得救济。

第三节　未成年学生犯罪及其预防

一、未成年学生犯罪的界定

在具体犯罪构成中存在未满18周岁的未成年学生的因素时，这样的犯罪被称为未成年学生犯罪。这一界定主要包括两方面的内涵：一是以未成年学生为主体实施的犯罪；二是以未成年学生为被害人的犯罪。这里仅限于第一种解释。

对以未成年学生为主体实施的犯罪的界定，主要是刑法作出的。我国现行法律把刑事责任年龄规定为三档：第一档为完全无刑事责任阶段，即不满14周岁的行为人，完全不负刑事责任。第二档为相对负刑事责任阶段，即行为人已满14周岁，不满16周岁，只对8种特别严重的犯罪负刑事责任。第三档为完全负刑事责任，即14周岁以上不满18周岁的人犯罪，应当从轻或减轻处罚；不满18周岁的人不适用死刑。因此，我国法律对未成年人犯罪的界定，是根据未成年人的各种犯罪实际情况作出的，体现了以教育为主、惩罚为辅的原则。这方面的具体规定见《刑法》第十七条。《刑法》第十七条规定："已满十六周岁的人犯罪，应当负刑事责任。""已满十四周岁不满十六周岁的人，犯故意杀人、故意伤害致人重伤或者死亡、强奸、抢劫、贩卖毒品、放火、爆炸、投毒罪的，应当负刑事责任。""已满十四周岁不满十八周岁的人犯罪,应当从轻或者减轻处罚。""因不满十六周岁不予刑事处罚的,责令他的家长或者监护人加以管教;在必要的时候,也可以由政府收容教养。"

二、未成年学生犯罪的特点与成因

(一) 未成年学生犯罪的特点

1. 犯罪团伙化

随着年龄的增长,未成年学生易于形成小团伙。这类少年团伙犯罪极易发展成为黑恶势力,他们给社会带来的危害也将是巨大的。这些少年犯罪大多数是以侵害财产、人身伤害为主要犯罪动机和目的,以结伙抢劫、盗窃、绑架、敲诈为作案手段的。有的团伙有自己的帮规、会徽、纪律、分工,已具有黑社会的性质。未成年罪犯虽年轻力壮具有体力优势,但由于他们的思想还不是太成熟,对犯罪的心理压力大,且他们大都实施暴力犯罪,担心被害人反抗,总觉得单个人作案势单力薄,故他们经常纠集几人去共同作案,形成了犯罪团伙甚至犯罪集团。

2. 成员低龄化

据相关资料,自20世纪90年代以来,少年违法犯罪的初始年龄比20世纪70年代降低了2~3岁,13岁以下的少年违法犯罪增多。违法犯罪低龄趋势潜伏着巨大的社会危害,而以对被害人造成肉体上的损害为主要手段或以人的生命、健康为直接侵害对象的各种犯罪呈上升趋势,其中少年涉及的故意杀人、抢劫案件占有较大比例,故意伤害、强奸、绑架案件也占有一定的比例。少年犯罪经常表现为故意犯罪,很少为过失犯罪,犯罪时不计后果,手段残忍,社会危害极大。

3. 方式智能化

在科技快速发展的今天,少年智能犯罪日益增多。有的少年利用计算机实施盗窃、诈骗等犯罪,有的利用通信工具作案,还有的利用自己掌握的科学技术制造电匕首、电击发手枪、麻醉剂等实施犯罪的工具。我国曾发生未成年人利用手提电脑侵入中国公众媒体网络,并非法夺得网络系统管理的最高权限,修改密码和口令,致使网络系统管理员失去对网络的管理权的案例,作案者受到法律的制裁。

4. 流失生犯罪率上升

近几年,流失生犯罪在未成年人犯罪的案件中占的比重越来越大。这些流失生,多数来自单亲家庭和面临解体的家庭。有些离异后的夫妻双方疏于对子女的关心和教育,有的为了再婚而对子女不管不问。还有的父母再婚后,继父或继母把孩子视为眼中钉、肉中刺,从精神上和肉体上折磨孩子,使孩子在家庭中得不到温暖,最后只好流浪街头,成为未成年人犯罪的后备力量。西南某市曾破获一个由25人组成的少年犯罪团伙,其中19名是流失生,且大部分被学校除名。他们中有的因父母离异而被抛弃,有的因家庭面临解体而被父母忽视,有的因家长过分溺爱而胆大妄为,也有的因学习成绩差受到冷遇和排斥,造成了厌学、弃学而流入社会成为流失生。该团伙中的赵某 8 岁就离家出走,那时他才上小学二年级,父母就离异了,结果父母都不收养他,他就像皮球一样被父母踢来踢去,最后只好流浪街头,遇到了两个同他一样离家出走的孩子。他们先是沿街乞讨,后因饥饿难忍,几个孩子就能偷就偷、能抢就抢。他们晚上露宿街头或桥洞,白天就寻找机会以偷窃或抢劫来维持生活。之后,他们的团伙人数越来越多,越偷胆越大,逐渐走上了犯罪的道路。

(二) 未成年学生犯罪的成因

未成年学生犯罪有其深刻的自身及社会原因,具体归因如下。

1. 自身原因

未成年学生在生理和心理发育上的主要特点有:① 生性活泼好动。他们处于身体快速发育时期,感到浑身有使不完的力气,喜欢运动和发泄。② 容易冲动。他们的神经系统处于高速发育阶段,易于兴奋,表现为缺乏理智、容易冲动。③ 好奇心强。他们对于社会的一切都感到新奇,他们渴望以自己的视角了解社会、参与社会,所以他们希望能够尝试新事物。④ 性的需求逐渐增加。他们渴望异性的理解、关爱,希望性的需求得到满足。⑤ 需求与获得需求的方法矛盾。他们对于物质、安全、自尊等的各种需求都显著增加,但他们获得上述需求的合法方法受到某种局限,导致上述需求处于一种未满足状态。

未成年学生在生理、心理发育上的这些自然状况使他们区别于成年人。成年人由于生理、心理都已经发育成熟,对社会事物包括法律规则都已经比较了解,可以合法有效地满足自身的各种需求,行为和思想都趋于稳定。这种自然状况的区别决定了未成年人更易于犯罪,因为他们无法做到真正理解犯罪行为和社会危害,他们也无法真正理解接受处罚的代价和这种处罚对于生命的影响。

2. 学校教育原因

学校教育在未成年学生健康成长过程中发挥着重要作用,但如果学校教育不利,也会影响未成年学生走上犯罪道路。当前学校教育重智轻德,以应试教育为导向;个别教师的素质较低;辍学人数增加,这些过早辍学的孩子走上社会以后容易实施违法犯罪行为。另外,法制教育没有引起学校的足够重视,也是导致未成年学生犯罪的重要原因。

3. 社会原因

第一,家庭影响。家庭是未成年人成长和生活的最重要的场所。家庭教育的失败、家庭道德的沦落以及不完整家庭等也是未成年学生走上犯罪道路的主要因素。尤其当前的离婚率不断上升,不完整家庭日益增多,这对未成年子女健康成长极为不利。而且,在这样的家庭中,孩子往往也得不到应有的教育和照顾,享受不到家庭的温暖和父母的慈爱,有时甚至处于被遗弃或半遗弃的状态。家庭教育不力,管教不严,致使有些孩子的不良思想和行为发展到一定阶段,难免越过法律的界限,从而走上犯罪道路。

第二,传媒影响。信息通路的开阔使未成年学生获得了知识的广阔资源,但同时也对未成年学生带来了负面的影响。虽然我们在法律、法规以及有关文件中都明确规定禁止传播暴力、色情内容,但在现实生活中,未成年学生容易看到电影、电视中的暴力镜头。未成年学生正处于成长发育阶段,分辨是非能力较差,而模仿能力却很强,有的大众传媒和非法出版物所描述的暴力、凶杀、色情的情节已无形中教唆未成年学生犯罪,带来了负面影响。

第三,不良交往。随着年龄的增长,未成年学生对家庭的依赖心理逐渐减弱,独立意识逐渐增强,走向社会、与他人交往、建立友情的需要也越来越强烈。同时,由于许多家长对孩子的个性发展缺乏了解,平常很少与孩子进行沟通,家长与孩子之间的"代沟"明显,孩子们有什么心事,不愿意向家长倾诉,而愿意让同龄朋友帮忙解决。如果孩子结交的朋友中,有人有不良行为,这些不良行为就很容易被传播,孩子容易在受到朋友腐蚀、引诱下,走上犯罪的道路。

三、未成年学生犯罪的预防

根据《预防未成年人犯罪法》的规定,学校、家庭、社会对未成年学生犯罪的预防,应当紧密配合,形成合力。

(一)预防未成年学生犯罪的教育

国家、社会、学校和家庭应当对未成年人加强社会主义核心价值观教育,开展预防犯罪教育,增强未成年人的法治观念,使未成年人树立遵纪守法和防范违法犯罪的意识,提高自我管控能力。

未成年人的父母或者其他监护人对未成年人的预防犯罪教育负有直接责任,应当依法履行监护职责,树立优良家风,培养未成年人良好品行;发现未成年人心理或者行为异常的,应当及时了解情况并进行教育、引导和劝诫,不得拒绝或者怠于履行监护职责。

教育行政部门、学校应当将预防犯罪教育纳入学校教学计划,指导教职员工结合未成年人的特点,采取多种方式对未成年学生进行有针对性的预防犯罪教育。

各级人民政府及其有关部门、人民检察院、人民法院、共产主义青年团、少年先锋队、妇女联合会、残疾人联合会、关心下一代工作委员会等应当结合实际,组织、举办多种形式的预防未成年人犯罪宣传教育活动。有条件的地方可以建立青少年法治教育基地,对未成年人开展法治教育。

居民委员会、村民委员会应当积极开展有针对性的预防未成年人犯罪宣传活动,协助公安机关维护学校周围治安,及时掌握本辖区内未成年人的监护、就学和就业情况,组织、引导社区社会组织参与预防未成年人犯罪工作。

青少年宫、儿童活动中心等校外活动场所应当把预防犯罪教育作为一项重要的工作内容,开展多种形式的宣传教育活动。

职业培训机构、用人单位在对已满十六周岁准备就业的未成年人进行职业培训时,应当将预防犯罪教育纳入培训内容。

（二）对未成年学生不良行为的干预

《预防未成年人犯罪法》所称的"不良行为"，是指未成年人实施的不利于其健康成长的下列行为：① 吸烟、饮酒；② 多次旷课、逃学；③ 无故夜不归宿、离家出走；④ 沉迷网络；⑤ 与社会上具有不良习性的人交往，组织或者参加实施不良行为的团伙；⑥ 进入法律法规规定未成年人不宜进入的场所；⑦ 参与赌博、变相赌博，或者参加封建迷信、邪教等活动；⑧ 阅览、观看或者收听宣扬淫秽、色情、暴力、恐怖、极端等内容的读物、音像制品或者网络信息等；⑨ 其他不利于未成年人身心健康成长的不良行为。未成年人的父母或者其他监护人发现未成年人有不良行为的，应当及时制止并加强管教。

学校对有不良行为的未成年学生，应当加强管理教育，不得歧视；对拒不改正或者情节严重的，学校可以根据情况予以处分或者采取以下管理教育措施：① 予以训导；② 要求遵守特定的行为规范；③ 要求参加特定的专题教育；④ 要求参加校内服务活动；⑤ 要求接受社会工作者或者其他专业人员的心理辅导和行为干预；⑥ 其他适当的管理教育措施。

学校和家庭应当加强沟通，建立家校合作机制。学校决定对未成年学生采取管理教育措施的，应当及时告知其父母或者其他监护人；未成年学生的父母或者其他监护人应当支持、配合学校进行管理教育。

未成年学生偷窃少量财物，或者有殴打、辱骂、恐吓、强行索要财物等学生欺凌行为，情节轻微的，可以由学校依照《预防未成年人犯罪法》第三十一条规定采取相应的管理教育措施。未成年学生旷课、逃学的，学校应当及时联系其父母或者其他监护人，了解有关情况；无正当理由的，学校和未成年学生的父母或者其他监护人应当督促其返校学习。

未成年人无故夜不归宿、离家出走的，父母或者其他监护人、所在的寄宿制学校应当及时查找，必要时向公安机关报告。收留夜不归宿、离家出走未成年人的，应当及时联系其父母或者其他监护人、所在学校；无法取得联系的，应当及时向公安机关报告。对夜不归宿、离家出走或者流落街头的未成年人，公安机关、公共场所管理机构等发现或者接到报告后，应当及时采取有效保护措施，并通知其父母或者其他监护人、所在的寄宿制学校，必要时应当护送其返回住所、学校；无法与其父母或者其他监护人、学校取得联系的，应当护送未成年人到救助保护机构接受救助。

未成年人的父母或者其他监护人、学校发现未成年人组织或者参加实施不良行为的团伙，应当及时制止；发现该团伙有违法犯罪嫌疑的，应当立即向公安机关报告。

（三）对未成年学生严重不良行为的矫治

《预防未成年人犯罪法》所称的"严重不良行为"，是指未成年人实施的有刑法规定、因不满法定刑事责任年龄不予刑事处罚的行为，以及严重危害社会的下列行为：① 结伙斗殴，追逐、拦截他人，强拿硬要或者任意损毁、占用公私财物等寻衅滋事行为；② 非法携带枪支、弹药或者弩、匕首等国家规定的管制器具；③ 殴打、辱骂、恐吓，或者故意伤害他人身体;④ 盗窃、哄抢、抢夺或者故意损毁公私财物;⑤ 传播淫秽的读物、音像制品或者信息等;⑥ 卖淫、嫖娼,或者进行淫秽表演;⑦ 吸食、注射毒品,或者向他人提供毒品;⑧ 参与赌博赌资较大;⑨ 其他严重危害社会的行为。未成年人的父母或者其他监护人、学校、居民委员会、村民委员会发现有人教唆、胁迫、引诱未成年人实施严重不良行为的,应当立即向公安机关报告。公安机关接到报告或者发现有上述情形的,应当及时依法查处;对人身安全受到威胁的未成年人,应当立即采取有效保护措施。公安机关接到举报或者发现未成年人有严重不良行为的,应当及时制止,依法调查处理,并可以责令其父母或者其他监护人消除或者减轻违法后果,采取措施严加管教。

对有严重不良行为的未成年人,公安机关可以根据具体情况,采取以下矫治教育措施:① 予以训诫;② 责令赔礼道歉、赔偿损失;③ 责令具结悔过;④ 责令定期报告活动情况;⑤ 责令遵守特定的行为规范,不得实施特定行为、接触特定人员或者进入特定场所;⑥ 责令接受心理辅导、行为矫治;⑦ 责令参加社会服务活动;⑧ 责令接受社会观护,由社会组织、有关机构在适当场所对未成年人进行教育、监督和管束;⑨ 其他适当的矫治教育措施。公安机关在对未成年人进行矫治教育时,可以根据需要邀请学校、居民委员会、村民委员会以及社会工作服务机构等社会组织参与。未成年人的父母或者其他监护人应当积极配合矫治教育措施的实施,不得妨碍阻挠或者放任不管。

对有严重不良行为的未成年人,未成年人的父母或者其他监护人、所在学校无力管教或者管教无效的,可以向教育行政部门提出申请,经专门教育指导委员会评估同意后,由教育行政部门决定送入专门学校接受专门教育。未成年人有下列情形之一的,经专门教育指导委员会评估同意,教育行政部门会同公安机关可以决定将其送入专门学校接受专门教育:① 实施严重危害社会的行为,情节恶劣或者造成严重后果;② 多次实施严重危害社会的行为;③ 拒不接受或者配合本法第四十一条规定的矫治教育措施;④ 法律、行政法规规定的其他情形。未成年人实施刑法规定的行为、因不满法定刑事责任年龄不予刑事处罚的,经专门教育指导委员会评估同意,教育行政部门会同公安机关可以决定对其进行专门矫治教育。

(四) 对未成年学生重新犯罪的预防

公安机关、人民检察院、人民法院办理未成年人刑事案件,应当根据未成年人的生理、心理特点和犯罪的情况,有针对性地进行法治教育。对涉及刑事案件的未成年人进行教育,其法定代理人以外的成年亲属或者教师、辅导员等参与有利于感化、挽救未成年人的,公安机关、人民检察院、人民法院应当邀请其参加有关活动。

公安机关、人民检察院、人民法院办理未成年人刑事案件,可以自行或者委托有关社会组织、机构对未成年犯罪嫌疑人或者被告人的成长经历、犯罪原因、监护、教育等情况进行社会调查;根据实际需要并经未成年犯罪嫌疑人、被告人及其法定代理人同意,可以对未成年犯罪嫌疑人、被告人进行心理测评。社会调查和心理测评的报告可以作为办理案件和教育未成年人的参考。

公安机关、人民检察院、人民法院对于无固定住所、无法提供保证人的未成年人适用取保候审的,应当指定合适成年人作为保证人,必要时可以安排取保候审的未成年人接受社会观护。对被拘留、逮捕以及在未成年犯管教所执行刑罚的未成年人,应当与成年人分别关押、管理和教育。对未成年人的社区矫正,应当与成年人分别进行。对有上述情形且没有完成义务教育的未成年人,公安机关、人民检察院、人民法院、司法行政部门应当与教育行政部门相互配合,保证其继续接受义务教育。

未成年犯管教所、社区矫正机构应当对未成年犯、未成年社区矫正对象加强法治教育,并根据实际情况对其进行职业教育。

未成年人的父母或者其他监护人和学校、居民委员会、村民委员会对接受社区矫正、刑满释放的未成年人,应当采取有效的帮教措施,协助司法机关以及有关部门做好安置帮教工作。

刑满释放和接受社区矫正的未成年人,在复学、升学、就业等方面依法享有与其他未成年人同等的权利,任何单位和个人不得歧视。未成年人的犯罪记录依法被封存的,公安机关、人民检察院、人民法院和司法行政部门不得向任何单位或者个人提供,但司法机关因办案需要或者有关单位根据国家有关规定进行查询的除外。依法进行查询的单位和个人应当对相关记录信息予以保密。

人民检察院通过依法行使检察权,对未成年人重新犯罪预防工作等进行监督。

第四节　学校相关的法律关系

任何学校都在相应的内外环境中运行。学校内部环境主要指学校统一的权责系统和技术系统。权责系统是指在学校内部各个部门、各个职位和各个成员之间的一系列权责分工和相互关系基础上形成的科层结构。技术系统是指学校为完成教育目的和任务所具备的知识手段、课程、教材、教学场所和教学设备等因素所构成的操作系统。学校的外部环境主要包括一切现存的影响学校组织的活动、行为、事物、情况、势力等客观社会因素,包括社会的、政治的、经济的、技术的、法律的、人口的、文化的等各个方面。在现代社会中,学校与其所处的内外环境的交互作用和互动过程愈来愈复杂,因素愈来愈多,学校与环境通过彼此间的交互作用和互动过程来影响和制约对方的功能和行为,因而维持学校和环境之间各种社会关系的协调稳定,已愈来愈成为学校生存发展的基础。这就需要运用法律手段来对学校社会关系加以调整,对与学校有关的各种社会行为加以控制。可以说,正常的学校秩序和协调稳定的学校社会关系是与法律规范对学校社会关系的调整和控制紧密相连的,没有法律规范,学校就不成其为学校。学校法律关系的特征主要表现在如下方面。

一、学校与教育行政部门的关系

学校与教育行政部门之间的关系主要表现为政府依法对学校进行行政管理、行政干预和施加行政影响,学校同样依法对政府行使以建议、批评为中心内容的监督权。作为一种行政法律关系,这一关系的主体及其权利和义务都是由行政法预先确定的,当事人没有自由选择的余地。政府机关在与学校发生关系时以国家的名义出现并行使广泛的职权,在学校不履行规定的义务时,政府机关可以强制其履行,而政府机关不履行职责,学校只能请求其履行或通过向有关国家机关提出申诉或诉讼等方式解决。因此,学校与政府教育行政部门的关系具有不对等性,政府机关作为关系的一方,占据着主导的地位,政府机关与学校有关的行政行为,都不可避免地对学校产生直接的权威性的促进、帮助或限制、制约作用。

二、学校与社会的关系

学校与社会的关系主要表现为学校与不具有隶属关系的国家机关、企事业单位、集体经济组织、社会团体、个人之间的关系,其中既有互相协作、互相支援的关系,又存在复杂的民事所有和流转上的关系。在这些关系中,学校是以独立的民事主体资格参与其中的。这就在客观上要求国家用法律确认学校相对独立的法律地位,明确规定学校与不相隶属的国家机关、企事业单位、集体经济组织、社会团体、公民之间的权利、义务关系,保护学校的合法权益,促进教育事业的顺利发展。在现阶段,我国学校与社会各种组织及个人之间关系的法律调整,最突出地反映在所有权关系、相邻权关系和合同关系上。

所有权关系是财产所有人与其他人所发生的法律关系。我国的学校是由国家、集体经济组织、企事业组织和其他社会力量举办的,其中以国家和国有企业、事业组织举办的学校为主。在这几类学校中,国家是学校财产的唯一的和统一的所有人。但是国家各级行政机关对其所管辖范围内的学校财产并不直接进行经营,而是根据国家财产经营管理上的需要,将其所管辖的财产分别交由各个学校进行经营管理。国家通过经济的、行政的、法律的手段对学校进行宏观管理、检查、指导和调节,学校则在国家授权范围内行使占有、使用和处分权。因此,学校对国家财产的占有、使用和处分权是从属于国家所有权的一种相对独立的权利。

相邻权关系是基于相邻的事实而产生的所有人或占有人之间,对各自所有或占有的土地、建筑及其他与土地有关的财产行使占有、使用、收益、处分权时所发生的权利义务关系。相邻权关系本质上是对所有人或使用人在对其财产行使占有、使用时的一种限制关系,它要求相邻各方在行使财产的占有、使用时,必须履行不影响他人行使权利的义务,同时也享有要求他人给自己行使权利以便利的权利。

合同关系是当事人之间为实现一定的经济目的,明确相互间的权利与义务而构成的协议关系。例如,转移所有权的合同、转移使用权的合同、提供劳务的合同、提供成果的合同等,都是合同关系的体现。我国学校近年来随着教育体制的改革,同各种社会组织的协作关系有了很大的发展。为了确定这类关系中当事人各方的权利、义务,一般都需签订合同,形成受法律约束的合同关系。

三、学校与教师的关系

学校与教师之间的关系是一种由权责分配和学校工作的特性所决定的管理关系。在这一关系中,二者所处的地位是不对等的。在西方国家,教师都是雇员,因此学校与教师的关系是一种雇佣关系。我国学校与教师的关系不是雇佣关系,而是聘任或任命的关系,但是为了完成学校工作的共同目标,必须对教育教学过程进行有效的指挥和协调,必须有职责明确的组织分工和许多人在工作上的同心协力与合作。因此,教师在进行工作时不容各行其是,必须无可争辩地服从领导的意志,学校与教师关系的这一本质决定了学校领导有权组织教育教学工作,提高教师业务水平,组织教师之间进行经验交流,监督和评价教师的课堂教学,对教师进行奖励和惩罚。学校还有权根据教师的政治思想表现、文化专业知识水平、教育教学水平及能力、工作成绩和履行职责的情况进行定期或不定期的考核,建立考绩档案,为教师职务的评审和聘任或任命提供依据。学校与教师的关系是领导者与被领导者之间的支配与服从的关系。但是,由于教师是具有较高文化程度和专业技能的社会群体,教学工作在很大程度上依赖于教师积极性的发挥,因此,学校应根据教师劳动个体化程度较高的特点,给予教师较大的自主权,实行教学民主与学术民主,以利于发挥教师的主动性和创造性。教师除了应服从学校的领导之外,根据学校民主管理的原则,可以通过教职工代表大会行使民主权利,参与学校管理。

四、学校与学生的关系

学校与学生的关系既是教育与被教育的关系,又是管理与被管理的关系。学校对学生的管理,其目的在于使学生具有良好的学习习惯、生活习惯和行为习惯,具有基本的自理能力、自治能力和独立生活能力,同时也在于使学校形成良好的教学环境,使教学工作有一个正常的秩序,使学生在学校中能愉快地学习、健康地成长。因此,对学生的管理在一定意义上可以认为是一种教育。学生管理应有利于每个学生的全面发展,具有教育性,为此必须做到有管有放、有宽有严,体现民主、平等的精神,重在培养与疏导。既然是一种管理,就必然涉及管理者与被管理者权利与义务的设定,必然会构成学校与学生之间的法律关系。我国学校与学生关系的法律调整是建立在贯彻执行党的教育方针、培养德才兼备的社会主义现代化建设人才的基础上的。我国的有关法规规定,学校必须加强对学生的管理工作,保证学校正常的教学秩序和教育质量的提高。在学生学籍管理工作中,坚持健全管理制度同加强思想教育相结合的原则,因材施教、鼓励先进,充分调动和发挥学生的积极性,使其在德、智、体、美等方面生动活泼地、主动地发展,培养更多的优秀人才。学校有权根据入学、注册、成绩考核与记载、考勤、升级与留降级的有关规定对学生进行学籍管理,对德、智、体、美等方面全面发展或在思想品德、学业成绩、锻炼身体某一方面表现突出的学生,给予奖励。对犯有错误的学生,学校可视其情节轻重给予批评教育或纪律处分。同时,学校也负有保证学生身心健康和人身安全的责任,禁止体罚、摧残学生和侮辱学生人格,防止意外事故的发生。学生在学校享有充分的学习和发展的权利,有参加教育教学活动、按教学安排使用教学设备和设施的权利,有参加各种有利于发展个人特长的健康活动的权利,有自愿参加校内各种社团活动的权利,有对教育教学工作和学校管理工作提出建议和意见的权利,有根据法定标准获得相应的学业证书的权利,等等。

思考与练习

一、名词解释

学校　学校的法律地位　学生

二、问题思考

1. 简述学校法律地位的特点。
2. 简述学校的权利与义务。
3. 简述学生的权利与义务。
4. 简述未成年学生法律保护的主要内容。
5. 简述学校有关的法律关系的内容。

三、案例分析

1. 2017 年,北京某人民法院开庭审理了一桩民事案件。一位学生的母亲在起诉书中称,儿子就读于某小学,因考试分数低,未能升入中学,而后在该校留级。为了能让孩子继续升学,母亲应学校要求到医院给孩子开了一张"中等智力低下的证明",并向学校申请儿子年龄已大,不适宜留级,希望让他升入初中。然而,她没有想到,这张证明给孩子带来了长达两年的精神伤害。学校很快把这个秘密公之于众。课上,个别老师当着众多学生的面多次侮辱他是"白痴、大傻子"。课间,个别同学还轮流打他,让他喊自己是"大傻子"。次年,她的儿子被医生诊断患了精神分裂症。她认为,是学校的部分老师和学生长时间持续地对孩子打骂侮辱,才导致了这种可悲的结果。为此,她提出了巨额的赔偿要求。

根据相关法律法规,回答:

(1) 案例中学校的做法是否正确?请依法说明。

(2) 案例中学校的部分老师和学生,侵犯了该学生的哪些权益?

2. 刘某在上学途中走到车站十字路口时,被公交车撞伤,当时昏迷不醒,七窍出血。在医院被抢救过来后,刘某的面部神经全部瘫痪,被迫转院治疗。在医院住了 140 多天后,刘某基本痊愈出院,只是眼睛还没好利索。出院后,刘某要求继续上课,但让她没想到的是,班主任却以其当时没办休学证,误课太多为由,让其转学。之后,刘某家长多次寻找校长,要求让孩子继续上学,但校方一直没有答复。

根据相关法律法规,回答:

(1) 本案中所涉及的法律关系主体有哪些?

(2) 当事人违反了什么法律?应当承担什么法律责任?

(3) 本案对我们有哪些启示?

第四章
教师的权利与义务

【学习目标】

1. 了解教师的法律概念及法律地位。

2. 了解教师的权利与义务及我国有关教师的法律制度。

3. 掌握教育法律武器,依法维护教育主体的合法权益。

微信扫码

教师资格考试
真题练习

【本章重难点】

1. 教师的权利与义务。

2. 有关教师的法律制度。

3. 教师与学生的法律关系。

第一节　教师的法律概念及地位

一、教师的法律概念

1993 年 10 月 3 1 日颁布的《教师法》赋予"教师"特定的法律含义。该法第三条明确规定："教师是履行教育教学职责的专业人员，承担教书育人，培养社会主义事业建设者和接班人、提高民族素质的使命。"这就是教师的法律概念，这一概念包含以下几层含义：

第一，就教师的身份特征而言，教师是专业人员。1966 年 10 月，联合国教科文组织发表的《关于教师地位的建议》明确提出："教育工作应被视为专门职业。这种职业是一种要求教师具备经过严格而持续不断的研究才能获得并维持专业知识及专门技能的公共业务。"如同医生、律师一样，教师是一种从事专门职业活动的专业人员，必须具备专门的资格，符合特定的要求。即要达到符合规定的学历；要具备相应的专业知识；要符合与其职业相称的其他有关规定，如要具备相应的知识和能力等。

第二，就教师的职业特征而言，教师的职责是教育教学。只有直接承担教育教学工作职责的人，才具备教师的最基本条件，否则，就不能认为是教师。比如，学校中不直接从事教育教学工作，未履行教育教学职责的行政管理人员、后勤服务人员、校办产业工作人员、教学辅导人员等就不能认为是教师。需要指出的是，在学校及其他教育机构中承担其他工作的同时也承担教育教学职责，并达到教师职责基本要求的人员，也可以认为是教师。

第三，就教师工作目的而言，教师的使命是教书育人，培养社会主义事业的建设者和接班人，提高民族素质。教师的所有教育教学工作必须服务于这个目的，教师要认真履行自己的职责。

二、教师的地位

（一）教师的社会地位

教师的社会地位是由经济地位、政治地位、文化地位等多种因素构成的总体性范畴。其中，经济地位决定了教师的职业声望、职业吸引力以及教师从事该项职业的积极性和责任感；政治地位体现了社会对教师的评议以及教师在政治上应享有的各种待遇；文化地位体现了教师在社会文化、观念、道德等构成的综合形态中的地位。

新中国成立后，在党和政府的重视和关怀下，教师的社会地位得到了明显的提高。尤其是十一届三中全会以来，党和政府把教师视为社会主义现代化建设的宝贵财富，进一步落实知识分子政策，并采取了一系列切实有效的措施，提高教师的社会地位。比如，提高教师工资水平，确立教师节，颁布保障教师合法权益的法律，设立"中小学幼儿教师奖励基金会"等。1986 年颁布的《义务教育法》明确规定："全社会都应当尊重教师。国家保障教师的合法权益,采取措施提高教师的社会地位,改善教师的物质待遇,对优秀教师给予奖励。"我国的《教育法》专门就教师的权益、待遇作了具体规定。这为提高教师社会地位提供了重要的法律保障。

教师地位的提高既受政治、经济制度的制约,又受生产力水平等因素的制约。由于我国生产力水平还较为落后,加之教师队伍的庞大等因素,我国教师的经济地位和物质待遇等方面还有不尽如人意之处。与国民经济的其他行业相比,教师的工资收入还有待提高,教师工资被拖欠的现象也较为严重。要从根本上解决教师的经济问题,需要社会各界的共同努力。

(二) 教师的法律地位

教师的法律地位主要是指教师在履行教育教学职责过程中依法应享有的权利、履行的义务和承担的责任。下面从四个方面考察教师的法律地位。

1. 教师的职业性质

对于教师职业性质的定位主要是看其是否具有专业性。对此,人们的认识经历了一个漫长的发展变化过程,直到现在仍存有分歧。古代社会,由于教育的水平较低,传授知识有限,人们普遍认为教师就是有知识的人,只要有知识就可以当教师。现代学校出现后,由于受教育者人数增多,教学内容不断增加,人们认为有知识同时掌握所教学科知识并懂得如何教的人才能当好教师。人们对于教师职业有了一定认识。

现代社会,职业门类固然很多,但并非所有的职业都具有专业性,这需要以一定的标准来衡量。一般认为这些基本标准涉及的主要内容有:① 职业人员是否运用专门的知识与技能,是否具有不可替代性;② 是否经过长期的专业教育和训练;③ 是否享有相当的独立自主权;④ 是否具有自己的专业团体和明确的职业道德;⑤ 是否具有重服务、非营利的观念。教师工作是一种专门的职业,只有经过严格培养和专门训练的人才能胜任。教师职业作为一种专门职业,具有不可替代性。

2.《教师法》对教师身份的规定

对于教师的身份定位,不同国家有不同规定。从世界范围讲,大致有公务员、雇员、公务员兼雇员三种类型。一些国家如法国、日本等国将公立学校教师规定为国家公务员,由政府任用,教师享有公务员规定的各项权利,给予教师地位,教师还享有诸如教员会议权、教育自由等特殊权利。与此同时,教师也要履行与公务员身份相应的义务。世界上几乎所有的私立学校教师均属于雇员身份。也有一些国家的公立学校教师属于公职雇员。比如,德国公立学校的兼职教师以及暂时尚未达到公务员任命条件的一些专职教师即属于公职雇员教师。他们虽不享有听证权、申诉权、行政诉讼权等公务员教师特有的一些权利,但也不可随便被解约。还有一些国家如英、美等国的公立学校教师则兼有公务员和雇员双重身份。一方面,基于公务员身份,他们享有公务员法律规定的各项权利;另一方面,基于雇员身份,他们又具有契约中所规定的权利和义务。根据我国现行的《国家公务员暂行条例》,教师不属于国家公务员行列。根据《教师法》的规定,

"教师是履行教育教学职责的专业人员",教师既不同于传统的自由职业者,也有别于国家公务员,而是一种专业人员,作为专业人员,教师必须符合专门规定的相应条件,同时也享有一定的专业自主权。教育教学、教书育人是教师的基本职责。

3. 从教师与教育行政机关的关系看教师的法律地位

教师与教育行政机关之间是行政管理者与行政相对人之间的教育行政法律关系。这种法律关系主体之间的地位是不对等的。作为法律关系主体一方的教育行政部门是代表国家并以国家的名义来行使管理职权的,居于主导地位。教育行政机关正是通过依法管理、依法行政来规范教师的教育教学行为,维护教师合法权益的。作为行政管理相对人,教师应认真执行教育行政机关的决定、命令和指示,并对教育行政机关的工作予以监督。当教师认为当地教育行政部门侵犯其根据《教师法》规定享有的权利时,可以向同级人民政府或者上一级人民政府主管部门提出申诉,并可依法提起行政复议或行政诉讼。

4. 从教师与学校的关系看教师的法律地位

教师与学校的关系主要表现为任命制、聘任制等形式。在西方许多国家,这种关系表现为一种雇佣关系。学校在其权限范围内,可以决定教师雇佣和解雇,向教师布置任务,监督评价教师的工作。教师在任用期限内享有教育自由权以及公民应享有的权利。对于校方侵害教师权利的行为,教师可依法提出申诉。我国传统上实行任命制,目前我国正在进行教师任命制度改革。《教师法》第十七条明确规定:"学校和其他教育机构应当逐步实行教师聘任制。"我国《教育法》规定,学校有权聘任教师及其他职工,实施奖励或者处分。就我国教师任用现状看,我国学校与教师之间的关系不是雇佣关系,而是聘任或任命的关系。学校有权对符合条件的教师进行聘任,有权组织管理教师的教育教学活动,对教师实施包括奖励、处分在内的管理活动;有权对在聘教师的政治思想、业务水平、工作态度、工作成绩进行考核,为教师受聘任教、晋升工资、实施奖惩等提供依据。学校应为教师的教学、科研、社会服务及进修提高提供相应的条件。教师必须认真履行自己的职责,要从学校大局出发,服从学校安排。但基于教师劳动的特殊性,学校对教师必须合理任用,要给予教师一定的自主权,充分发挥其工作的主动性和创造性。教师认为学校侵犯其教学科研、职务聘任、民主管理、工作条件、培训进修、考核奖励等方面合法权益,对于学校或者其他教育机构作出的处理不服的,可以依法提出申诉。

第二节　教师的权利与义务

一、教师的权利

教师在法律上的权利分为两部分:一是教师作为一般公民的权利,二是教师作为教育者的权利。作为普通公民,教师享有宪法所规定的公民的基本权利,如公民的政治权利、宗教信仰和自由、社会经济权利、文化教育权利等。作为专业人员，教师在从事教育教学活动中有其特殊的权利，这是一种职业特定的法律权利。而我们这里所谈的教师权利是针对教师的职业权利而言的。

教师的权利指教师在教育教学活动中依法享有的权力和利益，是国家对教师能够作出或不作出一定行为，以及要求他人相应作出或不作出一定行为的许可与保障。法律上的教师权利包括教师实施某种行为的权利以及要求义务人履行义务的权利。当教师的权利受到侵害时，有权诉诸法律，要求法律确认和保护其权利。

我国《教育法》规定："教师享有法律规定的权利，履行法律规定的义务。"依据《教师法》，我国教师享有以下基本权利。

第一，进行教育教学活动，开展教育教学改革和实验，即教育教学权，这是教师的最基本权利。作为教师，有权依据其所在学校的教学计划、教学工作量等具体要求，结合自身教学特点自主地组织课堂教学，有权依照教学大纲的要求确定其教学内容、进度，不断完善教学内容，有权针对不同的教育教学对象，在教育教学的形式、方法、具体内容等方面进行改革和实验。任何人不得非法剥夺在聘教师行使这一基本权利。而不具备教师资格的人不得享有这项权利。虽取得教师资格，但尚未受聘或已被解聘的人员，此项权利的行使处于停止状态，待任用时方能行使这一权利。学校及其他教育机构依法解聘教师的，不属于侵犯教师权利的行为。

第二，从事科学研究、学术交流，参加专业的学术团体，在学术活动中充分发表意见，即科学研究权。这是教师作为专业技术人员所享有的一项基本权利。作为教师，在完成规定的教育教学任务的前提下，有权进行科学研究、技术开发、撰写学术论文、著书立说，有权参加有关的学术交流活动，参加依法成立的学术团体并在其中兼任工作；有权在学术研究中发表自己的学术观点，开展学术争鸣。教师在行使此项权利时要注意处理好教学与科研的关系，使之相辅相成，更好地提高教育教学质量。值得注意的是，目前一些教师尤其是中小学教师普遍存在着科研意识和能力不强的状况，应引起所在学校和教师本人的重视。

第三，指导学生的学习和发展，评定学生的品行和学业成绩，即管理学生权。这是与教师在教育教学过程中的主导地位相适应的一项基本权利。教师作为教育教学活动的主体有权利也有义务指导学生的学习，促进学生的各方面发展，有权评定学生的品行和学业。为了更好地实现这一权利，有关行政部门及社会各方面应该充分尊重教师的主导地位，相信他们。为了更好地实现自己的这一权利，履行这一义务，教师必须端正教育思想，引导学生向积极探索的方向发展，帮助他们树立正确的人生观，端正学习态度，注意自身的全面发展，不要只追求分数，应注意能力的培养。在引导学生的过程中，还要注意因材施教，使每个学生的个性和能力得到最大限度的发挥。在评定学生的品行和学业成绩过程中，教师必须做到客观、公正，一视同仁，而不能主观、片面、有私心，必须正确评价每一个学生，正确对待每一个学生，对每一个学生负责。要做到这些，教师最根本的是要热爱教育事业、热爱学生，真正成为学生的良师益友。

第四，按时获取工资报酬，享受国家规定的福利待遇以及寒暑假期的带薪休假，即获取报酬待遇权。这是教师的基本物质保障权利,教师的工资报酬一般包括基础工资、职务工资、课时报酬、奖金、教龄津贴、班主任津贴及其他各种津贴在内的工资性收入。福利待遇主要包括教师的医疗、住房、退休等方面的各项待遇和优惠以及寒暑假期的带薪休假。作为教师,有权要求所在学校及其主管部门根据国家教育法律、教师聘任合同的规定按时足额地支付工资报酬;有权享受国家规定的福利待遇。要动员全社会采取有效措施,依据法律的规定,切实保障教师这一基本权利的行使。

第五,对学校教育教学、管理工作和教育行政部门的工作提出意见和建议,通过教职工代表大会或者其他形式,参与学校的民主管理,即民主管理权。这是教师参与教育管理的民主权利,是宪法中规定的"公民对任何国家机关和国家工作人员,有提出批评和建议的权利"的具体体现,有利于调动教师参政议政的自觉性和积极性,发挥教师的主人翁作用,以加强对学校和教育行政部门工作的监督。作为教师,有权通过教职工代表大会、工会等组织形式以及其他适当方式参与学校民主管理,讨论学校改革、发展等方面的重大事项,保障自身的民主权利和切身利益,推进学校的民主建设。以教职工代表大会形式为例,教师的参与管理权体现在以下方面:听取校长的工作报告,讨论学校年度工作计划、发展规划、改革方案、教职工队伍建设等重大问题,讨论职工奖惩办法以及其他与教职工有关的一些福利事项、监督管理工作。教师在行使民主管理权时应注意遵循民主集中制的原则,并充分发挥自己对学校、教育行政部门工作的监督作用。

第六,参加进修或者其他方式的培训,即进修培训权。这是教师享有的继续教育的权利,也是提高教师自身素质以更好地适应教育教学工作的需要。现代社会,科学的飞速发展要求教师及时更新知识,不断提高自身素质。作为教师,有权参加进修或其他多种形式的培训,以提高思想政治觉悟和业务水平。教育行政部门、学校及其他教育机构应采取多种形式,开辟多种渠道,努力为教师的进修培训创造有利条件,切实保障教师权利的实现。当然,教师培训权的行使,要在完成本职工作的前提下有组织、有计划地进行,不得影响正常的教育教学工作。

二、教师的义务

和教师的权利一样,教师的义务也分为两部分,即教师作为公民应承担的义务和教师作为教育者应承担的义务。这两部分义务既有联系又有区别。一方面,教师作为公民应承担的一部分义务体现在教师的特定义务之中;另一方面,教师特定义务中的一部分又是公民义务的具体化和职业化。这里我们主要研究教师的特定义务。

教师的义务指教师依照法律规定从事教育教学工作必须履行的责任或约束。它表现为必须作出或不作出一定行为。依据不同的标准可以对教师义务进行多种划分:① 积极义务和消极义务。积极义务是必须作出一定行为的义务,消极义务是不作出一定行为的义务。② 绝对义务和相对义务。绝对义务是对一般人承担的义务,相对义务则指对特定人承担的义务。③ 第一义务和第二义务。第一义务是指不侵害他人的义务,第二义务则指由于侵害他人的权利而产生的义务。

关于教师的义务,我国《义务教育法》规定:"教师应当热爱社会主义教育事业,努力提高自己的思想、文化、业务水平,爱护学生,忠于职责。"我国《教师法》第八条专门对教师的义务作了具体规定。依照《教师法》的规定,我国教师应当履行下列义务。

第一,遵守宪法、法律和职业道德,为人师表。宪法和法律是国家、社会组织和公民活动的基本行为准则,任何组织和公民都必须遵守。教师要教书育人,就应模范地遵守宪法和法律,而且要在教育教学工作中自觉培养学生的法制观念和民主精神。教师职业是一种专门化的职业,有着自身的职业道德准则,教师应当自觉遵守职业道德,做到敬业爱岗、热爱学生、诲人不倦、博学多才、关心集体、团结奋进。教育部于 2008 年修订了《中小学教师职业道德规范》,明确规定了中小学教师应当遵守的职业道德准则,中小学教师应严格遵守。教师是人类灵魂的工程师,担负着培养下一代的任务,他们在传授科学文化知识的同时对学生的思想品德、个性形成有着重要影响,所以教师要注意言传身教,做到为人师表。

第二,贯彻国家的教育方针,遵守规章制度,执行学校的教学计划,履行教师聘约,完成教育教学工作任务。教师在教育教学活动中应当全面贯彻国家关于教育必须为社会主义现代化建设服务,必须与生产劳动相结合,培养德、智、体、美等方面全面发展的社会主义事业的建设者和接班人的方针;自觉遵守教育行政部门和学校及其他教育机构制定的教育教学管理的各项规章制度;认真执行学校依据国家规定的教学大纲、教学计划或教学基本要求制订的具体教学计划;严格履行教师聘任合同中约定的教育教学职责,完成规定的教育教学任务,保证教育教学质量。

第三,对学生进行宪法所确定的基本原则的教育和爱国主义、民族团结的教育,法制教育以及思想品德、文化、科学技术教育,组织、带领学生开展有益的社会活动。这是对教师教育教学工作内容方面的全面规范。作为教师,应结合自身教育教学业务特点,将政治、思想品德教育贯穿教育教学过程之中。对学生进行政治、思想品德教育,不仅是政治、思想品德课教师的职责,也是每一位教师的基本义务。在对学生进行政治、思想品德教育时,教师要遵循我国宪法确定的坚持社会主义道路,坚持人民民主专政,坚持中国共产党的领导,坚持马克思列宁主义、毛泽东思想、四项基本原则,并将其作为对学生进行思想政治教育的首要内容。教师应当有意识地对学生进行爱国主义教育、民族团结教育、法制教育,文化、科学技术教育,弘扬中华民族优良传统,引导学生逐步树立正确的人生观和世界观,教育学生爱祖国、爱人民、爱劳动、爱科学、爱社会主义,把学生培养成为合格的社会主义事业的建设者和接班人。在德育的形式和方法上,应注意根据学生身心发展的特点,采用灵活生动的形式,注重实效,反对形式主义。

第四,关心、爱护全体学生,尊重学生人格,促进学生在品德、智力、体质等方面全面发展。我国《宪法》规定:"中华人民共和国公民的人格尊严不受侵犯。"人格尊严是宪法赋予公民的一项基本权利。由于学生在教育教学活动中居于受教育者的地位,其人格尊严往往容易受到侵犯。教师要关心爱护全体学生,对学生应一视同仁,不因民族、性别、健康状况、学生成绩等因素歧视学生,尤其是对那些有缺点的学生,教师应给予特别关怀,要满腔热情地教育指导,绝不能采取简单粗暴的办法,不能侮辱、歧视学生,不能体罚或变相体罚学生,不能泄露学生隐私。因侮辱学生影响恶劣或体罚学生经教育不改的,教师应依法承担相应的法律责任。

第五,制止有害于学生的行为或者其他侵犯学生合法权益的行为,批评和抵制有害于学生健康成长的现象。保护学生的合法权益和身心健康成长是全社会的共同责任,作为教师自然更负有此项义务。教师履行此项义务具有特定的范围,主要是在学校工作和与教育教学工作相关的活动中,制止侵犯其负责教育管理的学生合法权益的违法行为,批评和抵制社会上出现的有害于学生身心健康成长的不良现象。

第六,不断提高思想政治觉悟和教育教学业务水平。教育教学工作是一项专业性较强的工作,教师担负着提高民族素质的使命,这就要求教师具有较高的思想政治觉悟和业务水平,同时这也是社会进步和科学技术发展对教师提出的要求。为此,教师应加强学习,调整知识结构,不断提高思想政治觉悟和教育教学业务水平,以适应教育教学的实际需要。

可见,教师的基本权利和义务基于教育活动而产生,由教育法律规范设定,是一种特定职业的法律权利和义务。它们之间是对立统一、相互依存的关系,没有无义务的权利,也没有无权利的义务。教师既是权利的享有者,又是义务的承担者。因此,教师应正确行使自己的权利,严格履行自己的义务。

第三节　我国有关教师的法律制度

当前,我国有关教师的法律制度,通常由教师资格制度、教师职务制度、教师聘任制度、教师培养和培训制度、教师考核与奖惩制度、教师待遇制度和教师申诉制度等构成。

一、教师资格制度

教师资格是国家对专门从事教育工作的人员的最基本要求,它规定着从事教师工作必须具备的条件。教师资格制度是国家对教师实行的一种特定的职业许可制度。世界上许多国家对教师的资格标准都有严格的规定,不少国家建立了教师许可证制度或教师资格证书制度。我国的《教师法》《教师资格条例》对教师资格的分类、取得条件、认定程序等一系列问题作了具体规定,以法律的形式确立了我国的教师资格制度。

(一)教师资格分类

关于教师资格分类,《教师资格条例》第四条明确规定:"教师资格分为幼儿园教师资格;小学教师资格;初级中学教师和初级职业学校文化课、专业课教师资格;高级中学教师资格;中等专业学校、技工学校、职业高级中学文化课、专业课教师资格;中等专业学校、技工学校、职业高级中学实习指导教师资格和高等学校教师资格。成人教育的教师资格,按照成人教育的层次,依照上款规定确定类别。"

《教师资格条例》第五条规定:"取得教师资格的公民,可以在本级及其以下等级的各类学校和其他教育机构担任教师;但是,取得中等职业学校实习指导教师资格的公民只能在中等专业学校、技工学校、职业高级中学或者初级职业学校担任实习指导教师。高级中学教师资格与中等职业学校教师资格相互通用。"

(二) 教师资格条件

我国《教师法》第十条规定:"国家实行教师资格制度。中国公民凡遵守宪法和法律,热爱教育事业,具有良好的思想品德,具备本法规定的学历或者经国家教师资格考试合格,有教育教学能力,经认定合格的,可以取得教师资格。"教师资格条件包括以下四个方面。

1. 必须是中国公民

这是成为教师的先决条件。取得教师资格者必须是中国公民,即具有中华人民共和国国籍的公民,不分民族、种族、财产等情况,凡符合条件的,均可取得教师资格。需要指出的是,虽然外国公民符合规定的条件也可以进入中国学校及其他教育机构任教,但并不等于他们取得了中国教师的资格,他们在中国学校任教需要经过一定的审批手续。

2. 必须具有良好的思想道德品质

这是取得教师资格的一个重要条件。这一要求主要表现在全面贯彻执行党和国家的教育方针,热爱教育事业,实事求是,探求真理,忠于职守,爱护学生,作风正派,团结协作等方面,教师要教书育人,为人师表,必须具备良好的思想政治、道德素质。

3. 必须有规定的学历或者经国家教师资格考试合格

从某种意义上讲,学历是一个人受教育程度和文化素质的一个标志,是人们从事一定层次工作所应具备的基本条件。国外许多国家都对教师资格的取得规定了相应的学历要求,比如,美国各州规定,小学教师必须具有学士学位;日本政府规定,小学或初中教师必须具有学士学位;英国、法国等国要求中小学教师必须由受过高等师范教育的人来担任。

结合我国实际,我国《教师法》第十一条对各类教师应具备的相应学历作了明确规定:"① 取得幼儿园教师资格,应当具备幼儿师范学校毕业及其以上学历;② 取得小学教师资格,应当具备中等师范学校毕业及其以上学历;③ 取得初级中学教师、初级职业学校文化、专业课教师资格,应当具备高等师范专科学校或者其他大学专科毕业及其以上学历;④ 取得高级中学教师资格和中等专业学校、技工学校、职业高中文化课、专业课教师资格,应当具备高等师范院校本科或者其他大学本科毕业及其以上学历;取得中等专业学校、技工学校和职业高中学生实习指导教师资格应当具备的学历,由国务院教育行政部门规定;⑤ 取得高等学校教师资格,应当具备研究生或者大学本科毕业学历;⑥ 取得成人教育教师资格,应当按照成人教育的层次、类别,分别具备高等、中等学校毕业及其以上学历。"

不具备《教师法》规定的教师资格学历的公民,申请获取教师资格,必须通过国家教师资格考试。国家教师资格考试制度由国务院规定。已经在学校或者其他教育机构中任教的教师,未具备规定学历的,由国务院教育行政部门规定教师资格过渡办法。

教师资格考试科目、标准和考试大纲由国务院教育行政部门审定。教师资格考试试卷的编制、考务工作、考试成绩的发放属于幼儿园、小学、初级中学、高级中学、中等职业学校教师资格考试和中等职业学校实习指导教师资格考试的,由县级以上人民政府教育行政部门组织实施;属于高等学校教师资格考试的,由国务院教育行政部门或者省、自治区、直辖市人民政府教育行政部门委托的高等学校组织实施。幼儿园、小学、初级中学、高级中学、中等职业学校的教师资格考试和中等职业学校实习指导教师资格考试,每年进行一次。

对于学历尚未达标的中小学教师,主要采取中小学教师考核合格证书过渡办法来解决。依据原国家教委发布的《中、小学教师考核合格证书试行办法》的规定,对于不具备国家规定的合格学历的中小学(含农业中学文化课)教师,可申请参加国家考核,取得考核合格证书。考核合格证书设"教材教法考试合格证书"和"专业合格证书"两种。其中"教材教法考试合格证书"分"高中教材教法考试合格证书""初中教材教法考试合格证书"和"小学教材教法考试合格证书"三种。考试的内容、要求和办法,由省、自治区、直辖市教育行政部门规定。"专业合格证书"分"高中教师专业合格证书""初中教师专业合格证书"和"小学教师专业合格证书"三种。凡不具备国家规定合格学历的中小学教师,工作两年以上并已取得"教材教法考试合格证书"的可申请参加"专业合格证书"的文化专业知识考试。文化专业知识考试一般每年举行一次,由省、自治区、直辖市教育行政部门领导和组织。中学教师除考所教学科的有关课程外,均需考教育学和心理学基本原理。小学教师考三门课程:教育学和心理学基本原理;语文和数学任选一门;其他学科(自然、地理、政治、历史、音乐、美术、体育)任选一门。教师在文化专业知识考试及格后,可向所在学校或学区申请颁发"专业合格证书"。

关于教师资格过渡办法,原国家教委根据《教师法》和《教师资格条例》制定并发布了《教师资格认定的过渡办法》,对教师资格过渡的范围,教师资格的分类及适用,教师资格的申请、认定等方面作了规定。申请教师资格过渡的,必须是《教师法》施行之日前已在各级各类学校及其他教育机构中从事教育教学工作的教师及承担教育教学任务的其他专业技术人员和教育职员,且符合《教师法》及《教师资格认定的过渡办法》中的有关规定,由其本人按其所在学校的层次和类别申请认定相应的教师资格。经认定合格者,由认定机关颁发教师资格证书。

4. 必须有教育教学能力

教育教学是教师的本职工作。教育教学能力是教师完成教育教学任务的必备条件。它主要包括语言表达能力,科学地选择、运用教育教学方法的能力,课堂管理能力,组织能力,提高教学水平的能力等。此外,教师的身体状况也应当符合有关规定。

(三)教师资格认定

1. 教师资格的认定机构

教师具备了取得教师资格的条件还必须经过教师资格认定,认定合格的,可以取得教师资格。教师资格的认定机构是指依法负责认定教师资格的行政机构或依法接受委托的教育机构。依照《教师法》《教师资格条例》的有关规定,幼儿园、小学和初级中学教师资格由申请人户籍所在地或者申请人任教学校所在地的县级人民政府教育行政部门认定;高级中学教师资格由申请人户籍所在地或者申请人任教学校所在地的县级人民政府教育行政部门审查后,报上一级教育行政部门认定;中等职业学校教师资格和中等职业学校实习指导教师资格由申请人户籍所在地或者申请人任教学校所在地的县级人民政府教育行政部门审查后,报上一级教育行政部门认定或者组织有关部门认定。受国务院教育行政部门或者省、自治区、直辖市人民政府教育行政部门委托的高等学校,负责认定在本校任职的人员和拟聘人员的高等学校教师资格。在未受国务院教育行政部门或者省、自治区、直辖市人民政府教育行政部门委托的高等学校任职的人员和拟聘人员的高等学校教师资格,按照学校行政隶属关系,由国务院教育行政部门认定或者由学校所在地的省、自治区、直辖市人民政府教育行政部门认定。

2. 教师资格的认定程序

(1)提出申请

认定教师资格应当由本人提出申请。申请人应当在受理期限内提出申请并提交教师资格认定申请表和有关证明材料。证明材料包括:身份证明;学历证书或者教师资格考试合格证明;教育行政部门或者受委托的高等学校指定的医院出具的体格检查证明;户籍所在地的街道办事处、乡人民政府或者工作单位、所毕业的学校对其思想品德、有无犯罪记录等方面情况的鉴定及证明材料。

(2)受理

教育行政部门或者受委托的高等学校在接到公民的教师资格认定申请后,应当对申请人的条件进行审查。对符合认定条件的,应当在受理期限终止之日起30日内颁发相应的教师资格证书。对不符合认定条件的,应当在受理期限终止之日起30日内将认定结论通知本人。对于非师范院校毕业或者教师资格考试合格的公民申请认定幼儿园、小学或者其他教师资格的,应当进行面试和试讲,考查其教育教学能力;根据实际情况和需要,教育行政部门或者受委托的高等学校可以要求申请人补修教育学、心理学等课程。

(3)颁发证书

申请人提出的教师资格认定申请经认定合格后,由教育行政部门或受委托的高等学校颁发国务院教育行政部门统一印制的教师资格证书。教师资格证书终身有效且全国通用。

(四)教师资格丧失

教师教书育人、为人师表的职业特性,对教师的思想品德、道德修养提出了严格的要求。我国《教师法》第十四条明确规定:"受到剥夺政治权利或者故意犯罪受到有期徒刑以上刑事处罚的,不能取得教师资格;已经取得教师资格的,丧失教师资格。"《教师资格条例》进一步规定:"依照教师法第十四条的规定丧失教师资格的,不能重新取得教师资格,其教师资格证书由县级以上人民政府教育行政部门收缴。"对于弄虚作假骗取教师资格的或者品行不良、侮辱学生,影响恶劣的,由县级以上人民政府教育行政部门撤销其教师资格。被撤销教师资格的,自撤销之日起 5 年内不得重新申请认定教师资格,其教师资格证书由县级以上人民政府教育行政部门收缴。

二、教师职务制度

《教育法》和《教师法》规定,国家实行教师职务制度。教师职务是依据学校教学、科研等实际工作需要设置的有明确职责、任职条件和任期,并需要具备专门业务知识和相应的学术技术水平才能担负的专业技术工作岗位。教师职务制度,指国家对教师岗位设置及各岗位的任职条件和取得该岗位职务的程序等方面各项规定的总称。国家实行教师职务制度,从法律的高度确立了教师地位及其职业的不可替代性,促使教师队伍建设走上规范化、法制化的轨道,促进教师工资福利等待遇的改善,为优秀教师脱颖而出创造条件,这对于充分调动和发挥广大教师为社会主义教育事业服务的积极性和创造性无疑有着巨大的推动作用。

(一) 教师职务制度的特征

教师职务制度是我国教师任用的重要制度,具有以下特征:① 教师职务根据岗位设立,即教师职务是根据学校教学和科研等实际工作需要设置的有明确职责、任职条件和任期,并需要具备专门的业务知识和相应学术、技术水平才能担负的专业技术工作岗位,职务依附于岗位而存在。② 教师职务与工资待遇挂钩,并有数额限制,即教师达不到任职要求或不能履行职务职责、完不成工作任务,就要被解聘、低聘或缓聘职务,职务不能终身享有。③ 教师职务须经过全面考核,即不仅考查教师的学术水平、工作能力和工作实绩,还要考查教师的思想政治表现、发展潜力、身体状况及工作是否称职等情况。④ 教师职务不适用于离退休教师,即离退休教师不能参加职务评聘,教师退休时其职务同时解聘。

(二) 教师职务设置

按照国家有关规定,目前我国教师职务主要有以下各系列:高等学校教师职务设助教、讲师、副教授、教授,中等专业学校设教员、助教、讲师、高级讲师,普通中小学及幼儿园设三级教师、二级教师、一级教师、高级教师。其中,中学三级和二级教师与小学一级教师为初级职务,中学一级和小学高级为中级职务,中学高级教师为高级职务。技工学校文化与技术理论课教师职务设教员、助理讲师、讲师、高级讲师,技工学校生产实习课教师职务设三级实习指导教师、二级实习指导教师、一级实习指导教师、高级实习指导教师。各级成人学校结合成人教育的特点和层次,分别执行普通高等学校、中专、中小学、技术学校教师职务试行条例的有关规定。

(三) 教师任职条件

教师任职条件,指受聘教师职务应达到的国家有关法律法规规定的各级各类教师应具备的标准。从我国现行各项教师职务试行条例来看,教师任职的一般条件主要有: ① 具备各级各类教师的相应教师资格;② 遵守宪法和法律,具有良好的思想政治素质和职业道德,教书育人,为人师表;③ 具备相应的教育教学水平和学术水平,具有教育科学理论的基础知识,能全面熟练地履行现任职务职责;④ 具备相应的学历及学位要求;⑤ 身体健康能胜任相应的教育教学工作。此外,各级各类教师还应具备与其职务相应的具体的任职条件。例如,中学高级教师除了应具备以上一般任职条件外,还应具备对所教学科具有系统的、扎实的基础理论和专业知识,有较丰富的教学经验和较显著的教学效果,或者在学生思想政治教育和班主任工作方面有比较突出的专长和丰富的经验,并作出显著成绩,对所从事的中学教育教学某一方面进行科学研究,写出理论联系实际并有一定水平的经验总结、科研报告或论著,或者在培养老师的文化业务水平和教育教学能力方面作出显著贡献等具体任职条件。

(四) 职务评审

一般而言,各级教师职务由同行专家组成的教师职务评审小组依据现行各教师职务试行条例的有关规定予以评审。关于教师职务评审的程序、权限以及评审组织的组成办法等,在教师职务系列各试行条例中都有明确规定。

三、教师聘任制度

教师的任用制度包括教师职务制度和教师聘任制度。

(一) 教师聘任制度的主要内容

教师聘任制度遵循的是双方地位平等的原则,"双向选择"是这一原则的重点体现。学校或者教育行政部门可以根据国家的有关规定和教育教学、科研工作的需要,自主确定学校的机构设置和教师结构的配置和调整,聘任不同知识结构的教师;教师也有权利根据本人的专业知识、业务能力选择适合自己的工作岗位,使自己在最佳的工作岗位上施展才干。

聘任双方签订的聘任合同具有法律效力,对聘任双方均有约束力,它以聘书形式明确双方的权利、义务和责任。教师按合同履行义务,学校按合同为教师提供教育教学、科学研究、进修、交流等条件,并支付报酬。同时,学校有权对受聘教师的业务水平、工作态度和成绩进行考核,作为升职、调薪、奖励和续聘的依据。

教师聘任制度引进了科学的激励竞争机制。竞争既是市场经济存在的一种形式,同时又促进市场经济发展。教师受聘后在聘任期间,学校要根据聘书中规定的有关内容对该教师的教育教学、科研工作进行认真、严格的考核,并以考核结果作为主要依据对教师进行奖惩、职务晋升和调薪等。

教师首次被聘任时,根据《教师法》的规定,要有试用期。试用期的意义在于决定取得教师资格的公民能担任何种教师职务。这是因为取得了教师资格,只是表明具备了担任教师的条件,但能担任何种教师职务,还需要经过一定的工作实践才能证明。试用期通常为一年。

(二) 教师聘任的基本程序

学校任课教师在接受聘任前,需填写学校教师受聘申请表(姓名、年龄、政治面貌、毕业于何年何校、现职称、现职务、从事教学工作的经历、奖励等),提供毕业证书、教师资格证书原件和复印件。

申请表交教导处备案并征求教研组、学年组的意见。单独聘任的教师由学校进行必要的面试和考核。决定聘用的教师应接受学校授课任务书,学校单独聘任的教师则应与学校签订聘任协议。

(三) 教师聘任的形式

1. 招聘

招聘即学校面向社会公开、择优选拔具有教师资格的应聘人员。它的程序一般是先由学校经人才交流部门批准,然后以广告或启事的形式提出所需人员的条件、工作性质、任务及工资待遇等,通常都要对应聘者进行审查、考核(或考试),充分体现公平竞争、择优录用的原则。对符合条件者,学校即聘任。可见,招聘具有公开、直接、自愿、透明度高等优点,有利于发现和合理使用人才。招聘与受聘双方应签订聘任合同,并明确双方的权利、义务和责任,聘任合同一经签订便具有法律效力。

2. 续聘

续聘即聘任期满后,聘任单位与教师继续签订聘任合同。一般是在聘任期间,双方合作愉快,聘任单位仍有工作需要,教师对所从事的工作满意,双方自愿签订续聘合同。续聘合同的有关规定和协议可与上次聘任合同相同,也可以根据实际需要变更。

3. 解聘

解聘即学校因某种原因不适宜继续聘任教师,双方解除合同关系。解聘的原因较多,有的是学校在聘任后发现受聘者不符合原定聘用条件,有的是教师在工作中不称职或违反有关规定等,已不适合被继续聘任。由于聘任合同具有法律效力,因而,学校在聘用期限内终止聘任合同、解聘教师时,除有正当理由,否则应承担相应的法律责任。

4. 辞聘

辞聘即受聘教师主动请求学校解除聘任合同的法定行为。如上所述,聘任合同对聘任双方均有法律约束力,教师因种种原因不能继续履行聘任合同,给学校造成损失的,应依照聘任合同的有关规定承担相应法律责任。

四、教师培训制度

教师职前在学校系统学习主要是为将来从事的工作打基础、做准备。在科技迅速发展、知识不断更新的今天,要完成教书育人的重任,仅靠职前教育是不够的,教师必须不断提高自身素质,而培训则是提高教师思想政治觉悟和教育教学业务水平的重要途径。

（一）教师培训的含义

教师培训是指专门教育机构为提高教师的素质、能力,对在职教师进行的一种继续教育。教师培训是相对于职前教育而言的,它也是师范教育的重要组成部分,具有补充、更新知识的功能。它包括两方面内容:一是帮助教师提高学历水平,二是了解教育科研的新成果,充实专业文化知识、提高教学技能。教师培训制度是提高教育教学质量的前提和条件。

随着社会发展对教师素质要求的提升,世界上许多国家十分重视教师在职培训,并以立法形式为在职教师培训提供法律保障。我国《教师法》列专章对教师的培养和培训作了规定,并将教师在职培训作为教师的一项基本权利和义务。教育部颁布了《中小学教师继续教育规定》《高等学校教师培训工作规程》等规章,从而使我国的教师在职培训工作步入法制化和制度化的轨道。

（二）中小学教师培训

中小学教师培训就是针对取得教师资格的中小学在职教师,为提高其思想政治和业务素质进行的培训。我国《教育法》第三十五条规定:"国家实行教师资格、职务、聘任制度,通过考核、奖励、培养和培训,提高教师素质,加强教师队伍建设。"《教师法》第十九条规定:"各级人民政府教育行政部门、学校主管部门和学校应当制定教师培训规划,对教师进行多种形式的思想政治、业务培训。"据此,教育部制定了《中小学教师继续教育规定》,并于 1999 年 9 月 13 日正式发布。该规定对中小学教师培训的原则、内容、类别、管理、考核与奖惩、条件保障等方面作了全面规定。

1. 中小学教师培训的原则

中小学教师培训应坚持因地制宜、分类指导、按需施教、学用结合的原则。中小学教师培训应紧密结合不同地区的实际,在合理规划的前提下,因地制宜,统筹安排,要按照在职教师培训的规律,分类指导,多渠道、多形式、多层次地开展培训,在职培训要从教育教学实际需要出发,培训的内容、方式等要根据教师工作需要和所任学科的性质、内容而定。教师在职培训要紧密结合教师教学工作实践,重视科学文化知识、教育教学理论与技术的掌握与学习,提高教师的教育教学能力,做到学用结合。

2. 中小学教师培训的内容

培训的内容主要包括思想政治教育和师德修养;专业知识及更新与扩展;现代教育理论与实践;教育科学研究;教育教学技能训练和现代教育技术;现代科技与人文社会科学知识等。教师培训应以提高教师实施素质教育的能力和水平为重点。

3. 中小学教师培训的类别

培训的内容分为非学历教育和学历教育。其中非学历教育包括新任教师培训、教师岗位培训和骨干教师培训三种。新任教师培训是为新任教师在试用期内适应教育教学工作需要而设置的培训;教师岗位培训是为教师适应岗位要求而设置的培训;骨干教师培训是对有培养前途的中青年教师按教育教学骨干的要求和现有骨干教师按更高标准进行的培训。学历教育是对具备合格学历的教师进行的提高学历层次的培训。

4. 中小学教师培训的组织管理

各级人民政府教育行政部门管理中小学教师培训工作。国务院教育行政部门宏观管理全国中小学教师培训工作;省级人民政府教育行政部门主管本地区中小学教师培训工作。国务院教育行政部门的主要职责:制定有关的方针、政策;制定中小学教师培训教学的基本文件,组织审定统编教材;建立中小学教师培训评估体系;指导各省、自治区、直辖市中小学教师培训工作。省、自治区、直辖市人民政府教育行政部门的职责:制定本地区中小学教师培训配套政策和规划,全面负责本地区中小学教师培训工作的实施、检查和评估工作。市、县人民政府教育行政部门在省级人民政府教育行政部门指导下,负责管理本地区中小学教师培训工作。各级教师进修院校和普通师范院校在主管教育行政部门领导下,具体实施中小学教师培训的教育教学工作。

5. 中小学教师培训的条件保障

中小学教师培训经费以政府财政拨款为主,多渠道筹措,在地方教育事业费中专项列支,由县级及以上教育行政部门统一管理。地方各级人民政府教育行政部门应当采取措施,依法保障中小学教师培训工作的实施。

6. 中小学教师培训的考核与奖惩

地方各级人民政府教育行政部门要建立中小学教师培训考核和成绩记录制度。各级人民政府教育行政部门对中小学教师培训工作成绩优异的单位和个人要予以表彰和奖励;对中小学教师培训质量达不到规定要求的,教育行政部门应责令其限期改正;对无正当理由拒不参加培训的中小学教师,所在学校应督促其改正,并视情节给予批评教育。

(三) 高校教师培训

高校教师培训是为高校教师更好地履行岗位职责而进行的继续教育。《高等教育法》规定:"高等学校应当为教师参加培训提供便利条件。"原国家教委,1996年4月8日颁布的《高等学校教师培训工作规程》对高校教师培训的原则与方针、培训的组织与职责、培训形式、培训的考核与管理等方面作了具体规定。

1. 高校教师培训的原则与方针

高校教师培训工作应贯彻思想政治素质和业务水平并重,理论与实践统一,按需培训、学用一致、注重实效的方针,坚持立足国内、在职为主、加强实践、多种形式并举的原则。

2. 高校教师培训的组织与职责

国务院教育行政部门负责全国高校教师培训工作的宏观管理和政策指导。各省、自治区、直辖市教育行政部门和国务院有关部委教育主管部门负责本地、本部门的高校教师培训的规划、管理和经费投入等工作。

在高校教师培训工作中,教育行政部门和教育主管部门、高等学校、受主管部门委托接受培训教师的重点高校及各级教育行政部门所属的高校师资培训机构应履行相应的职责。具体来说,教育行政部门和教育主管部门的主要职责:制定教师培训的规划,保障经费投入;加强各部门的协调、配合,理顺关系;检查、督促教师培训规划和学年度计划的落实;完善培训途径、形式,总结推广经验;加强师资培训机构建设,完善其管理体制;表彰奖励培训工作中作出成绩的单位及个人。高等学校的主要职责:做好教师培训规划,保证培训经费的落实;合理引入竞争机制,调动和提高教师培训积极性;关心外出培训教师的思想、学习和生活,积极配合接受单位做好工作;明确校、系、教研室的责任,并纳入对其工作实绩的考核。接受培训教师的重点高校的主要职责:制定和完善教师培训管理办法,严格管理,保证培训质量;关心培训教师的思想、学习和生活,配合原学校做好工作;加强学校各部门的协调配合,为参加培训教师的学习提供必要条件。各级教育行政部门所属的高校师资培训机构,主要开展有关的师资培训、研究咨询、信息服务等工作,完成上级主管部门委托的其他任务。

3. 高校教师培训的形式

目前,我国高校教师培训的形式主要有岗前培训、助教进修班、骨干教师进修班、国内访问学者、国外进修等。

高校教师培训对象以青年教师为主,教师职务不同,其培训内容与方式也有所不同。助教培训以进行教学科研基本知识、基本技能的教育和实践为主,主要有岗前培训、教学实践、助教进修班、以毕业研究生同等学力申请硕士学位教师进修班、社会实践、计算机培训等形式。讲师培训以增加、扩充专业基础理论知识为主,注重提高教学水平和科研能力,主要有骨干教师进修班、短期研讨班、单科培训、出国培训、国内访问学者、在职攻读硕士或博士学位、以毕业研究生同等学力申请硕士或博士学位等形式。副教授培训主要是通过教学科研工作实践及学术交流,熟悉和掌握本学科发展的前沿信息,进一步提高学术水平,主要有短期研讨班、讲习班、国内访问学者、高级研讨班、出国培训等形式。教授主要通过高水平的科研和教学工作来提高学术水平。

4. 高校教师培训的考核与管理

教师培训时间在3个月以上的,应进行考核及鉴定,并记入业务档案,作为职务任职资格、奖惩等方面的依据。学校要依法保障教师参加培训的权利,教师应当服从学校安排的培训计划和培训形式。对于无正当理由拒绝接受培训的,培训成绩不合格的,培训期间违反校规校纪、影响恶劣的,由教师所在学校和接受培训教师的院校分别依据不同情况给予必要处理。

5. 高校教师培训的保障与有关待遇

教育行政部门和主管部门要设立教师培训专项经费。各高校的教育事业费中,要有一定比例用于教师培训。根据需要或计划参加培训的教师,学习及差旅费应由学校支付,其工资、津贴、福利、住房分配等待遇原则上应不受影响。培训期间已符合条件的教师,其职务任职资格评审不应受到影响。对于外出参加培训的教师,可根据各地不同物价水平和教师的实际困难,由学校给予一定生活补贴。

五、教师的考核与待遇制度

(一) 教师的考核

1. 教师考核的含义

教师的考核是指各级各类学校及其他教育机构依法对教师进行的考查和评价。教师考核制度是教师规范化管理制度的重要组成部分。

我国《教育法》第三十五条规定:"通过考核、奖励、培养和培训,提高教师素质,加强教师队伍建设。"《教师法》列专章对教师考核的机构、内容、原则、结果作了具体规定,为教师考核工作提供了法律依据。这不但有利于学校全面贯彻教育方针,提高教育质量和办学效益,而且有利于增强教师的事业心、责任感,调动教师的工作积极性和创造性,激励教师忠于职责,努力进取,不断提高政治思想和业务素质。

2. 教师考核的内容、原则和结果

教师考核由教师所在的学校及其他教育机构组织,学校及其他教育机构的主管教育部门负责指导和监督。

(1) 教师考核的内容

《教师法》第二十二条规定:"学校或者其他教育机构应当对教师的政治思想、业务水平、工作态度和工作成绩进行考核。教育行政部门对教师的考核工作进行指导、监督。"由此可见,教师考核内容主要包括以下四个方面:

政治思想。政治思想主要包括政治态度和职业道德。政治态度指教师坚持四项基本原则,遵纪守法,热爱祖国,拥护党的路线、方针和政策。职业道德主要包括爱岗敬业、教书育人等。2008年,教育部修订的《中小学教师职业道德规范》对中小学教师职业道德规范提出了六点要求,其基本内容包括爱国守法、爱岗敬业、关爱学生、教书育人、为人师表、终身学习。

业务水平。业务水平主要是指与教师所任职务相应的专业知识水平和业务能力其中,专业知识水平包括学历水平、专业知识理论和教育教学理论水平、工作经验、外语水平等。业务能力包括教育教学能力、科研能力、表达能力、管理学生的能力、创新能力等。

工作态度。工作态度是指教师在履行教育教学职责中的工作积极性、事业心和责任感,主要包括:教师是否履行其义务;治学态度如何,是否积极承担教育教学任务;是否关心学生;是否刻苦钻研业务、努力进取等。

工作成绩。工作成绩是指教师在教育教学中的成绩和贡献。它是教师政治思想、业务水平、工作态度的综合反映。教师的工作成绩主要包括工作量、教育教学质量及研究成果、论著等。

（2）教师考核的原则

《教师法》第二十三条规定："考核应当客观、公正、准确，充分听取教师本人、其他教师以及学生的意见。"据此，教师考核应当遵循以下原则：

客观性原则。客观性原则主要指对教师的考核要从客观实际出发，实事求是，全面地对教师作出合理的评价。坚持这项原则，要注意排除主观主义和非正常心理因素的干扰。

公正性原则。公正性原则主要指对教师的考核要严格按照考核的标准、程序和办法进行，对教师一视同仁，不偏不倚。考核公正与否直接关系教师考核工作的成败。

准确性原则。准确性原则是指在客观、公正的基础上，对教师作出与其实际表现相符的评价。这项原则要求严格依据考核内容和标准进行考核。对教师的优、缺点作出恰如其分的评价，并将教师本人的工作成果与其前期成果做纵向比较，与其同行做横向比较，将定性与定量有机结合起来，确保考核的准确度。

（3）教师考核的结果

《教师法》第二十四条规定："教师考核结果是受聘任教、晋升工资、实施奖惩的依据。"这是对教师考核结果效力的规定。一般来说，教师考核结果分为优秀、称职、不称职等层次。经考核优秀者，可优先升职，予以奖励；经考核称职者，可以续聘和正常晋升；经考核不称职者，可以低聘或者解聘。

（二）教师的待遇

1. 教师的工资待遇

教师的工资报酬是指教师的基础工资、职务工资、课时报酬、津贴、奖金等工资性收入。

《教师法》第二十五条规定："教师的平均工资水平应当不低于或者高于国家公务员的平均工资水平，并逐步提高。"教师的工资水平之所以与国家公务员相比是因为二者都具有为国家和社会负责的共同职责，建立正常的晋级增薪制度，也是提高教师工资水平的需要。

关于教师津贴，《教师法》第二十六条规定："中小学教师和职业学校教师享受教龄津贴和其他津贴，具体办法由国务院教育行政部门会同有关部门制定。"教龄津贴是根据教师从事教育工作的年限所给予的额外报酬，是鼓励教师长期安心从教的重要措施。根据国务院工资制度改革小组、劳动人事部发布的《关于教师教龄津贴的若干规定》，教龄津贴的一般标准为：教龄满5年不满10年的，每月3元；满10年不满15年的，每月5元；满15年不满20年的，每月7元；20年以上的，每月10元。教师的其他津贴包括班主任津贴、特殊教育津贴等，是对这些岗位教师多付出劳动的一种报酬补偿，也是按劳分配的体现。教育部、财政部、劳动部发布的《关于普通中学和小学班主任津贴试行办法》及教育部发布的《关于中等专业学校、盲聋哑学校班主任津贴试行办法》，对学校的班主任津贴的设置、标准等作了具体规定。

关于教师的补贴，《教师法》第二十七条规定："地方各级人民政府对教师以及具有中专以上学历的毕业生到少数民族地区和边远贫困地区从事教育教学工作的,应当予以补贴。"教师补贴是一种地区性补贴,其目的在于鼓励高学历人才到边远贫困地区从事教育工作,以促进当地教育事业的发展。

2. 教师的其他待遇

(1) 教师的住房

教师住房是教师待遇的重要方面,对此,《教师法》第二十八条规定:"地方各级人民政府和国务院有关部门,对城市教师住房的建设、租赁、出售实行优先、优惠。县、乡两级人民政府应当为农村中小学教师解决住房提供方便。"

就目前情况而言,教师住房由国家按技术职务和行政职务规定标准,按房改政策租给或售给。为了解决教师住房存在的问题,国家采取了诸如实施广厦工程、改造学校筒子楼工程等措施,逐步改善教师住房状况。各级政府和主管部门在城市住房方面要制定切实可行的计划,增加对教师住房建设的投资。住房制度改革要对教师住房的建设、分配、销售或租赁实行优先、优惠政策。县、乡两级人民政府要为农村公办教师和家在农村的教师建房提供优惠政策。

(2) 教师的医疗

《教师法》第二十九条规定:"教师的医疗同当地国家公务员享受同等的待遇;定期对教师进行身体健康检查,并因地制宜安排教师进行休养。医疗机构应当对当地教师的医疗提供方便。"新中国成立以来,根据有关政策规定,教师在医疗待遇上享受实报实销的公费医疗待遇。但在实际执行中,要从教育经费中列支。由于教育经费困难,医疗费用短缺,教师看病报销难的现象较为严重。《教师法》规定,教师同公务员享受同等医疗待遇,将会使教师的医疗得到较好的保障。在当前的医疗制度改革中,应根据这一原则,对教师实行倾斜政策,建立适合我国国情的,费用由国家、单位、个人合理分担,社会化程度较高的多种形式的教师医疗保险制度,并建立相应的医疗救济制度和老年人医疗补助制度。为了保护教师的身体健康,要定期对教师进行身体健康检查。医院和其他医疗单位要对教师的医疗提供方便。

(3) 教师的退休、退职

《教师法》第三十条规定:"教师退休或者退职后,享受国家规定的退休或者退职待遇。县级以上地方人民政府可以适当提高长期从事教育教学工作的中小学退休教师的退休金比例。"这些规定对稳定教师队伍,合理解决教师退休后的生活待遇问题提供了重要的法律保障。

按照国家有关规定,男教师满60周岁,女教师满55周岁,参加工作满10年的,视不同情况,其退休费可以发给其本人工资的60%～90%。教师退职可按国家规定办理并享受相应待遇。近些年来,许多地方通过立法,规定30年以上教龄的教师,可享受提高退休金比例的待遇。有的地方规定30年以上教龄的教师的退休金按原工资的100%发放,地方各级人民政府可从当地实际情况出发,对教师长期从教的年限和提高退休金的比例作出具体规定。

第四节　教师相关的法律关系

一、学校与教师的法律关系

学校与教师的法律关系因教师任用形式不同而有所不同。目前,我国教师的任用主要有两种形式,即教育行政部门分配教师和学校自主聘任教师。具体到一个学校,学校与教师的法律关系或者是因教育行政部门分配而产生,或者是因学校聘任而产生,或者是两种形式并存。由教育行政部门分配教师曾是我国长期以来实行的学校人事制度。在社会主义计划经济体制下,教师主要由教育行政部门向学校分配,学校无权自主选聘教师。教师按照教育行政部门的安排到学校任教,教育行政部门与教师是领导与被领导的行政法律关系。学校除对教师在教育教学上进行管理外,在人事上对教师并无管理权。

(一) 任命制下的学校与教师的法律关系

教师任命制是我国长期以来实行的学校人事制度。实行这种制度,学校和教师法律关系有一个共同点,那就是在很大程度上都是代表国家和社会的利益,带有公务性质的。特别是教师当以教育者身份出现,其权利义务是不得随意放弃的。世界上许多国家,如俄、英、法等国家均把中小学教师列入公务员的职务,普遍采用任命制。即中小学教师的工作既受国家的指导和监督,又由国家保护其权力和利益;享有职业上和身份上的双重保证。我国教师法及其相应的配套法规中,不仅规定教育行政部门及有关部门对教师工作给以指导、服务与监督,而且还就教师的资格、职务、职责等都作出了具体的规定,并赋予了学校自主行使管理权限的职能。《教师法》第五条规定:"学校和其他教育机构根据国家规定,自主进行教师管理工作。"在这里,学校实质上行使的是法律授权或教育行政机关委托对教师行使管理的职能。虽然学校是非行政机关,但由于有法律授权或行政机关的委托,加之学校本身就担负有一定的教育管理职能,它与教师之间就必然发生一定的教育行政关系而教师由于其职业上的特点和带有的"公务"性质,有义务在工作中服从学校的命令。其具体的表现形式就是任命制。

(二) 聘任制下的学校与教师的法律关系

目前,学校与教师的关系,正处于一个从教育行政部门分配向学校聘任制转变的过渡时期。随着社会主义市场经济体制的确立和教育管理体制改革的不断深入,教师的选用方式也发生了相应变化。我国《教师法》第十七条规定:"学校和其他教育机构应当逐步实行教师聘任制。"当前,虽然全国统一的教师聘任办法尚未出台,但作为改革的试点,不少地方根据当地实际情况,已经开始试行或者推行教师聘任制度,为制定全国统一的教师聘任办法积累了经验。由于我国地区之间的经济、文化和教育发展的不平衡,各级各类学校的层次类别、培养目标、管理权限各不相同,社会保障制度有待健全。就当前而言,中小学教师已开始由教育行政部门分配教师,变为逐步实行由学校聘任教师。实行教师由学校聘任是教师人事制度改革的方向。学校聘任教师,学校与教师的法律地位平等、双向选择,各自具有其相应权利与义务。随着教师聘任制度试点的深入和教师聘任办法政策的出台,聘任制将成为今后教师任用的主要形式。

实行教师聘任制,学校与教师的法律关系主要表现为以平等、自愿为基础的民事法律关系。这种民事法律关系的主要表现为:

(1)学校和教师之间关系的发生以当事人的自愿为前提,学校和教师可以互为双向选择,学校和教师处于平等地位,双方不存在行政隶属关系,尽管学校也有权对教师进行管理,但主要是依据聘任合同进行管理;

(2)学校和教师基于平等、自愿的原则签订聘任合同,通过合同明确规定双方的权利义务和责任,而且双方的权利有对等性;

(3)学校和教师之间的聘任关系遵循公平、等价有偿的原则,即教师受聘后,根据聘任合同确定的教师职务承担相应的教育教学工作,领取相应的工资,在其职务发生变化后其职务工资也相应发生变;

(4)聘用合同一经成立即具有法律效力,学校无正当理由,不得随意解聘教师,教师无正当理由,也不得随意辞聘,否则应承担相应的法律责任。《教师法》规定我国逐步实施教师聘任制。这是适应社会主义市场经济发展和教育改革的需要,在教师管理制度上的一项重大改革。长期以来,我国的教师是作为国家干部来对待的,教育行政机关给学校分配教师,并直接对学校的教师进行人事管理。这种教师任用制度曾经适应计划经济发展的需要,为我国的教育事业发展起到过积极的作用。但随着学校与教职员工之间除了不平等的管理与被管理的关系外,还有双方平等的民事法律关系。如教育法规定学校实行聘任制,教师及其他教学与辅助人员、专业技术人员,经评定具备任职条件的,由学校按照教师职务的职责、条件和任期给予聘任。在聘任过程中双方就是平等的民事法律关系,即双方遵循平等自愿的原则,由学校的校长与受聘人员签订合同。学校对符合条件的教职员工可以聘任,对不符合条件的教职员工可以不聘任;教职员工可以接受学校的聘任,也可以拒绝学校的聘任,聘任以自愿和平等协商为原则,双方因聘任合同产生的纠纷也应由民事法律规范来调整。

二、教师与学生的法律关系

(一)学生法律地位的含义

法律意义上的学生就是在依法成立或国家法律认可的学校及其他教育机构按规定条件具有或取得学籍,并在其中接受教育的公民。学生的法律主体地位表现在以下两点:

(1)学生作为法律关系的主体,既是法律关系中权利的享受者,也是义务的承担者。

（2）学生作为权利主体与义务主体的统一，在与教育行政机关、学校、教师形成的法律关系中享有公民的一切权利，如人格权、健康权、名誉权、财产权、受教育权等。在教育教学过程中，学生作为受教育者享有教育的平等权、公正评价权、物质帮助权等。而作为义务主体的国家、社会、家庭、学校则必须履行其法定义务，以满足学生作为权利主体实现其权利的基本要求，并不能侵害、妨碍或非法剥夺学生的公民权利和受教育权利。

（二）学生的基本权利和义务

1. 学生的基本权利

学生的基本权利是指教育法律赋予学生的在教育活动中享有的权利。根据《教育法》第四十三条规定，学生享有下列基本权利：

（1）参加教育教学计划安排的各种活动，使用教育教学设施、设备、图书资料，简称为"接受、享用教育的权利"。

（2）按照国家有关规定获得奖学金、贷学金、助学金，简称为"获取物质保障的权利"或"获取各种学金资助的权利"。它体现国家对为学生提供完成学业的物质保障的重视，也是学生的一项实质性权利。

（3）在学业成绩和品行上获得公正评价，完成规定的学业后获得相应的学业证书、学位证书，简称为"获得公正评价与相应证书的权利"。

（4）对学校给予的处分不服向有关部门提出申诉，对学校、教师侵犯其人身权、财产权等合法权益，提出申诉或依法提起诉讼，简称为"维护自身权益的权利"或"申请法律救济的权利"。它是公民申诉权和诉讼权在学生身上的具体体现。

（5）法律、法规规定的其他权利。

2. 学生的义务

学生的义务是指学生依照教育法及其他有关法律、法规，在参加教育活动中必须履行的义务。《教育法》第四十四条对在各级各类学校及其他教育机构的学生的基本义务专门作了规定，主要包括以下四个方面：

（1）遵守法律、法规。作为最广泛的教育法律关系主体，学生必须遵守宪法、法律、行政法规和依据法律、法规制定的规章，做到"知法、守法"。

（2）遵守学生行为规范，尊敬师长，养成良好的思想品德和行为习惯。这里的学生行为规范特指国家教育行政管理机关制定、颁发的关于学生行为准则的统一规定，它包括《小学生日常行为规范》《中学生日常行为规范》《高等学校学生行为准则（试行）》以及《小学生守则》《中学生守则》《高等学校学生守则》等。这些规章集中体现了国家对学生不同阶段，即小学生、中学生和高等学校学生政治、思想、品德等方面的基本要求，各级各类学校的学生应当遵守相应的行为规范，自觉养成良好的思想品德和行为习惯。

（3）努力学习，完成规定的学习任务。学习科学文化知识，完成规定的学业，使自己在德、智、体等方面全面发展，是学生的首要任务，也是学生区别于其他公民的一项主要义务。

（4）遵守所在学校或者其他教育机构的管理制度。学校及其他教育机构的管理制度，是确保学校及其他教育机构教育教学活动正常有序进行的基本措施，也是国家为实现教育权利而赋予学校及其他教育机构制定的必要纪律，学生有义务加以遵守和服从。

（三）教师与学生的法律关系

1. 在履行教师职务过程中与学生形成的管理关系

根据《教育法》《教师法》等有关教育法律、法规的规定，教师是履行教育教学职责的专业人员，承担教书育人、培养社会主义事业建设者和接班人、提高民族素质的使命。从教师履行职务的依据和性质看，具有明确的法律授权和委托，因而具有一定的执行公务性质。根据《教师法》第七条之规定，教师享有教育教学权和管理学生权，同时依法获得由教育主管部门认定和颁发的教师资格证书，并受聘于所在学校，其实质是教师代表教育主管部门或学校履行对学生的教育、教学和管理工作。在此过程中，教师处于管理者的地位，在法律规定的权限范围内有权根据教育规律和学生的身心发展特点因材施教，有针对性地指导学生的学习，并在学生的升学、就业等方面给予指导；有权对学生的思想品德、学习、文体活动、劳动等方面给予客观公正的评价；有权运用正确的指导思想和科学的方式方法，使学生的个性和能力得到充分发展；有权对学生的不良或违纪行为进行批评、引导和教育。而处于被管理者地位的学生，有义务参加教师按照教育教学计划安排的各项教育教学活动，服从教师的指导和管理，遵守学校的规章制度，努力学习，完成教师规定的各种学习任务。可见，教师在履行教师职务过程中和学生形成的管理与被管理的关系，具有纵向性、隶属性的行政法律关系的特点。

2. 在履行教师职务过程中与学生形成的平等关系

根据《教师法》第八条的规定，教师在执教活动中，有义务遵守宪法、法律和职业道德，为人师表；贯彻国家的教育方针，遵守学校的规章制度，执行学校的教学计划，履行教师聘约，努力完成教育教学工作任务；关心、爱护全体学生，尊重学生人格，促进学生在品德、智力、体质等方面全面发展；制止有害于学生的行为或者其他侵犯学生合法权益的行为，批评和抵制有害于学生健康成长的现象。虽然教师在履行教师职务过程中有权对学生进行教育和管理，但教师必须按照法定的权限和程序行使管理学生权，必须尊重和保护学生的合法权益。相应地学生有权要求教师尊重自己的合法权益，并对教师的教育、教学和管理行为进行监督；有权要求教师对自己的学业成绩和品行进行公正、客观评价；有权对教师侵犯其人身权、财产权、受教育权等合法权益的行为依法提出申诉或者提起诉讼。这一方面是教育法律对教师的必然要求，另一方面也是教育教学规律的必然要求。现代教育学认为，教与学的过程是一个教师与学生的合作互动过程，它应具备以下特征：提倡民主、平等，尊重学生的权利，使学生和其他社会成员一样有独立的人格；在师生交往中，培养民主、平等的氛围，形成尊师爱生的师生关系；在教育教学过程中，充分尊重学生的独立地位、主体意识和个性需要；在学生管理中，在尊重其权利的基础上,实行纪律约束与自我管理相结合,严格要求与宽容教育相结合。所以,无论是从教育法律的角度,还是从教育学的角度看,教师和学生之间都存在着相互尊重、相互合作、相互配合、相互监督和相互制约的关系,而这种关系具有横向性、平等性的民事法律关系的特点。

思考与练习

一、名词解释

教师 教师资格制度 教师职务制度 教师聘任制度

二、问题思考

1. 简述教师的法律概念。

2. 简述教师的权利。

3. 简述教师的义务。

4. 我国有关教师的法律制度主要有哪些?

三、案例分析

一天,上课铃响过后,王校长和往常一样,在教学大楼内巡视,当他走到一楼时,看见初一同学刘某低着头、默不作声地站在教室门口。

"不去上课,怎么站在外边?"

"是张老师让我出来的。"

"为什么?""因为我没完成作业。"

王校长把刘某带到教导处,先是对其不完成作业的行为进行了批评,随后又让他补上未完成的作业。

下课了,王校长找到张老师,对张老师说:"不准随便停学生的课,这是学校的规章制度,你怎么忘了?"

张老师笑着说:"校长,你讲得很对,我也知道不该这么做,但个别学生上课爱讲话,不按时完成作业,如果不吓唬一下不行,所以我就在班上宣布了这条纪律,谁违反了谁出去,再说,这个学生是我亲戚的孩子,一来可用他教育其他学生,二来落下的功课我可以给他补上。"

校长听后,思索了一会儿说:"你这种做法,听起来似乎有理,实际上是错误的。不管哪个学生,老师都无权停他的课。对学生的管理教育决不能采取与学校规定相违背的做法。这种做法也达不到教育学生的目的。这个学生,你还是先把他安排到班里去。"

根据相关法律法规,回答:

(1) 本案中张老师和王校长谁做得对?

(2) 你如何评价案例中校长、老师和学生各自的行为?

(3) 本案对我们有哪些启示?

第五章
教育法律责任

学习导航

【学习目标】

1. 了解教育法律责任概念。

2. 了解教育法律关系主体应承担的责任。

3. 掌握教育法律武器，依法维护教育主体的合法权益。

【本章重难点】

1. 教育法律责任的特点。

2. 学生伤害事故概念及原因分析。

3. 常见教育法律责任的认定。

微信扫码

获取配套资源

第一节　教育法律责任概述

一、教育法律责任的含义及特点

随着我国一系列教育法律、法规不断被制定和颁布,教育法律、法规体系框架已基本形成,教育法制建设取得了可喜的成绩。但与此同时,违反教育法规的行为却时有发生,究其原因,就在于执法不严,违法者没有受到应有的惩罚。所以,只有充分使违法者承担起与其行为相应的法律责任,违法行为受到应有的惩罚,才能真正维护法律的尊严,保证教育法律、法规得到真正的落实。

(一) 教育法律责任的含义

法律责任有广义、狭义之分。广义的法律责任和法律义务是同义词,如一般的守法义务、赡养义务等,法学上称其为"第一性义务"。狭义的法律责任是指法律关系主体实施了违法行为而必须承担的否定性的法律后果。这种否定性的法律后果,法学上又称"第二性义务",它具有强制性的责任。例如,殴打致人伤害,必须承担赔偿损失等相应的民事责任,情节严重的依法接受刑事处罚。违法的法律关系主体的直接强制性义务包括受制裁、强制和给予补救。目前人们通常在说到法律责任时,是在狭义上使用这个概念。

我们通常对教育法律责任定义为:教育法律责任是教育法律关系主体因实施了违反教育法的行为,依照有关法律、法规的规定应当承担的否定性的法律后果。由于行为人违反教育法律规范的程度不同,其所应该承担的教育法律责任也会有程度上、性质上的区别。从法律意义上理解教育法律责任,应当注意以下问题。

首先,教育法的法律责任与违法行为紧密相连。存在违反教育法律、法规的行为,是教育法的法律责任的前提。也就是说,教育法的法律责任,是针对违反教育法律、法规的行为设立的,是只有在发生了违反教育法的行为之后才会出现的一种法律后果。这些违法行为既包括不履行教育法规的义务,也包括侵犯其他主体由教育法规定的权利。遵守教育法律、法规的行为就不会产生这种法律后果。

其次,法律后果的承担者,是遵守教育法律、法规义务的特定教育法律关系主体,不仅指公民个人和社会团体,还包括国家行政机关和学校,体现了教育法的一种特殊的强制力。

最后,教育法的法律责任与法律制裁紧密相连,表现为一种否定性的法律后果,是国家对违反教育法律、法规行为的不赞许态度。其实质是统治阶级运用法律制裁的方式对规避教育法定义务、超越教育法定权利界限或滥用权利的违法行为所作的法律上的否定性评价和谴责,是国家强制矫正违法者的违法行为,从而补救受到侵害者的合法权益,恢复被破坏的教育法律关系和教育法律秩序的手段,是社会主义法制"违法必究"

原则的具体体现。

（二）教育法律责任的特点

教育法的法律责任与其他社会责任（政治责任、道德责任等）相比,具有以下特点。

第一,必须有法律明文的规定。对教育活动中的哪些行为应当追究法律责任,由谁来追究,以及法律责任的种类,都必须在有关教育的法律、法规或其他法律、法规中有明文的规定。《教育法》第九章、《教师法》第八章、《义务教育法》第七章和《义务教育法实施细则》第七章等,就有关于法律责任的明文规定。

第二,以国家强制力保证执行。对于违反教育法律、法规行为的追究,是以国家强制力来保证实施的,并且对于所有的违法者和一切违法行为都普遍予以制裁,具有普遍约束力。对于其他社会责任的追究就不具有强制性。

第三,由违法的教育法律关系主体所承担。无论是自然人还是法人,均必须处在教育法律关系中,其行为侵犯了教育法规定的权利和违反教育法规定的义务,才会导致教育法律责任产生。如果不处在教育法律关系中,其行为不影响教育法规定的权利、义务,就不会导致教育法律责任产生。

第四,由国家专门机关或国家授权机关依法追究。对违反教育法的行为人,追究法律责任的主体,必须是教育法律、法规授权的特定的国家机关或组织,其他任何组织或个人都无权行使这种权力。

二、教育法律责任的种类

往往可以从不同的角度,或者按照不同的分类依据,将法律责任区分为不同的类型。教育法根据违法主体的法律地位和违法行为的性质,规定了承担法律责任的三种主要方式,即行政法律责任、民事法律责任和刑事法律责任。

（一）行政法律责任

行政法律责任是指行政法律关系主体由于违反行政法律规范,构成行政违法而应当依法承担的否定性法律后果。因为现行教育法的相当一部分规定是以政府及其教育行政部门为一方,调整教育活动中的行政关系,具有行政法的属性,违反教育法律、法规的行为本身就带有行政违法性,所以行政法律责任是违反教育法的最主要的一种法律责任。在实际工作中,对于违反教育法律、法规的行为追究法律责任,主要是追究行政法律责任。

根据《教育法》《义务教育法》《义务教育法实施细则》等法律、法规的规定,违反教育法的行政法律责任的承担方式主要有两类,即行政处罚和行政处分。

行政处罚是国家行政机关依法对违反行政法律规范的组织或个人进行惩戒、制裁的具体行政行为。行政处罚的种类很多,教育法涉及的行政处罚有警告、通报批评、消除不良影响、罚款、没收、责令停止营业、吊销营业执照和许可证、取消资格、责令限期清退或修复、责令赔偿、拘留等。

行政处分是根据法律或国家机关、企事业单位的规章制度,由国家机关或企事业单位给予有违法失职行为或违反内部纪律的所属人员的一种制裁。行政处分有时也称"纪律处分",共有8种:警告、记过、记大过、降级、降职、撤职、开除留校察看、开除。

行政责任应由国家机关依照相关行政法律规定的条件和程序予以追究,人民法院或有关行政机关依法拥有此项权力。

(二)民事法律责任

民事法律责任是指行为人由于民事违法行为而应承担的法律后果。我国民法调整平等主体之间的财产关系和人身关系,民事违法行为的典型是侵权行为和不履行义务的行为,因此,民事责任的重要特点之一是它主要表现为一种财产上的责任。教育法的民事法律责任是教育法律关系主体违反教育法律、法规,破坏了平等主体之间正常的财产关系或人身关系,依照法律规定应承担的民事法律责任,是一种以财产为主要内容的责任。《教育法》第八十三条对违反教育法的民事责任作出了原则规定:"违反本法规定,侵犯教师、受教育者、学校或者其他教育机构的合法权益,造成损失、损害的,应当依法承担民事责任。"在义务教育方面,根据《义务教育法》和《义务教育法实施细则》的规定,下列行为应当承担相应的民事法律责任:① 侵占、破坏学校的场地、房屋和设备的;② 侮辱、殴打教师、学生的;③ 体罚学生的;④ 将校舍、场地出租、出让或者移作他用,妨碍义务教育实施的。

根据《民法通则》的规定,承担民事法律责任的主要方式有:① 停止侵害;② 排除妨碍;③ 消除危险;④ 返还财产;⑤ 恢复原状;⑥ 修理、重作、更换;⑦ 赔偿损失;⑧ 支付违约金;⑨ 消除影响、恢复名誉;⑩ 赔礼道歉。还可以予以训诫、责令具结悔过、收缴进行非法活动的财物和非法所得、罚款、拘留。

一定条件下,民事责任可以由当事人协商解决。民事责任既有个人责任,也有连带责任或由相关人负替代责任。

(三)刑事法律责任

刑事法律责任是指行为人实施刑事法律禁止的行为所必须承担的法律后果。在现实生活中,违法行为的种类很多,违法的程度也有很大差别,国家只对达到犯罪程度的违法行为追究刑事责任,这是刑事法律责任与其他两种法律责任的重要区别之一。

刑事责任是一种惩罚最为严厉的法律责任。刑事责任的特点表现为:

第一,承担刑事责任的依据是严重违法,即由犯罪行为引起,社会危害性大。一般的违法行为,不触犯刑法的行为,不承担刑事责任。

第二,认定和追究刑事责任的是审判机关,即只有人民法院按照刑事诉讼程序才能决定行为人是否应承担刑事责任。其他机关没有这项权力。

教育法的刑事法律责任是指行为人实施的违反教育法的行为,同时触犯了刑法,达到犯罪的程度时,必须承担的法律后果。

《教育法》第七十一条、第七十二条、第七十三条、第七十七条对挪用、克扣教育经费,扰乱教育教学秩序,破坏校舍、场地及其他财产,招生中徇私舞弊的行为追究刑事责任作了规定。在义务教育方面,根据《义务教育法》第六十条和《义务教育法实施细则》第七章的规定,依法应当追究刑事责任的行为有以下六种:① 侵占、克扣、挪用义务教育经费;② 扰乱实施义务教育学校的教学秩序情节严重的;③ 侵占或者破坏校舍、场地和设备情节严重的;④ 侮辱、殴打教师、学生情节严重的;⑤ 体罚学生情节严重的;⑥ 玩忽职守致使校舍倒塌,造成师生伤亡事故情节严重的。

以上各种违法行为中,大部分是以情节严重作为追究刑事责任的必要条件。不同行为中的"情节严重"的含义是不同的。比如,体罚学生"情节严重"是指体罚学生的手段恶劣,或者致学生重伤等情况。又如,玩忽职守致使校舍倒塌,造成师生伤亡事故"情节严重",是指明知是危险校舍而不向上级报告或拖延不予处理,致使校舍倒塌,造成死亡1人以上,或者重伤3人以上等情节。

追究刑事法律责任往往表现为给予行为人刑事制裁,即人民法院依法对犯罪人员运用的刑罚。我国刑法规定的刑罚分为主刑和附加刑两类。主刑包括管制、拘役、有期徒刑、无期徒刑和死刑五种;附加刑包括罚金、剥夺政治权利、没收财产三种。在人民法院审理案件时,对犯罪人员依违反教育法律、法规的不同行为和情节给予上述种类的刑事制裁。

在实践中,我们应当注意的是,对于违反教育法律、法规的行为,追究法律责任的方式不局限于一种,可以在追究行政法律责任的同时,追究刑事法律责任或民事法律责任,三种形式也可并处。比如,对于玩忽职守致使校舍倒塌,造成师生重大伤亡事故的行为人,就可以在追究其刑事法律责任的同时,追究行政法律责任,即判刑的同时给予行政处分。

除上述三种法律责任外,违反教育法有时还承担经济法律责任,主要是当事人违反经济合同的法律责任。

三、教育法律责任的构成要件

教育法律责任的构成要件是指行为人承担教育法律责任必须具备的标准或必要条件。教育法律关系主体只有具备教育法律责任的归责要件,才被认定为教育法律责任主体,承担相应法律后果。

教育法律关系主体只有具备以下四个教育法律责任的构成要件,才被认定为教育法律责任主体,才应该承担相应的法律后果。

(一) 有损害事实

有损害事实即有侵害教育管理、教学秩序及从事教育教学活动的公民、法人和其他组织的合法权益的客观事实存在。这是构成教育法律责任的基本前提条件。通常,教育法律责任损害的事实包括:① 损害是已发生的、客观存在的,将来的损害如果必然发生,也视为已经发生的现实损害。例如,对未成年人造成的身心摧残,就其将来就业能力而言,就是确定的、现实的损害。② 损害的权益是受教育法律保护的权益,是责任人侵犯了教育法律规定的权利和违反了教育法律规定的义务所承担的实际后果。

（二）损害的行为必须违反教育法

损害的行为必须违反教育法即责任人实施了违反教育法律规定的行为。如果责任人的行为违反了其他法律，而未触及教育法，他所应承担的就不是教育法的法律责任，而是其他法律责任，这是构成教育法律的前提条件。这里的违法行为包括直接违反宪法、教育法律、法规的作为和不作为。

（三）行为人主观上有过错

这里的过错是就行为人造成他人损害时的心理状态而言的。它是指侵害行为出于主观上的恶意，希望或促成损害的发生，如殴打教师和学生，或教师体罚学生，情节严重的。过失有广义、狭义之分：广义的过失包括故意；狭义的过失是指对于可能发生的损害应当预见而未预见，或已经预见而轻信自己能够避免。例如，学校应对全体教职员工和学生进行安全教育和制定应急防范措施而未做，对存在的安全隐患不加整改，造成严重后果的。再如，教师在教育方式不当，对学生进行人格侮辱后，学生因不堪忍受而自杀。

（四）违法行为与损害事实之间具有因果关系

可以这样说，违法行为是导致损害事实发生的原因，损害事实是违法行为造成的必然结果，二者之间存在着必然的因果关系。前者决定后者的发生，后者是前者的必然结果，因果关系是承担法律责任的重要条件之一。

四、教育法律责任的归责原则

法律责任的归责原则是指确认和承担法律责任时必须依照的标准和准则。学校教育活动中产生的法律责任在绝大多数情况下都是侵权导致的民事法律责任，根据我国《民法通则》，这种民事法律责任的追究，主要适用过错责任原则、过错推定原则、公平责任原则和无过错责任原则。

（一）过错责任原则

所谓过错责任，是指以过错作为归责的构成要件和归责的最终要件，同时，以过错作为确定行为人责任范围的重要依据。我国《民法通则》第一百零六条规定："公民、法人由于过错侵害国家的、集体的财产，侵害他人财产、人身的应当承担民事责任。"这一规定表明我国民事立法已将过错责任原则以法律形式固定下来，确认了它作为一般归责原则的法律地位。

（二）过错推定原则

推定，是指根据已知的事实所进行的推断和确定。过错推定，也称为过失推定，是指如果原告能证明其所受的损害是由被告所致,而被告不能证明自己没有过错,则应推定被告有过错并应承担民事责任。我国《民法通则》第一百二十六条规定:"建筑物或者其他设施以及建筑物上的搁置物、悬挂物发生倒塌、脱落、坠落造成他人损害的,它的所有人或者管理人应当承担民事责任,但能够证明自己没有过错的除外。"这一规定以立法的形式确认了过错推定原则的合法地位。

(三) 公平责任原则

公平责任是指当事人双方在造成损害时均没有过错的情况下,由人民法院根据公平的原则,来判定当事人对受害人的财产损失给予适当的补偿。《民法通则》第一百三十二条规定:"当事人对造成损害都没有过错的,可以根据实际情况,由当事人分担民事责任。"这一规定是公平责任原则的重要法律依据。此外,《民法通则》在多个条文中都规定了公平责任,从而使公平责任上升为一项归责原则。

(四) 无过错责任原则

无过错责任,也称为无过失责任,是指当损害发生后,当事人无过错也要承担责任的一种法定责任形式,其目的在于补偿受害人受到的损失。我国《民法通则》第一百零六条规定:"没有过错,但法律规定应当承担民事责任的,应当承担民事责任。"这一规定是无过错责任原则的法律依据。

追究法律责任只有遵循上述原则,严格依据法律,根据违法行为的性质、种类和社会危害程度,实事求是地追究违法者的法律责任,使其得到相应的法律制裁,才能真正有效地教育公民,减少违法犯罪活动。

除此之外,在我国的法律实践中,确认和承担法律责任还需要遵循下列几项重要的原则:

(1) 责任法定原则,即法律责任必须在法律上有明确具体的规定,任何人都不得向他人实施和追究法律明文规定以外的责任。

(2) 责任自负原则,即只有实施了违法行为的人才独立承担相应的法律责任;在追究当事人法律责任时不允许株连他人。

(3) 违法行为与法律责任相适应原则。

(4) 责任平等原则。任何违法行为都必须受到追究,任何人都没有逃避法律责任的特权。

(5) 惩罚与教育相结合原则。对违法的惩罚只是手段,目的是教育违法者和其他公民避免重蹈覆辙,增强守法的自觉性。

五、教育法律责任的主要方式——法律制裁

教育法律责任的形式是指法律对教育违法者追究法律责任的具体方式或措施。教育法律责任的形式有制裁、补救和强制。

(一)制裁

制裁即惩罚,是最严厉的责任形式。制裁的作用主要是预防和矫正。当教育法律关系受到破坏已无法挽回,教育秩序、教育教学活动遭到严重破坏时,执法只能通过制裁表明秩序的不可侵犯性,以儆效尤。制裁手段表现在教育法律责任上有以下四种形式。

1. 对人身的制裁(人身罚)

例如,《教育法》第七十二条规定:"结伙斗殴、寻衅滋事,扰乱学校及其他教育机构教育教学秩序或者破坏校舍、场地及其他财产的,由公安机关给予治安管理处罚;构成犯罪的,依法追究刑事责任。"这就是对人身的制裁。

2. 限制行为能力(能力罚)

限制行为能力包括吊销许可证,取消考试、入学报名资格,取消颁发证书的资格,停考,撤销招生工作职务等。《教育法》第八十二条规定:"学校或者其他教育机构违反本法规定,颁发学位证书、学历证书或者其他学业证书的,由教育行政部门或者其他有关行政部门宣布证书无效,责令收回或者予以没收;有违法所得的,没收违法所得;情节严重的,责令停止相关招生资格一年以上三年以下,直至撤销招生资格、颁发证书资格;对直接负责的主管人员和其他直接责任人员,依法给予处分。"

3. 剥夺财产(财产罚)

剥夺财产包括罚款、没收财产、没收非法所得、没收违法工具等。《义务教育法》第五十六条规定:"学校以向学生推销或者变相推销商品、服务等方式谋取利益的,由县级人民政府教育行政部门给予通报批评;有违法所得的,没收违法所得;对直接负责的主管人员和其他直接责任人员依法给予处分。国家机关工作人员和教科书审查人员参与或者变相参与教科书编写的,由县级以上人民政府或者其教育行政部门根据职责权限责令限期改正,依法给予行政处分;有违法所得的,没收违法所得。"

4. 申诫罚

申诫罚包括取消荣誉称号、谴责、通报、训诫、责令道歉、警告等。《高等教育自学考试暂行条例》第三十七条规定:"高等教育自学考试应考者在考试中有夹带、传递、抄袭、换卷、代考等舞弊行为以及其他违反考试规则的行为,省考委视情节轻重,分别给予警告、取消考试成绩、停考一至三年的处罚。"

(二)补救

补救是责令教育法律关系主体停止继续违反教育法律规范的行为,并通过一定方式的作为来弥补造成的损害。补救的主要作用是制止对教育法律关系的侵害以及恢复有序的教育法律关系。补救的手段包括财产上的赔偿、补偿,精神上的慰藉以及对不法行为的否定。

1. 财产上的补救

财产上的补救主要包括返还财产、恢复原状、支付赔偿金、赔偿损失、对合法行为造成的损失给予补偿等。

2. 精神补救

精神补救是对违法侵害公民、法人或其他组织姓名权、名誉权、名称权、荣誉权等所给予的补救,主要指消除影响、恢复名誉、赔礼道歉等。

3. 对违法行为的否定

对违法行为的否定主要指停止侵害、纠正不当(例如,宣告不当行为无效,撤销、变更不当决定,裁决停止执行错误的决定)、排除妨碍、消除危险、返还权益等。

(三) 强制

强制是指迫使违法者履行原有的教育法定义务或新追加的作为惩戒的义务。它与制裁不同,从教育法的权利、义务角度说,制裁实际上是对违法者权利的剥夺,或者是使违法者承担一项新的义务,目的是使违法者引以为戒,今后不再犯。强制却不如此,一般来说,强制是强迫违法者履行教育法定义务,包括因制裁而引起的新义务,从这点上说,强制是使违法者承担责任的最后手段。制裁与强制的区别主要体现在:

强制的实质在于强制违法者履行其依法应当履行的义务,而制裁的实质则是剥夺违法者的某种权利。例如,教育行政机关对违法者的财物采取的冻结、划拨等强制措施,都是限制违法者财产的使用权,以保证以后制裁决定的执行或达到违法者主动缴纳相同款项的状态。而作为制裁的罚款、没收等形式则剥夺了违法者财产的所有权。

强制一般是在案件查处过程中采取的措施,而不是对违法者的问题作出处理或结论。例如,《义务教育法》第五十八条规定:"适龄儿童、少年的父母或者其他法定监护人无正当理由未依照本法规定送适龄儿童、少年入学接受义务教育的,由当地乡镇人民政府或者县级人民政府教育行政部门给予批评教育,责令限期改正。"这里就是指强制。而制裁则是在案件查清之后,对违法者作出的惩罚。例如,《义务教育法》第六十条规定:"违反本法规定,构成犯罪的,依法追究刑事责任。"在这里,对构成犯罪的,依法追究刑事责任,就是制裁。

第二节　教育法律关系主体应承担的责任

教育法律责任主体,是指承担教育法律责任的对象。根据我国教育法律、法规的有关规定,教育法律责任主体的范围包括国家教育行政机关和其他国家机关及其工作人员,实施教育教学活动的学校、校长和教师、学生,义务教育阶段适龄儿童、少年的父母或其他监护人,其他负有遵守教育法义务的公民和法人。

从教育法律关系及法律责任内容的角度来看,各教育法律责任主体可能承担的具体责任包括以下几方面。

一、教育行政机关和其他行政机关的法律责任

行政机关承担法律责任主要是补救性的,其实际做法包括:承认错误、赔礼道歉、恢复名誉、消除影响、履行职务、撤销违法决定、纠正不正当行为、返还权益、赔偿等。从国内外的教育法律实践看,赔偿是行政法律责任的最主要形式之一,也是一种非常重要的补救措施。

对教育行政机关及其他国家机关,法律、法规尚无制裁性法律责任形式。目前个别法律、法规的规定及实际做法有:通报、改组、撤销和经济制裁等。对于强制性法律责任形式,依照《行政诉讼法》的规定,行政机关拒绝履行判决、裁定、调解书的,第一审人民法院可以采取以下措施:① 对应当归还的罚款或者应当给付的款额,通知银行从该行政机关的账户内划拨;② 在规定期限内不履行的,从期满之日起,对该行政机关负责人按日处 50 元至 100 元的罚款;③ 将行政机关拒绝履行的情况予以公告;④ 向监察机关或者该行政机关的上一级行政机关提出司法建议,接受司法建议的机关,根据有关规定进行处理,并将处理情况告知人民法院;⑤ 拒不履行判决、裁定、调解书,情节严重,构成犯罪的,依法追究主管人员和直接责任人员的刑事责任。

二、教育行政机关和其他行政机关的工作人员的法律责任

对行政工作人员的制裁性法律责任主要有:警告、记过、记大过、降级、降职、撤职、开除公职等。补救性法律责任形式,依据《行政诉讼法》的规定,行政机关工作人员作出的具体行政行为侵犯公民、法人或者其他组织的合法权益造成损害的,由该行政机关工作人员所在的行政机关负责赔偿。行政机关赔偿损失后,应当责令有故意或者重大过失的行政机关工作人员承担部分或者全部赔偿费用。

三、实施教育教学活动的学校与校长的法律责任

学校承担的制裁性教育法律责任主要有:通报批评、整顿(含领导班子的整顿)、勒令停办停招、取缔,取消学校发放毕业证书和其他学业证书的资格,宣布考试无效或取消举办考试资格,没收违法所得等。对国家设立的普通全日制学校,一般不宜采取罚款或取缔的处罚形式,对这类学校的处罚不能影响其完成国家教育任务及义务教育制度的实施,不能使学校和几个人的过错而造成的处罚影响学生受教育的权利。可依违法的性质和程度给予相应的行政、民事乃至刑事处罚,其承担形式有:撤销行政职务、行政处分、罚款、刑事制裁等。例如,《教育法》第七十三条规定:"明知校舍或者教育教学设施有危险,而不采取措施,造成人员伤亡或者重大财产损失的,对直接负责的主管人员和其他直接责任人员,依法追究刑事责任。"再如,《教育法》第七十七条规定,"在招收学生工作中滥用职权、玩忽职守、徇私舞弊的,由教育行政部门或者其他有关行政部门责令退回招收的不符合入学条件的人员;对直接负责的主管人员和其他直接责任人员,依

法给予处分"。这是行政法律责任。《教育法》第八十三条规定,"侵犯教师、受教育者、学校或者其他教育机构的合法权益,造成损失、损害的,应当依法承担民事责任"。

四、有关教师的法律责任

对教师追究其教育法律责任的形式主要有:撤销或取消教师资格、行政处分或者解聘。《教师资格条例》第十九条规定,对弄虚作假、骗取教师资格的;品德不良、侮辱学生,影响恶劣的,撤销其教师资格,并在 5 年内不得重新申请认定教师资格。《教师法》第三十七条规定,对故意不完成教育教学任务给教育教学工作造成损失的;体罚学生经教育不改的;品行不良、侮辱学生,影响恶劣的,给予行政处分或者解聘,教师有后两项情形之一,情节严重,构成犯罪的,依法追究其刑事责任。

五、有关学生的法律责任

由于学生是特殊的教育法律责任主体,他们既不是工作人员,也没有固定的经济收入,对学生违反教育法律、法规的行为,既不能采取一般的行政处分形式,也不宜采用罚款形式,一般采用纪律处分,如警告、记过、留校察看。需要指出的是,对学生的纪律处分,是否为追究学生违反教育法律法定义务的责任承担形式,尚有争议,但经过法定程序所授权的"学校纪律处分",已不是一般意义上的纪律处分,即使尚未明确授权,但其实质仍然是对违反法定义务的一种处罚,而这种处罚恰恰是教育法律责任所特有的。

六、有关家长或其他监护人的法律责任

监护人本身并不负有接受义务教育的义务,但因其监护的对象是处在接受义务教育的法定年龄段的学龄儿童,因而就要对监护对象不到学校接受义务教育承担法律责任,这在多数国家的教育法中都有类似规定。例如,英国的《1944 年教育法》规定,在学校注册的学生有属于义务教育年龄的儿童不能按学校规定到校上学者,该儿童的家长即成为违反本条例规定的违法者。依据我国《义务教育法实施细则》的规定,适龄儿童、少年的父母或者其他监护人未按规定送子女或其他被监护人就学接受义务教育的,应对其进行批评教育,经教育不改的,可视具体情况处以罚款并采用其他措施使儿童、少年就学。

七、其他负有遵守教育法义务的公民和法人的法律责任

依据侵犯教育法的内容和性质来分,违反教育经费管理规定的,包括不按规定划拨教育经费,侵占、克扣、挪用教育经费,拖欠教职工工资、不按规定收费等,对其直接负责的主管人员和其他责任人员,给予行政处分,情节严重构成犯罪的,追究刑事责任;破坏学校正常教育教学秩序的,非法侵害学校权益的,侵犯教师、学生合法权益的等,将依法承担刑事法律责任、民事法律责任、行政法律责任。

第三节　常见教育法律责任的认定

一、扰乱教育秩序、破坏、侵占学校财产的法律责任

教育法律责任的认定,就是认定哪些是违反教育法的行为和由谁来追究这些违法行为的法律责任。本文仅就教师可能成为教育法律责任主体或直接关系到教师个人权益的有关教育法律作简要分析。

(一)《教育法》第七十二条:结伙斗殴、寻衅滋事,扰乱学校及其他教育机构教育教学秩序的

1. 行为分析

上述行为,主要表现为在学校及其他教育机构内或周围结伙斗殴、寻衅滋事。所谓结伙斗殴,是指出于私仇宿怨或其他动机而成帮结伙地进行斗殴;所谓寻衅滋事,是指在学校及其他教育机构无事生非,肆意挑衅,起哄捣乱,进行破坏骚扰,如无理取闹,调戏女学生等。学校及其他教育机构内部工作人员实施上述行为,一般是因与领导或同事之间闹矛盾、纠纷或者因对工资、待遇等方面不满。其他单位的人员实施上述行为,有的是因为私怨,有的是因单位与学校及其他教育机构之间闹纠纷,还有的纯属无理取闹,扰乱教育秩序,违反了《教育法》《治安管理处罚法》或《刑法》。

2. 法律责任主体

法律责任主体主要是实施上述违法行为的公民个人,包括社会人员和学校、其他教育机构的工作人员以及其他单位的直接责任人员。

3. 执法机关及处理

根据情节轻重及危害后果,分别给予以下处理:① 情节较轻,危害后果和影响不大,可由主管部门批评教育直至行政处分;② 情节较重,致使学校及其他教育机构的教育教学秩序、工作秩序遭到破坏,正常工作无法进行,或者造成其他危害后果的,由当地公安机关给予治安管理处罚;③ 情节严重构成犯罪的,由人民法院给予刑事制裁。

(二)《教育法》第七十二条:破坏校舍、场地及其他财产的

1. 行为分析

上述行为是指偷盗、抢夺或哄抢,毁损学校房屋、设备、教学器材或其他物资,使校舍、场地及其他财产的价值或使用价值部分或全部地丧失。情节较轻的,是一般违反治安管理的行为;情节较重构成犯罪的,是故意毁坏财物罪。

2. 法律责任主体

法律责任主体主要是实施上述违法行为的公民个人,具体同上一行为的主体。

3. 执法机关及处理

根据情节轻重及危害后果,分别给予处理,具体执法机关及处理同上一行为所述。

二、使用危险教育设施造成人员伤亡或重大财产损失的法律责任

(一) 行为分析

使用危险房屋进行教育教学活动,违反了《教育法》,同时违反了《未成年人保护法》。明知校舍或者教育教学设施有危险,而不采取措施,造成人员伤亡或重大财产损失的,属于犯罪行为,按玩忽职守罪论处。犯罪的主观方面,是明知有危险,却放任或者轻信能够避免危害后果发生。犯罪的客观方面,是责任主体的行为,一般表现为严重不负责任,不履行或不正确履行职责,即不采取任何措施,听之任之,漠不关心,或者认为可以侥幸避免危险,主要情形有:① 负责房屋维修及教育教学设施的购买、保管、维护的单位和个人,不认真履行职责,发现隐患不及时报告或通知有关人员的;② 设计、建造校舍及设计、生产教育教学设施的单位及个人,在设计、建造、生产过程中因设计失误,粗制滥造及偷工减料造成安全的隐患,已发现、察觉有危险而不及时采取补救措施或故意隐瞒真相,欺骗学校及有关人员的;③ 学校及其他教育机构的负责人、教师及其他员工,已经知道或发现校舍、教育教学设施不安全,可能发生危险事故,不及时报告或采取有效措施进行预防和修缮的;④ 教育及其他有关主管部门、当地人民政府的有关负责人员,在得知有关事故隐患或险情报告后,推脱搪塞,久议不决或玩忽职守及严重官僚主义的。以上犯罪行为侵犯了学校及其他教育机构的正常教育活动,侵犯了受教育者的人身权利,对公共财产、国家和人民的利益造成重大损失。司法实践中,造成人员伤亡或者重大财产损失,一般是指死亡一人以上或者重伤三人以上的,直接经济损失5万元以上的情形。

(二) 法律责任主体

该种犯罪行为的主体包括教育主管部门、基层人民政府、学校及其他教育机构的负责人或其他责任人员。

(三) 执法机关及处理

由人民法院对明知校舍或者教育教学设施有危险,而不采取措施,造成人员伤亡或者重大财产损失的直接负责的主管人员和其他直接责任人员,追究刑事责任。

三、违法办学、招生、颁发学业学位证书及向学生收费的法律责任

(一)《教育法》第七十五条:违反国家有关规定,举办学校或者其他教育机构的

1. 行为分析

根据《教育法》规定,设立学校必须具备应有的基本条件,包括有组织机构和章程,

有合格的教师,有符合规定标准的教学场所及设施、设备,有必备的办学资金和稳定的经费来源。管理上实行批准设立制度和登记注册制度。举办教育机构,必须经主管机关批准或者经主管机关登记注册才能取得合法地位,并受法律保护。违背《教育法》及其他有关法律、法规、规章关于教育机构设置管理的规定举办的学校或其他教育机构是非法的。非法举办学校及其他教育机构的行为主要有:① 不经批准或登记注册擅自举办教育机构,并且经教育主管部门责令限期改正而逾期不予改正的;② 不符合国家规定的设置标准,弄虚作假,骗取主管机关批准或登记注册的;③ 实施了以营利为目的的办学行为。

2. 法律责任主体

法律责任主体主要包括实施上述行为的企事业单位、社会团体、其他社会组织、公民个人以及一些国家机关。

3. 执法机关及处理

对非法举办的学校,由教育行政部门予以撤销;对有违法所得的,由教育行政部门或政府授权的其他行政机关没收违法所得;由主管部门追究直接负责的主管人员和其他直接责任人员的行政责任,依法给予行政处分。

(二)《教育法》第七十六条:违反国家有关规定招收学生的

1. 行为分析

违反国家规定招收学生的行为,是指未经有关部门批准而招收学生,以及未按批准的范围、层次、人数等招收学生,违反了《教育法》,主要情形有:① 未经批准,不具备办学资格和相应办学权限的主体乱办学、乱办班、违法招生;② 擅自更改招生计划,超额、超计划招生;③ 违反有关规定,招收旁听生、试读生,办"超前班"或利用函授、夜大的生源计划办脱产班;④ 应纳入统一招生范围的,不通过统一入学考试自行招生;⑤ 办专业证书班,不按规定履行审批手续,擅自降低入学条件;⑥ 弄虚作假,混淆学历教育与非学历教育的界限,进行欺骗招生;⑦ 其他违反规定乱招学生,给招生管理带来损害和在社会上造成不良影响的。

2. 法律责任主体

法律责任主体主要包括实施上述行为的学校及其他教育机构或其他社会组织和个人。

3. 执法机关及处理

由教育行政部门责令退回招收的学生,退还所收取的费用;由主管部门对直接负责的主管人员和其他直接责任人员,依法给予行政处分。

（三）《教育法》第八十二条：违反本法规定，颁发学位证书、学历证书或者其他学业证书的

1. 行为分析

学业证书制度和学位制度是我国的基本教育制度。根据《教育法》规定，颁发学业证书有三个法律要件：一是必须"经国家批准设立或认可"；二是必须是"学校及其他教育机构"，而不能是其他机关、部门或单位；三是按照国家有关规定颁发，不得随便颁发。三个要件缺一不可，必须同时具备才行。违法颁发学位证书、学历证书或其他学业证书的主要情形有：① 不具有颁发学业证书和学位证书资格而发放学业证书、学位证书；② 伪造、编造、买卖学业证书、学位证书；③ 在颁发学业证书、学位证书中弄虚作假、徇私舞弊；④ 对不符合规定条件的受教育者和其他人员颁发学业证书、学位证书；⑤ 滥发学业证书、学位证书，从中牟利。

2. 法律责任主体

法律责任主体主要是学校、其他教育机构及其工作人员。

3. 执法机关及处理

执法机关根据具体情节予以如下处理：① 由教育行政部门或者其他有关行政部门宣布证书无效，责令收回或者予以没收。教育行政部门对违反规定颁发的学业证书，可采取下达通知、公告等方式不予承认；责令违法颁发证书的机构收回已颁发的证书或者由教育行政部门直接予以没收。② 对学校及其他教育机构、有学位授予权的科研机构，在违法颁发证书过程中有违法所得的，由教育行政部门或授权的其他国家机关没收违法所得。③ 对情节严重的，由教育行政部门取消其颁发学业证书的资格。

（四）《教育法》第七十八条：学校违法向学生收费的

1. 行为分析

学校及其他教育机构违反国家有关规定向受教育者收取费用，主要指违反国家有关收费范围、收费项目、收费标准，有关收费事宜的审批、核准、备案以及收费的减免等方面的规定，自立收费项目或超过收费标准，非法或不合理地向受教育者收取费用。这种行为不仅给受教育者的财产权益带来损害，有时也给其受教育权益带来损害，是《教育法》明令禁止的行为。

2. 法律责任主体

法律责任主体包括国家、社会力量和个人举办的各级各类学校及其他教育机构。

3. 执法机关及处理

由主管的教育行政部门责令违法学校退还所收费用，并对直接负责的主管人员和其他直接责任人员，依法追究行政法律责任，给予行政处分。

四、招生考试中舞弊作弊的法律责任

(一)《教育法》第七十七条:招生工作中徇私舞弊的

1. 行为分析

在招生工作中的徇私舞弊,主要指主管、直接从事和参与学校及其他教育机构统一招生工作的人员,违反招生管理的有关规定和要求,利用职权或工作之便,为了达到使考生或其他人员被学校及其他教育机构招收录取等个人目的,故意采取隐瞒、虚构、篡改、泄露、提示、协助考生作弊等手段,在招生考试、考核、体检、保送生推荐等各个环节实施歪曲事实、掩盖真相、以假乱真等违法渎职行为,使不应该被招收录取的考生及其他人员被招收录取,或使符合招收录取条件的考生及其他人员未被招收录取。

2. 法律责任主体

法律责任主体包括学校及其他教育机构的工作人员、教育行政机关及招生部门的工作人员等。

3. 执法机关及处理

对在招收学生工作中徇私舞弊的违法行为人,根据其情节后果的轻重,决定适用行政制裁或刑事制裁,分别给予以下处理:① 由教育行政部门责令退回招收的人员;② 由教育行政部门或主管部门对直接负责的主管人员和其他直接责任人员,依法给予行政处分;③ 对构成犯罪的,由人民法院依法追究刑事责任。

(二)《教育法》第七十九条:在国家教育考试中作弊的

1. 行为分析

在国家考试中作弊,一是指考生在考试活动中的违反考场纪律的行为,如夹带试卷、抄袭他人答案、交换答卷等行为;二是与国家教育考试活动相关的国家机关及其工作人员、学校及其他教育机构在考试活动中的欺骗、蒙混行为,还有指使、纵容、授意放松考试纪律,致使考试纪律混乱的行为,以及伙同他人舞弊的行为。

2. 法律责任主体

法律责任主体包括考生、与国家考试相关的国家机关、学校及其工作人员。

3. 执法机关及处理

由教育行政部门宣布考试无效;由教育行政部门或主管部门对直接负责的主管人员和其他直接责任人员,依法给予行政处分。

五、使用未经依法审定的教科书造成不良影响的法律责任

(一) 行为分析

教科书是教与学的最基本的范本,在很大程度上决定教育的质量。《义务教育法》

规定,义务教育教科书要经国务院教育主管部门审定或授权省级教育主管部门审定。使用未经依法审定的教科书造成不良影响,是指替代或妨碍审定教科书的使用,降低了教育质量,损害青少年身心健康等。

(二) 法律责任主体

法律责任主体包括学校、教师及指定或授意学校使用未经依法审定的教科书的教育行政部门、教研机构的有关责任人员。

(三) 执法机关及处理

由地方人民政府、教育行政部门对有关责任人员给予行政处分。例如,使用教材为非法出版物,由教育行政部门会同出版行政部门给予行政处分或行政处罚。

六、教师违反《教师法》的法律责任

(一) 行为分析

教师违反《教师法》应承担法律责任的情况主要有三种。① 第三十七条第一项,"故意不完成教育教学任务给教育教学工作造成损失的",是指教师明知自己的行为会给教育教学工作造成损失的后果,而追求这种后果的发生。这里所说的教育教学任务,是依照聘任合同的约定或岗位职责所明确的教师应当完成的教育教学任务。② 第三十七条第二项,"体罚学生,经教育不改的"。体罚学生,是指教师以暴力的方法或以暴力相威胁,或以其他强制性的手段,侵害学生的身体健康的侵权行为。教师偶尔轻微体罚学生,没有后果,且经教育改正的,不视为构成此项违法行为。③ 第三十七条第三项,"品行不良、侮辱学生,影响恶劣的",指教师的人品或行为严重有悖于社会公德和教师的职业道德,严重有损为人师表的形象和身份,在社会上和学生中产生恶劣影响的行为。

(二) 法律责任主体

法律责任主体是实施违法行为的教师本人。

(三) 执法机关及处理

① 各级各类学校及其他教育机构的教师凡有上述违法行为之一,按现行教师管理权限,由所在学校、其他教育机构或教育部门分别给予行政处分或解聘。解聘包括解除岗位职务聘任合同、由学校或其他教育机构另行安排其他工作;也包括解除教师聘任合同,被解聘后另谋职业。② 教师有上述违法行为中的后两种行为,情节严重构成犯罪的,由人民法院追究刑事责任。③ 教师有上述违法行为,对学校、其他教育机构和学生造成损失或损害的,还应当依照《民法通则》的有关规定赔偿损失,消除影响,恢复名誉,可由学校或教育行政部门处理,也可由人民法院强制执行。

七、侮辱、殴打教师的法律责任

(一) 行为分析

侮辱教师,是指公然贬低教师的人格,破坏教师的名誉。所谓"公然",就是在众多的人面前,或者是在可能使众多的人知道的情况下进行的。公然侮辱并不一定要求被害人在场,关键是侮辱被害人的内容已被众多的人知道,从而使被害人的人格、名誉受到损害。侮辱的方式可以归纳为三种:① 行为侮辱,即对被害人施以一定的行为而使其人格、名誉受到损害,如强制被害人作出某些损害其自身人格或名誉的举动。② 言辞侮辱,即以对被害人进行嘲笑、辱骂而使其人格、名誉受到损害。③ 图文侮辱,即以漫画、大小字报等图文形式对被害人进行侮辱。殴打教师,是以暴力方法侮辱教师,或故意非法伤害教师人身健康。侮辱、殴打教师是侵犯人身权利的违法行为。

(二) 法律责任主体

法律责任主体指实施上述行为的公民个人。

(三) 执法机关及处理

对侮辱、殴打教师的,应根据不同情况,依法追究其相应的法律责任:① 对于国家机关工作人员或者企事业单位、社会团体等社会组织的人员侮辱、殴打教师的,应由其所在单位给予相应的行政处分。② 对于违反《治安管理处罚法》殴打教师,造成轻微伤害的;公然侮辱教师,侵犯教师人身权利,尚不够刑事处罚的,依照该法第四十三条,"殴打他人的,或者故意伤害他人身体的,处五日以上十日以下拘留,并处二百元以上五百元以下罚款;情节较轻的,处五日以下拘留或者五百元以下罚款",由公安机关依法处理。③ 对于侮辱、殴打教师造成损害的,应当依照《民法通则》的规定,由人民法院追究民事责任。其中造成人身伤害的,应当赔偿医疗费、因误工减少的收入等费用;造成教师的姓名权、肖像权、名誉权、荣誉权受到损害的,应当停止侵害,恢复名誉,消除影响,赔礼道歉,并应赔偿相应的精神损失。④ 对于侮辱、殴打教师情节严重构成犯罪的,由人民法院依法追究刑事责任。

八、打击报复教师的法律责任

(一) 行为分析

申诉、控告、检举是教师的一项公民权利。对依法提出申诉、控告、检举的教师打击报复,是指国家工作人员、学校和其他社会组织的负责人以及其他行使一定职权的人员,故意滥用自己的职权对申诉人、控告人、检举人实施报复陷害,致使他人的合法权益蒙受损害的违法行为。

（二）法律责任主体

法律责任主体主要包括学校负责人、教育行政部门工作人员及其他国家工作人员。

（三）执法机关及处理

对打击报复教师的，由所在单位或上级机关责令其改正；情节严重的，由所在单位或上级机关根据具体情况给予行政处分。对国家工作人员打击报复教师构成犯罪的，依照刑法规定，以报复陷害罪，处二年以下有期徒刑或者拘役；情节严重的，处二年以上七年以下有期徒刑。

九、拖欠教师工资的法律责任

（一）行为分析

拖欠教师工资，是指未按时、足额地支付教师工资报酬，包括基础工资、岗位职务工资、奖金、津贴和其他各种政府补贴等。拖欠教师工资主要有两种情况：一是地方人民政府违反法律规定，拖欠教师工资；二是违反国家财政制度、财务制度，挪用国家财政用于教育的经费，拖欠教师工资。拖欠教师工资，是侵害教师合法权益的违法行为。不仅侵害了教师获取劳动报酬的基本权利，危及教师及其家庭的生计，还严重影响教师队伍的稳定和教育教学工作的正常进行，损害了党和政府的威信。

（二）法律责任主体

法律责任主体主要是地方人民政府或挪用教育经费的有关责任人员。

（三）执法机关及处理

① 对违反法律规定，拖欠教师工资的，无论是政府及其有关部门，还是学校及其他教育机构，无论是公办学校还是民办学校，均由地方人民政府责令其限期改正；当地政府拖欠的，由上一级人民政府责令其限期改正。② 对于违反国家财政制度、财务制度，挪用国家财政用于教育的经费，拖欠教师工资的，由上级机关责令限期归还挪用的经费，并根据具体情况对直接责任人员给予行政处分。情节严重，构成犯罪的，由人民法院追究刑事责任。

第四节 学生伤害事故处理的法律问题

一、学生伤害事故的概念与表现

学生伤害事故是指学生在校期间所发生的人身伤害事故。在国外，随着近年来学校事故的增加,学生伤害事故的处理已成为学校法律活动的一个重要方面。

学生伤害事故发生的范围、种类是极其复杂的。有与学校的设施、设备有关的学校事故,这是由于学校设施、设备不全,建筑物倒塌、火灾等造成的学生人身伤害事故;有与教职员有关的学校事故,这是教职员在教育教学活动中故意或过失所造成的学生人身伤害的事故;有与学生本身有关的学校事故,如休息时间,学生之间的游戏、斗殴造成的学生人身伤害事故等。

下面就几种最常见的学生伤害事故发生的情况作些分析。

(一) 运动伤害事故

上体育课,进行课外体育活动,由于多种原因,较易引起伤害。轻则擦伤、碰伤,重则残疾、死亡。在各种体育活动中,最容易引起伤害的,当属跳箱、体操、铁饼、标枪、球类、游泳等项目,因保护不力或活动器材简陋,常引起伤害事故。

(二) 课余伤害事故

课余时间,学生在操场、走廊和楼梯旁嬉戏玩耍,或是自己不小心,或是他人推搡打闹,造成伤害。上海某小学学生下课时玩跷跷板,一学生不幸被另一学生从一米多高的跷跷板上推下来,脑部受损。家长告到法院,法院判决认为,肇事学生的家长要承担主要责任。

(三) 校外活动伤害事故

与其他学校事故相比,学校组织的校外活动的事故发生率上升得最快。校外活动事故有一个特点,即常常是重大伤亡事故,因而给社会带来不良影响。

二、学生伤害事故的原因分析

(一) 制度不严,管理不善

制度不严,管理不善,是导致学校事故发生的重要原因之一。例如,学校本应该有严格的门卫制度,禁止无关的汽车进入,可是某县城中学课间休息时,门卫情面难却,私自将熟人儿子驾驶的汽车放入学校调头,结果将一学生腿骨撞断,休学半年。除了门卫制度外,学校还应建立教师值勤制度、食堂卫生制度(以防食物中毒事件发生)、宿舍管理制度等。

(二) 设备陈旧老化,未及时修复或拆除

学校设备陈旧老化,又未能及时修复或拆除,这就为学校带来事故隐患。例如,某校操场上有一陈旧生锈的单杠,离旧单杠不远又竖起了新单杠,尽管教师几次教育学生不要去玩旧单杠,但一学生仍不听从劝阻,下课时爬上旧单杠,结果单杠断裂,摔成重伤。像这样的事,学生本人自然有责任,但学校也要负一定责任。

（三）校长、教师玩忽职守，工作责任心不强

从法律上讲，玩忽职守与工作责任心不强属于不同性质的行为，前者为渎职行为，通常要承担法律责任，后者属于认识问题，主要给予批评教育。

（四）体罚或变相体罚

学校相当一部分事故是由教师体罚或变相体罚行为所致。例如，陕西某农村小学学生胡某上课迟到，被教导主任王某用树枝、竹条抽打脸部，左眼被打瞎。除了类似的直接体罚外，学校还有大量的变相体罚，如罚站、罚抄作业等。

体罚一般属于故意行为，必须由教师本人承担责任。情节轻微的，予以批评教育，后果严重的，应依法追究行政责任或刑事责任。当然，很多时候不一定是体罚或变相体罚行为，而是教师教育方法不当，结果引发了事故。例如，教师教育学生时态度粗暴，使用侮辱性字眼，学生不堪忍受，自杀身亡。再如，教师常常占用课余时间令学生完成作业，放学晚又未采取相应的保护措施，使学生在路上不幸受到伤害等。

（五）安全保护措施不力

体育课、课间活动以及学校组织的校外活动，常常因为保护措施不力而引发事故。目前很多学校盖起高楼，学校也应加强安全教育，并采取相应的保护措施。

（六）学生体质特殊或有疾病

有些事故由学生体质特殊或疾病引起，对此，学校一般不承担责任。例如，某中学组织学生到县城参加集会，一女生表示不愿参加，却又说不出任何理由，因此学校未予批准。时值初夏，天气炎热，途中该生突然昏迷倒地，急送医院，抢救无效死亡。经检查，该生周身无汗腺，属特殊体质，热天体热无法散发，中暑而亡。事后家长告到法院，追究学校责任。法院裁决，该生及其家长从未将特殊体质一事告知学校，学校在不知情的情况下组织活动，属于正常教育行为。为防止这类事故的发生，学校应建立卫生保健制度。新生一入校，首先为学生建立卫生档案卡，特别注明其体质特征，如有无先天性心脏病、对青霉素针剂有无过敏史等。

（七）学生自尊心过强，心理承受能力过差

有些学生自尊心过强，或是心理承受能力过差，在家备受宠爱，到校后违反有关纪律，受到教师批评，一时想不开，走上绝路。某中学举行期中考试，一学生在试卷内夹带纸条，被监考教师发现，当场撕掉试卷，送至有关部门处理，后学校给予该生通报批评处理，该生当晚服农药自杀。为防止这类事故的发生，在教育教学与管理过程中，应考虑到学生的心理承受能力。

三、处理学生伤害事故涉及的有关法律问题

(一) 监护职责与教育保护职责是两种法律制度

学校作为进行教育的公共事业组织,其职责依法而定。法律是否规定学校有监护职责？所谓监护,是对未成年人、无民事行为能力或限制民事行为能力的精神病人的人身、财产及其他合法权益进行监督和保护的民事法律制度。我国《民法通则》是根据亲权和亲属关系来设立监护制度的。所谓亲权是指父母对未成年子女的人身和财产的管教和保护的权利。首先,从监护主体看,我国民法规定了三类主体:第一,父母是未成年人的当然监护人;第二,亲属为未成年人的监护人,其条件是父母死亡,亲属包括直系亲属如祖父母、外祖父母,成年兄、姐或其他亲属;第三,作为例外,未成年人所在居委会、村委会或民政部门也可以作为监护人,条件是未成年人父母死亡后没有直系亲属或其他亲属。所以在一般情况下,我国的监护主体与亲属的人身关系密不可分,监护权是亲权和亲属权的延伸和补充。学校既与学生无人身关系,也非社会监护机构,故不能成为学生的监护人。其次,从监护人产生的方式看,我国民法规定了两种方式:一是法定,父母及其亲属为未成年人的法定监护人;二是指定,由父母所在单位、居委会或村委会在未成年人的亲属中指定监护人,如果亲属有争议则由法院通过裁定在亲属中指定监护人。所以,作为监护人产生的方式只有两种,即法定和指定。我国现行的《民法通则》没有规定学校是未成年学生的法定或指定监护人。《未成年人保护法》第七条规定:"未成年人的父母或者其他监护人依法对未成年人承担监护职责。"第二十二条规定:"未成年人的父母或者其他监护人因外出务工等原因在一定期限内不能完全履行监护职责的,应当委托具有照护能力的完全民事行为能力人代为照护;无正当理由的,不得委托他人代为照护。"按照《民法通则》第十六条的规定,这种情况也应另行确定监护人。所以,学校依法不是未成年学生法定的或指定的监护人,故学校的法定职责中没有对未成年学生的监护权。

学校虽然没有监护职责,但是学校有法定的教育保护职责。教育保护,是《教育法》规定的国家和学校对学生人身安全给予保护的制度,包括国家教育保护和学校教育保护。学校的教育保护,是指学校作为承担公共教育职能的社会机构,由《教育法》等法律赋予的对在校学生的人身健康给予与学生的年龄相当的关注和照顾。我国的《教育法》《未成年人保护法》等法律均规定,学校对学生在教育、管理的同时,负有保护的职责。《未成年人保护法》还专设"学校保护"一章,对学校给予未成年人的保护加以特别规定。这是学校履行教育保护职责的依据。因此,教育保护职责与监护职责是两个不同的法律范畴,学校没有法定的监护职责,而有法定的教育保护职责。

(二) 监护职责与教育保护职责的区别

监护与教育保护虽然都是对未成年人的人身健康、安全给予照顾,使其免受非法侵害,但由于二者属于不同的法律制度,因而不能混用。

1. 监护和教育保护的主体和对象不同

监护的主体为自然人、与监护人有劳动关系或者有居住管辖（救助）关系的社会组织，被监护的对象则为未满18周岁的未成年人和精神病人。教育保护的主体则为国家和学校，其保护对象为在校学习的未成年和成年学生。

2. 监护和教育保护产生的根据不同

在我国，监护制度主要以亲权和亲属关系为基础，以血缘和身份关系为纽带，以民法为根据。教育保护则主要以学校与学生的教育关系为基础，以教育法为根据。

3. 监护和教育保护的法律关系的性质不同

监护为私法范畴，监护人和监护职责可以依法转移。教育保护为公法范畴，国家、教育行政机关和学校都不能放弃、转让教育保护职责。

4. 监护人和教育保护职责的产生方式不同

监护人产生有法定、指定两种方式。教育保护职责只有法定这一种方式。

5. 监护和教育保护的内容不同

监护包括对被监护人的人身和财产的监看和保护，包括保护被监护人的身体健康，照顾被监护人的生活，代管被监护人的财产，代理被监护人进行民事活动，对被监护人进行管理和教育，代理被监护人进行诉讼。学校的职责是教书育人，教育保护为随附义务，一般限于对学生的人身健康的关照，并无代管学生财产、代理学生民事活动的法定内容。例如，《教育法》没有规定学校有对未成年学生随身携带的物品加以保管的职责，也没有学校是学生法定代理人的规定。除非学校主动承诺保管学生物品，否则在校学生因自己保管不善丢失物品，均由其自行负责，学校不负赔偿责任。未成年学生受到伤害，也是由其法定监护人而不是由学校作为其法定代理人代其行使民事赔偿请求权。

6. 监护和教育保护的手段不同

父母对未成年人的监管享有实际上的惩戒权。学校对学生的教育管理只能依法采取劝导、批评和行政处分的手段，禁止体罚。

7. 监护和教育保护的存在时间不同

监护有期限，只有未成年人才需要监护。教育保护无期限，不论学生是否成年，只要在学校的教育教学期间，学校都负有教育保护的职责。

8. 监护和教育保护的责任不同

监护责任为无限责任，实行无过错原则，只要被监护人致人损害，监护人不论是否有过错都要承担责任。教育保护为有限责任，只有当学校教育管理有过错才承担相应责任。例如，某镇中学七年级学生小锋和同学们正在上课，同班的小涛搞小动作被任课教师发现，任课教师摘取了小涛佩戴的学生卡转身离去时，小涛就拿书本拍打桌面泄愤，夹在书中的圆珠笔飞出，刚好刺中前面回头观望的小锋的左眼，后经医生鉴定为七级伤残。小锋的父母认为，小涛伤害小锋的行为是在校学习期间，学校没有尽到监护责任,故要求小涛和学校赔偿医疗费、残疾补助费等近 46 万元。法院经过调查后认为,小涛伤害小锋的行为发生在任课教师和小涛的争执之后,教师进行教育管理没有过错,故学校不承担赔偿责任。法院判决肇事学生小涛的监护人赔偿受害人医疗费、残疾生活补助费等 10 万余元(包括精神赔偿费 2 万元)。本案的判决体现了未成年学生致人损害时,由其监护人承担相应赔偿责任的法律规定。

可见,监护与教育保护是两种性质不同的法律制度。学校如果未履行《教育法》规定的职责,依法才产生教育侵权。教育侵权造成的学生人身损害,学校才依法承担赔偿责任。

(三)学校接受监护委托时,要承担监护职责

学校在履行正常的教育职责之外,可以用民事主体的身份与监护人约定承担部分监护职责。比如,小学放学后,学校与家长约定代家长照管低年级学生。委托监护是由监护人将监护职责协议委托给他人,接受委托的人不是监护人,仅承担监护职责,被监护人造成他人损害仍应由监护人承担责任。

根据我国民法的规定,委托监护职责应当由家长和学校达成书面或口头的协议,且不以学校是否收取照管费为要件。所以,学校是否在非教育教学时间承担监护职责,取决于学校与家长是否达成委托协议,而不是监护职责自动转移给学校。"自动转移"只能由法律规定,而我国现行法律并无此种规定,故学校不能自动承担委托监护职责。学校与学生家长之间形成的委托监护职责的协议是民事协议,所以此时学校不是在履行《教育法》赋予的教育保护职责,而是以民事主体的身份承担民事义务。此时判断学校是否有过错,不能适用《教育法》,而要根据委托协议的内容和民法的规定来确定。按照《民法通则》的规定,被监护的未成年学生致人损害需要承担民事责任时,如果学校作为受托人没有过错,那么责任仍由监护人承担;如果学校有过错,则与监护人一起负连带责任,这与法定监护人承担的监护职责的法律后果完全不同。

★ 思考与练习

一、名词解释

教育法律责任　学生伤害事故

二、问题思考

1. 简述教育法律责任的含义。

2. 简述教育法律责任的特点。

3. 简述教育法律责任的种类。

4. 简述教育法律责任的构成要件。

5. 教育法律责任的归责原则有哪些?

三、案例分析

1. 小刘是农村某小学五年级的学生。一天,爸爸突然对她说:"明天你不要去上学

了,到小卖部给你妈帮忙吧,你妈一个人忙不过来。"小刘听了后,伤心地哭了。她想念书,她舍不得学校的老师和同学们。但是,她又不能不听爸爸的话,只好不去学校读书了。老师了解到小刘的情况后,找到了小刘的爸爸,劝他让小刘继续上学。小刘爸爸说:"女孩子比不得男孩子,读书多了也没什么用,还不如让她在家里干点活呢。再说了小刘是我的女儿,让不让她上学得由我说了算。"请根据所学教育法律知识回答以下问题:

(1) 本案例中,小刘爸爸的说法对吗?

(2) 小刘的爸爸都违反了哪些规定?

2. 某小学下午课间休息时,学生刘某(8岁)在操场玩耍,被正在追逐打闹的学生李某(9岁)、王某(9岁)摔倒在地,并被压在身下,造成阴茎包皮挫裂伤。刘某受伤后,学校立即将其送往医院治疗,并同时通知了三名学生的家长。在医院,刘某做了包皮环切手术,但未住院治疗,并于10天后到校继续上课。其医药费、交通费等已由李某、王某的监护人支付。经法医鉴定,该包皮手术属正常手术,不会对杨某的身体造成不良影响,属于轻伤。其后,刘某的家长作为代理人,以刘某因伤害造成生殖器畸形,可能对今后的生活产生影响为由,以另两个学生及该学校为被告,提起诉讼,要求三方赔偿他们误工减少的收入及精神损伤费10万元。

请根据所学教育法律知识回答以下问题:

(1) 本案例中,教育法律关系的主体主要包括哪些?

(2) 对于刘某的伤害,哪些主体应该承担法律责任?

第六章

教育法律救济

学习导航 ➡

【学习目标】

1. 了解教育法律救济概念及特征。

2. 了解教师和学生申述制度。

3. 了解教育行政复议、教育行政诉讼、教育行政赔偿的概念及基本常识。

【本章重难点】

1. 了解教育法律救济概念及特征。

2. 了解教师和学生申述制度、教育行政复议、教育行政诉讼、教育行政赔偿的基本常识。

3. 培养学生教育法律意识,依法维护教育主体的合法权益。

微信扫码

获取配套资源

第一节 教育法律救济概述

一、法律救济的概念与途径

"救济"一词在社会生活中运用得较为广泛。一般意义上的救济指的是一种物质帮助。而法律意义上的救济不同于一般意义上救济的含义。教育行政法律救济，是指教育管理活动的相对人（被管理者），因教育行政机关或其他管理部门的违法或不当行为，致使其行政法上的合法权益受到侵害时，请求国家有关机关予以补救的法律制度。教育行政法律救济是针对行政主体行使行政权力所产生的消极后果进行的一种法律补救。近年来，越来越多的教育法律、法规明确地规定了教师和受教育者享有申诉、复议、诉讼等权利，初步建立了我国教育行政法律救济的基本框架。此外，我国的不少地方也以地方立法的形式进一步规范和保障教育行政法律救济渠道的畅通。根据我国现行的有关法律、法规的规定，我国的教育行政法律救济的途径主要包括教育申诉、教育行政复议、教育行政诉讼以及教育行政赔偿。这些立法状况表明，教育行政法律救济制度正在我国逐步建立。

（一）法律救济的含义

法律救济是指特定机关通过一定的程序和途径，使受到损害的相关法律关系主体获得法律上的补救。法律救济是以损害事实的发生为前提的，没有损害事实就没有法律救济，只有当相对人的合法权益受到侵害时才能进行法律救济。法律救济的根本目的是实现合法权益，保证法定义务的履行。法律救济是权利人的一种法定权利，任何人都无权剥夺，体现了法律救济的法定性。现从以下几个方面进一步理解法律救济的含义。

第一，法律救济是以保障合法权益的实现为基础的。法律的根本目的在于规范人们的社会行为，保障人们的合法权益。在社会活动中，在许多权利纠纷或权利冲突中，都伴随着权益受到侵害的现象。当公民的这些合法权益受到侵害时，只有通过一定方式来恢复受损害的权利或给予补救，这些权利才能真正得到保障。

第二，法律救济是在合法权益受到侵犯并造成损害时得以启动的。在法律救济中，无论采用何种救济手段和程序，必须有教育侵权行为的存在。相对人只有在合法权益受到侵害的基础上才可以提出救济请求。

第三，法律救济是对受侵害合法权益的恢复和补救。对合法权益受到损害的法律关系主体进行补救可以采取多种方式，不仅包括司法救济方式、行政救济方式，还包括其他通过组织内部或民间渠道进行救济的方式。

(二) 法律救济的途径

法律救济的途径和形式是多样的，在我国主要有行政救济和民事救济两种。

行政救济，是指法律关系主体，尤其是公民、法人或其他组织认为具体行政行为直接侵害其合法权益，请求国家机关依法对行政违法或行政不当行为实行纠正，并追究其行政责任，以保护行政相对人的合法权益的法律救济途径。行政救济主要包括行政复议制度和行政诉讼制度。

民事救济，是指法律关系主体，尤其是公民、法人或其他组织认为权利受到侵害或者有被侵害之虞时，权利人行使诉权，通过仲裁、诉讼等手段维护自己的合法权益的法律救济途径。民事救济主要指民事诉讼制度。

二、法律救济在教育中的作用

从上面可以看出，法律救济在教育中的作用是多方面的，其中最主要的是在教育活动中起着权利救济、制约预防以及推进法治的作用。

(一) 保护教育关系主体特别是教师、学生及学校在教育活动中合法权益的权利救济作用

教育活动中大量存在着行政法律关系。在这种行政法律关系中，行政机关以管理者的身份处于较优越的地位，行政机关的全部执法和公务活动都涉及相对人的人身权或财产权，行政机关在执法过程中违法或不当的行为必将给相对人的合法权益带来一定损失。特别是教师和学生，他们虽同样享有特定的权利，但不像行政机关或其他国家机关那样存在对相对人的强制性的支配力，其权利的运用也不能直接制止某种侵害行为的发生，更无权采取任何强制他人的措施。而通过法律救济就平衡了教育法实施中行政机关与相对人一方因明显法律地位不对等带来的反差。当教师、学生及学校的权利受到某种侵害时，通过一定的途径和手段，请求国家有关机关（如法院）以强制性的救济方式来实现其权利，这时他们的权利才是真实的，才能被尊重。因此，法律救济的根本作用在于保护教师、学生和学校的合法权益。

(二) 促进国家机关及其工作人员依法行政，预防和控制其职务违法侵权行为的作用

制约预防功能是法律救济的一个重要功能。它是指法律救济具有预防和控制国家机关及其工作人员的职务违法侵权行为，促进国家机关加强内部监督和国家工作人员加强自律的作用。由于法律救济制度的确立加重了国家机关及其工作人员的责任，因此实行法律救济制度将有力促进国家机关内部管理的完善与行政监督的加强，也将大大提高国家工作人员的责任感，促使其加强自律，审慎行事，依法行政，确保公务活动的准确度与合法性。当然，法律救济仅仅是预防控制的一种手段。

（三）标示教育法治，推进教育法制建设的作用

在现代法治国家，任何人都要为自己的行为负责；国家机关也不能例外，即使是执法行为，也要承担法律责任。法律救济具有体现民主和标示法治的功能。一个国家是否民主，是否实行法治的重要标尺之一就是国家和政府是否和人民一样有守法的义务，是否在违法后承担相应的法律责任，法律救济便是国家对人民承担侵权责任的方式和标志。随着教育法律体系的完善，我国已进入全面依法治教的阶段。在教育法制建设中，通过建立法律救济制度，加强各级权力机关对教育法律实施的监督；明确教育行政执法主体的法律责任，纠正教育行政机关的违法或不当的行为，保障教育秩序的正常进行。同时，建立、健全有关教育的调解、申诉等制度，以及运用行政复议、行政诉讼等多种法律救济手段，及时妥善地处理日益增多的教育纠纷，是促进教育法制建设的重要内容和有效手段之一。

三、教育法律救济的途径

法律救济的途径，是指相对人的合法权益受到损害时请求救济的渠道和方式。教育法律救济一般分为诉讼渠道和非诉讼渠道两种。

（一）诉讼救济（司法救济）

诉讼救济是指相对人就特定的侵权行为向人民法院提起诉讼，请求救济，人民法院依法对纠纷作出公正裁决，为相对人提供救济。这一渠道使相对人在通过其他途径都不能获得满意的救济时，得到充分的补救，因而这是一种较为完备的救济途径。从我国现行的法律制度看，只要符合行政诉讼法、民事诉讼法和刑事诉讼法受案范围的，都可以通过诉讼渠道求得司法解决。我国教育的有关法律对学校、教师、学生等教育法律关系主体的诉讼救济渠道作了明确规定。根据《教育法》第四十三条的规定，学生对学校给予的处分不服有权向有关部门提出申诉，对学校、教师侵犯其人身权、财产权等合法权益有权提出申诉或者依法提起诉讼。

（二）行政救济

行政救济主要是指行政申诉和行政复议制度。这也是一种功能较为完备的救济途径。我国的教育法律对教育者与受教育者的申诉制度已有明确规定。后面将对此详述。

（三）其他救济

其他救济主要指学校或其他教育机构内部或者民间渠道。除了以上两种渠道之外，在人民调解制度的基础上，我国将逐步建立校内调解制度、教育仲裁等其他法律救济制度。

第二节　教育申诉制度

一、申诉制度

申诉制度是指当公民的合法权益受到损害时,向国家机关申述理由,请求处理或重新处理的制度。它是保障我国宪法赋予公民的申诉权利在教育法律关系中的具体体现。根据《宪法》第四十一条的规定,中华人民共和国公民对于任何国家机关和国家工作人员的违法失职行为,有向有关国家机关提出申诉、控告或者检举的权利。对于公民的申诉、控告或者检举,有关国家机关必须查清事实,负责处理。任何人不得压制和打击报复。我国的教育申诉制度主要有教师申诉制度和学生申诉制度。

二、教师申诉制度

（一）教师申诉制度的概念

教师申诉制度是指教师对学校或其他教育机构及有关政府部门作出的处理不服,或其合法权益受到侵害时,可以向有关教育行政部门或有关的其他政府部门提出要求,要求重新处理。教师申诉制度是针对教师这一特殊专业人员而建立的一种救济制度。教育申诉制度以行政部门为申诉受理机关,不借助司法机关,也不是对司法机关的判决或裁定的申诉,不具有诉讼的性质,只属于行政救济的范畴。《教师法》第三十九条规定:"教师对学校或者其他教育机构侵犯其合法权益的,或者对学校或者其他教育机构作出的处理不服的,可以向教育行政部门提出申诉,教育行政部门应当在接到申诉的三十日内,作出处理。"

（二）教师申诉制度的内容

申诉人、被申诉人、申诉的范围、提出申诉的形式、受理申诉的机关是整个教师申诉制度的内容。在教师申诉制度中,申诉人就是教师,享有提出申诉的权利。一般情况下,申诉权由合法权益受到侵害的教师本人直接行使,但是在特殊情况下可由他人代为行使。被申诉人是指侵害教师权益的机构,如学校、教育行政部门或其他行政部门。需要特别说明的是,申诉的对象是学校或其他教育机构,而不是学校或其他教育机构的负责人。当学校或者其他教育机构的负责人侵犯教师权益时,只有以学校或者其他教育机构的名义作出,才适用《教师法》规定的教师申诉程序,成为被申诉人。教师对学校或其他教育机构中的负责人的申诉,按一般的信访制度实施。同样,教师在对当地人民政府申诉时,申诉书上所写的是该单位的法定代表人,而不是被申诉人,被申诉人只能是学校或者其他教育机构。

（三）教师申诉的范围

教师申诉的范围主要包括三个方面：教师对学校或其他教育机构侵犯其合法权益的可以提出申诉；教师对学校或者其他教育机构的处理不服的可以提出申诉；教师认为当地人民政府侵犯其合法权益的可以提出申诉。

（四）教师申诉的受理机关

受理教师申诉的机关，因被申诉主体的不同而有所区别。如果是对学校或其他教育机构提出申诉的，受理的机关是教育行政部门；对当地人民政府的有关行政部门提出申诉，应由同一级人民政府或上一级人民政府受理；如果当地人民政府是申诉对象，受理机关应是上级人民政府。需要明确的是，教师提出申诉时向行政机关提出，而不是向行政部门的个人提出。

（五）教师申诉的管辖

教师申诉的管辖是指行政机关对教师申诉案件的分工和权限。管辖分为隶属管辖、地域管辖、选择管辖、移送管辖等。隶属管辖是指教师提出申诉时，应当向所申诉学校或其他教育机构所隶属的教育行政部门进行申诉。地域管辖是指按照教育行政部门的管理权限和区域，教师申诉由当地教育行政机关受理。无论学校或者教育机构和教育行政部门有无隶属关系，在同一区域就应接受当地教育行政部门的管理和监督。选择管辖是指在两个或两个以上的行政机关都有管辖权的情况下可以任意选择一个，选择时本着及时、便于查处的原则，对于业务性较强的可以向上一级对口行政机关申诉。移送管辖是指行政机关对不属于自己管辖范围的申诉案件，应移送有管辖权的机关受理并告知申诉人。

（六）教师申诉的程序

教师申诉的程序主要包括提出、受理、处理三个环节。

1. 申诉的提出

教师应当以书面的形式向受理申诉机关送交申诉书进行申诉。在申诉书中应当写明：① 申诉人的基本情况，如姓名、性别、年龄、教师类别、职称、住址等；② 被申诉人情况，包括名称、单位、性质、地址，法定代表人的姓名、性别、职务等；③ 申诉请求，申诉人的具体申诉请求；④ 申诉理由，写明合法权益受到侵害的事实依据，或不服被申诉人处理决定的事实依据，同时也要注明纠正被申诉人的错误决定或侵权补救的办法的法律依据；⑤ 提供所需要的相关物证的原件或复印件等。

2. 申诉的受理

受理申诉的行政机关在接到申诉书后，应当及时对申诉人的资格和申诉条件进行审查，根据不同的情况作出处理。对符合条件的予以受理；对不符合条件的不予受理，并以书面形式通知申诉人;对申诉书没有写清楚的事项或缺少的材料,要求申诉人重新提交申诉书或提交所缺的有关材料。

3. 申诉的处理

行政机关应当对受理的申诉案件进行全面调查核实,根据不同情况作出处理决定:对被申诉人的行为或决定符合法定权限和程序,如果没有不当,可以维持原处理决定;对被申诉人没有按照法律、法规行事,其行为构成了对申诉人的侵权或其决定不当的,需要变更原处理决定,可责令限期改正;被申诉人的行为违反法律、法规的,需要撤销其原处理结果。

教师提出对学校或其他教育机构的申诉后,主管教育行政部门应在收到申诉书后的次日起 30 天内进行处理。对当地人民政府有关行政部门提出的申诉,受理申诉的行政机关也应及时作出处理,不能推诿拖延。申诉人对行政机关逾期未作出处理的,或者久拖未决的,其申诉内容涉及人身权、财产权以及其他属于行政复议、行政诉讼范围的,申诉人有权依法提起行政复议或者行政诉讼。

行政机关作出处理决定后,应当把申诉处理决定书发送给申诉当事人。申诉决定自送达之日起生效。如果申诉当事人对申诉处理决定不服,可向原处理机关隶属的人民政府申请复核。

三、学生申诉制度

(一) 学生申诉制度的概念

学生申诉制度是指学校或教育行政机关侵害学生的合法权益时,学生可以依法向主管机关或有关部门申诉理由并请求给予处理的制度。《教育法》第四十三条规定,学生对学校给予的处分不服有权向有关部门提出申诉。这就在法律上确定了学生的申诉制度,为学生的合法权益受到侵害时寻求法律救济提供了法律保障。学生申诉制度具有其自身的特殊性,包括以下几个方面。

1. 学生申诉制度是一种法定制度

学生申诉制度首先是基于公民的申诉权的,学生作为公民有权对学校或教师的违法失职行为向有关国家机关提出申诉,但是,这种申诉不能是诬告陷害。其次,学生申诉制度受到《宪法》《教育法》和其他相关教育法律的保护。

2. 学生申诉制度是一种非诉讼性质的申诉制度

学生的申诉主要发生在教育领域内,是因为学校或者相关单位作出的处分或决定侵害了学生的合法权益,不是诉讼方面的诉讼,在申诉内容、程序、条件等方面表现为非诉讼性。

3. 学生申诉制度是一种特殊的权利救济制度

在教育活动中,学生享有的受教育权、公正评价权、隐私权等基本权利会因学校或教师的不当处理受到侵害,如开除、体罚等,而且由于处于相对人地位和未成年人的特殊身份,学生对这些不当侵害既不能采取拒不履行的方式补救其合法权益,又不能采取强制手段制止或纠正校方或教师的侵权行为,所以,学生只能用法定的申诉制度来维护自己的合法权益。

(二) 学生申诉的条件

学生申诉需要具备以下四个条件:

(1) 本人或家长认为学校、教师或教育行政机关以及其他相关部门的具体行为或处分侵害了学生本人的合法权益。这是申诉的主要条件,要符合事实依据,不能歪曲、捏造事实。

(2) 合法权益所受的侵害在教育法律、法规规定的范围内。

(3) 弄清被申诉人,即弄清权益侵害行为的实施方。

(4) 遵循一定的法定程序。

(三) 学生申诉的范围

学生申诉的范围十分广泛,一般涉及学生的受教育权、人身权、财产权等各项合法权益,根据各教育相关法律、法规的规定,申诉的范围主要有以下几种。

1. 学生对学校给予的处分不服

学生如果认定学校的处理不公正或侵害了其权益,可以提出申诉。

2. 学校或教师违反规定乱收费

《教育法》第七十八条规定:"学校及其他教育机构违反国家有关规定向受教育者收取费用的,由教育行政部门或者其他有关行政部门责令退还所收费用;对直接负责的主管人员和其他直接责任人员,依法给予处分。"

3. 学校或教师侵犯学生人身权

《未成年人保护法》第二十七条规定:"学校、幼儿园的教职员工应当尊重未成年人人格尊严,不得对未成年人实施体罚、变相体罚或者其他侮辱人格尊严的行为。"

4. 学校或教师对学生的评价不公正

如果学生认为学校或教师通过评语、考试等方式对学生进行的评价违背了客观、公正的原则,可以认为是侵权行为并提出申诉。

5. 学生的其他合法权益受到侵害

学生或学校侵犯学生的隐私、非法剥夺学生荣誉或侵犯学生知识产权的侵权行为,学生可以提出申诉。

(四) 学生申诉的程序

学生申诉要遵循提出、受理和处理的程序,如果对申诉处理不服,还可以向法院提起诉讼。

1. 学生申诉的提出

学生提出申诉可以采用口头形式或书面形式。口头形式申诉需要讲明申诉人和被申诉人的自然状况、申诉的理由和事件发生的基本事实经过,最后提出申诉要求。书面形式申诉要写明以下几点:① 申诉人的姓名、年龄等基本信息和与被申诉人的关系;② 写明被申诉人的名称、地址,法定代表人的姓名、性别以及职务等;③ 写明申诉要求,指申诉人对被申诉人因侵犯其合法权益不服,要求撤销决定的具体要求;④ 写明申诉理由和事实经过,申诉人要写明被申诉人侵害其合法权益的处理或行为决定的事实经过和法律政策依据,并陈述相关理由。

2. 学生申诉的受理

主管机关在接到学生的口头或书面申诉后,要依据情况审查后作出不同的处理:对于属于自己主管的,予以受理;对于不属于自己主管的,告知申诉学生,驳回申诉或转移至其他部门;对于未说明申诉理由和要求的,可要求其再次说明或重新提交申诉书。主管机关对口头申诉应当在当时或规定时间内作出是否受理的答复;各主管部门或学校都应对申诉的受理时间限制作出明确的规定,一般为 5～30 天。

3. 学生申诉的处理

主管机关如果决定对申诉进行处理,应该对事件进行调查核实,并依据事实情况的不同进行不同处理:如果学校、教师或其他教育机构的行为或决定符合法定权限或程序,适用法律规定正确,事实清楚,可以维持原来的处分决定和结果;对于违反相关法律、法规规定并侵害了申诉人合法权益的处分或决定,可以撤销原处理决定或处分,责令被申诉人限期改正;违法处分或决定部分适用于法律、法规决定的,予以适用部分撤销;处分或决定依据的规章制度或校纪校规与法律、法规及其他规范性文件抵触的,撤销原处理决定;如果是对侵犯人身权、财产权等进行的申诉,学生对申诉处理结果不服,可依法向法院起诉。

第三节　教育行政复议

一、教育行政复议概述

1. 教育行政复议的含义及其特征

在我国的教育行政救济制度中,教育行政复议也是一条极为重要的救济途径。教育行政复议,是指教育管理相对人认为教育行政机关作出的具体行政行为侵犯其合法权益,向作出该行为的机关的上一级教育行政机关或该机关所属的本级人民政府提出申请,受理申请的行政机关对发生争议的具体行政行为进行复查并作出决定的活动。

我国现行的教育法律、法规中对教育行政复议的适用作出了原则的规定。在 1998 年 3 月 6 日国家教育委员会发布的《教育行政处罚暂行实施办法》第三十一条规定:"当事人对行政处罚不服的,有权依据法律、法规的规定,申请行政复议或者提起行政诉讼。行政复议、行政诉讼期间,行政处罚不停止执行。"此外,在《国家教委关于〈中华人民共和国教师法〉若干问题的实施意见》里有关教师申诉的问题中也规定:对教师提出的申诉"逾期未作出处理的,或者久拖不决,其申诉内容直接涉及人身权、财产权以及其他属于行政复议、行政诉讼受案范围的,申诉人可以依法提起行政复议或者行政诉讼"。"申诉当事人对申诉处理决定不服的,……其申诉内容直接涉及其人身权、财产权及其他属于行政复议、行政诉讼受案范围事项的,可以依法提起行政复议或者行政诉讼。"这些规定为我国教育行政复议制度的确立提供了基础。

由教育行政复议的含义及有关教育行政复议的法律规定可以看出,教育行政复议作为非诉讼的行政救济手段,具有如下特点:

(1) 教育行政复议是以教育行政争议为处理对象的。教育行政相对人不服教育行政机关的具体行政行为,认为该行为侵犯其合法权益的,就产生了教育行政争议。引发教育行政复议的前提,即在教育行政管理过程中,教育行政相对人怀疑乃至否定具体行政行为的合法性和适当性。在现实生活中,作为教育管理相对人(如学校、教师)除了接受教育行政机关的管理外,还会受到许多其他行政机关的管理,也会不可避免地产生其他行政争议,但这些行政争议不是我们这里所探讨的"教育行政争议"。只有教育行政机关依法行使其法定职权活动中与相对人产生的纠纷,才属于教育行政复议的范围。这也是教育行政复议与一般行政复议最重要的区别。

(2) 教育行政复议的双方当事人是固定的。与其他行政复议一样,教育行政复议总是以行政相对人的复议申请人,以作出具体行政行为的教育行政机关为复议被申请人。当事人双方这种固定的法律地位,是由教育行政争议的性质和特点所决定的。在教育行政管理过程中,双方当事人的法律地位不对等,没有行政相对人不服具体行政行为这个前提,就不会发生行政争议。因此,请求解决教育行政争议的申请人总是教育行政相对人,复议申请也只能向作出决定的原教育行政机关或其上一级机关提出。而作出这个引起争议的具体行政行为的教育行政机关,也就总是被动地成为教育行政复议的被申请人。

(3) 教育行政复议是一种依申请的行政行为,即教育行政复议机关作出行政复议行为,必须基于教育管理相对人的申请。如果被处理的相对人不依法提请复议,行政复议机关就不能主动地实施行政复议行为。可见,行政复议是一种"依申请的行为",而不是"依职权的行为"。假如行政复议机关基于其对所属行政主体的领导和监督权,发现下级行政组织的具体行政行为违法或不当时,而被处理的相对人又没有申请复议,那么,上级行政机关可以依行政监察程序纠正下级的决定,依职权直接予以变更或撤销。但这不是行政复议行为,而只是上级对下级的行政监督,不适用行政复议的程序及手段。这正是行政复议同行政监督的区别之处。这一特征也表明,教育行政复议只能由教育行政相对人一方提出,而管理者一方有单方的、强制性的行政处理权,无须借助复议手段来实现自己的意志。

(4) 教育行政复议必须依照一定的法律程序进行。教育行政复议是解决教育行政争议的法律行为,解决争议的活动必须遵循一定的法律程序,否则,就无法保证行政争议得到公正合法的解决。并且,解决行政争议的行政复议是遵循行政法律程序进行的,这也使其有别于教育申诉和按照司法程序解决争议的行政诉讼活动。

2. 教育行政复议与教育申诉的关系

教育行政复议与教育申诉都是重要的教育行政救济途径。这两条途径都是为了解决教育行政相对人和行政主体之间的纠纷,其处理决定都有法律效力,都会对争议双方当事人的权利、义务产生影响。并且,我国的有关教育法律和文件还规定,对教育申诉处理决定不服的或受理申诉的主体未按期作出申诉处理决定的,其申诉内容涉及人身权、财产权及其他属于行政复议受案范围的,申诉人可以依法提起行政复议。可见,教育行政复议同时也是对教育申诉的救济。应当说,教育行政复议与教育申诉是两条密切联系、互相衔接的教育行政救济途径。

但是,教育行政复议与教育申诉还是有着很大的差异性。其区别主要表现在:

(1) 提起的主体不同。虽然在教育管理实际中,作为法定的救济途径,教育行政相对人只要认为自己的合法权益受到侵害,就可以依法提起教育申诉或教育行政复议。但是按照我国现行有关教育法律、法规的规定,目前能够提出教育申诉的还只限于认为其合法权益受到损害或对行政主体作出的处理不服的教师或学生,其他组织和个人虽然也是教育行政相对人,但目前法律并未规定他们可以提起教育申诉。而有权提起教育行政复议的主体则较为广泛,只要是公民、法人或者其他组织认为教育行政机关的具体行政行为侵犯其合法权益的,都可依法提起教育行政复议,这其中既包括教师和学生,也包括其他教育行政相对人。

(2) 受理的机关不同。按照有关教育法律的规定,教师对学校或者其他教育机构提出的申诉的受理机关主要为其所在区域的主管教育行政部门,对当地人民政府的有关行政部门提出的申诉,受理机关为同级人民政府或上一级人民政府的有关部门;学生对学校的处分不服或认为学校、教师侵犯其合法权益的申诉,则主要由当地教育主管部门或学校来受理。而教育行政复议的受理机关,根据不同层级的教育行政机关之间受理行政复议的分工和权限的不同,可由本级人民政府或上一级教育主管部门管辖;只有对国务院教育主管部门的具体行政行为不服的复议申请,由原教育行政机关管辖。

(3) 被申请人不同。教育行政复议中的被申请人只能是作出具体行政行为的教育行政机关,而教育申诉中的被申请人可以是教育行政机关,也可以是所在的学校,还可以是当地人民政府的其他行政部门。

(4) 程序不同。教育申诉制度在我国尚处于起步阶段,并无非常严格的程序规定。而教育行政复议则须按《行政复议法》关于程序的规定严格执行。

(5) 范围不同。教育申诉的范围按《教育法》和《教师法》的规定,教师、学生可以对受到的处理、处分提起申诉,也可以对其他侵犯合法权益的行为提起申诉。而教育行政复议一般只能对教育行政机关的具体行政行为提起,也包括部分规范性文件。教育申诉的内容只有直接涉及人身权、财产权及其他属于行政复议受案范围的,才可以依法提起行政复议。

此外,教育行政复议与教育申诉在当事人的称谓、处理期限、法律依据等方面也存在着不同。

二、教育行政复议的范围

根据我国《行政处罚法》和《行政复议法》的规定,教育管理相对人在下列情况下可以提请教育行政复议:第一,对教育行政处罚不服的。行政管理相对人如果对取消资格、罚款、没收违法所得等处罚不服的,可以申请复议。第二,对教育行政强制措施不服的。行政管理相对人如果对财产的查封、扣押、冻结等行政措施不服的,可以申请复议。第三,认为侵犯其合法经营自主权的。经营自主权包括经营主体对财产的占有权、自主使用权、收益权、支配权、处分权等,相对人认为教育行政机关侵犯其上述权利的,有权提请复议。第四,认为不作为违法的。主要有三种情况:相对人认为符合法定条件申请行政机关颁发许可证、执照、资质证、资格证等证书,或者申请行政机关审批、登记有关事项,行政机关没有依法办理的;申请行政机关履行保护人身权利、财产权利、受教育权利的法定职责,行政机关没有依法履行的;申请教育行政机关依法发放抚恤金、社会保险金或者最低生活保障费,教育行政机关没有依法发放的。第五,对违法设定义务不服的。相对人认为教育行政机关违法集资、征收财物、摊派费用或者违法要求其履行其他义务的,可以申请复议。第六,对行政机关作出的决定不服的。相对人对教育行政机关作出的有关许可证、执照、资质证、资格证等证书变更中止、撤销的决定不服的,可以申请复议。第七,认为行政机关的其他具体行政行为侵犯其合法权益的。

三、教育行政复议的管辖

教育行政复议管辖主要有以下几种情况:

1. 由本级人民政府或上一级教育行政机关管辖

(1)对县级以上的教育行政机关的具体行政行为不服申请复议的,由本级人民政府或者上一级教育行政机关管辖。

(2)对被撤销的教育行政机关在其撤销前作出的具体行政行为申请复议的,由继续行使其职权的教育行政机关的上一级教育行政机关或本级人民政府管辖。

(3)对于受教育行政机关委托的组织作出的具体行政行为不服申请复议的,由委托的教育行政机关的上一级教育行政机关或本级人民政府管辖。

尽管本级人民政府及上一级教育行政机关都有管辖权,但是实际只能由一个行政机关行使管辖权,最终由哪个行政机关行使,只能根据当事人意愿而定,由当事人选择管辖。当事人向两个有管辖权的行政机关都提出了申请的,由最先接受申诉的行政机关管辖。

2. 由原教育行政机关管辖

这有两种情况:一是《行政复议法》第十四条规定:"对国务院部门或省、自治区、直辖市人民政府的具体行政行为不服的,向作出该具体行政行为的国务院部门或者省、自治区、直辖市人民政府申请行政复议。"据此,对教育部的具体行政行为不服申请复议的,由教育部管辖。二是对由教育法律、法规授权的组织作出的具体行政行为不服申请复议的,由直接主管该组织的教育行政机关管辖。

3. 由本级人民政府或原教育行政部门管辖

对教育行政部门依法设立的派出机构依照法律、法规或规章规定,以自己的名义作出的具体行政行为不服的,由设立该派出机构的教育行政部门或该部门的本级地方人民政府管辖在具体的教育行政复议案件中,教育行政机关发现受理的案件不属于自己管辖的范围,应当移送有管辖权的复议机关,并告知申请人。接受移送的复议机关不得自行移送;申请人向无管辖权的教育行政机关申请复议的,教育行政机关应当拒绝受理,并应告知申请人向有管辖权的教育行政机关提出申请。

四、教育行政复议的程序

教育行政复议的审理,是指教育行政复议机关依法对行政案件进行全面审查的复议活动。它是教育行政复议程序的核心阶段。

教育行政复议同一般行政复议一样,需要依照如下程序进行:

1. 提出复议申请

教育行政复议的申请,是指教育行政管理相对人对教育行政机关及其工作人员的具体行政行为不服,依法提请教育行政复议机关对该行政行为进行审理并作出复议决定的行为。

提出复议申请,应当符合以下五个条件。

(1)有特定的申请人。申请人是认为具体行政行为直接侵犯其合法权益的教育行政管理相对人。

(2)有明确的被申请人。申请人要明确地提出侵害其合法权益的具体的教育行政主体。

(3)有具体的复议请求和事实根据。所谓复议请求,是指申请人通过复议机关对被申请人提出的实体权利要求,也就是申请人请求保护的具体内容。它包括:撤销原具体行政行为;改变原具体行政行为;请求复议机关责成被申请人履行某种法定义务;请求复议机关责成被申请人赔偿损失。所谓事实根据,是指申请人在申请行政复议时所依据的客观事实。它包括两个方面:一是案情事实,即行政法律关系发生、变更、消灭的事实和合法权益受到侵犯或者发生争议的事实;二是证据事实,即证明案情事实客观存在的必要根据。

(4)属于申请复议范围。指申请复议的案件必须是依法可以由复议机关依照行政程序进行行政复议的案件。

(5)属于相应复议机关管辖。申请必须向依法拥有管辖权的复议机关提出。任何越权越级的复议申请,均属无效。

此外,复议申请必须以书面形式提出。申请书应载明以下内容:① 申请人的姓名、性别、年龄、职业、住址等(法人或者其他组织的名称、地址、法定代表人的姓名);② 被申请人的名称、地址;③ 申请复议的要求和理由;④ 提出复议申请的日期。

最后,教育行政管理相对人向有管辖权的教育行政机关提出复议申请,应当在被告知行政执法决定之日起 15 日内,法律、法规另有规定的除外。

2. 复议申请的受理

受理,是指复议机关审查申请人的复议申请,认为符合法定条件而依法立案处理。

教育行政复议机关接受申请立案处理,必须具备下列四个条件:

(1) 符合法定的申请期限。

(2) 符合法定的申请条件。

(3) 申请复议的案件未曾向法院起诉。

(4) 提请复议的手续必须完备,这主要是指复议申请书应载明法定内容。

此外,只要复议申请书符合上述条件,复议机关应当自收到复议申请书之日起 10 日内予以立案受理。

3. 教育行政复议的审理

教育行政复议的审理,是指教育行政复议机关依法对行政案件进行全面审查的复议活动。它是教育行政复议程序的核心阶段。

复议机关审理复议案件包括以下三个步骤。

(1) 审理前的准备。指复议机关为保证复议案件审理活动的顺利进行所作的必要准备工作和活动。它包括七项具体工作:① 向被申请人发送复议申请书副本;② 限期并等待被申请人提交案件材料;③ 限期并等待被申请人答辩;④ 处理具体行政行为是否执行的有关事宜;⑤ 审阅复议材料;⑥ 调查和收集证据;⑦ 确定复议案件审理的方式、时间、地点等有关事项。

(2) 实体审理。指复议机关对复议案件的合法性和适当性进行全面审查活动。它是复议案件审理程序中的核心阶段,包括书面审理和开庭审理两种方式,前者主要针对申请材料而形成复议决定意见,后者则强调进行实际调查。

(3) 评议。指复议人员对复议案件进行讨论和研究,并形成复议决定的活动。

一般来说,教育行政复议的审理期限为两个月,但不排除法定的特殊审理期限。

4. 教育行政复议决定

教育行政复议决定,是指复议机关经过审理,根据所查明的案件事实,依法作出的权威性判定。它包括以下四种类型的决定。

(1) 教育行政执法决定适用法律、法规、规章和具有普遍约束力的决定、命令正确,事实清楚,符合法定权限和程序的,决定维持。

(2) 对于教育行政执法活动程序上不足的,决定被申请人补正。

(3) 对于被申请人不履行法律、法规和规章规定的职责的,决定其在一定期限内履行。

(4) 对于主要事实不清的,适用法律、法规、规章和具有普遍约束力的决定、命令错误的,违反法定程序影响申请人合法权益的,超越或者滥用职权的,具体行政行为明显不当的,复议机关决定撤销,并可以责令被申请人重新作出执法决定。

5. 执行

复议决定作出后,复议机关应将复议决定书送达申请人。复议决定书一经送达,即发生法定的效力。除法律规定终结的复议外,申请人对复议决定不服的,可以在收到复议决定书之日起 15 日内,或者法律、法规规定的其他期限内向人民法院起诉。对于申请人逾期不起诉又不履行复议决定的,区别情况由最初作出行政执法决定的教育行政机关或复议机关依法强制执行。

第四节　教育行政诉讼

一、教育行政诉讼概述

(一) 教育行政诉讼的含义

依据我国《行政诉讼法》,教育上的行政诉讼,是指教育行政管理相对人认为教育行政机关或教育法律、法规授权的组织的具体行政行为侵犯其合法权益,依法向人民法院起诉,请求给予法律补救;人民法院对教育行政机关或教育法律、法规授权的组织的具体行政行为的合法性进行审查,维护和监督行政职权的依法行使,矫正或撤销违法侵权的具体行政行为,给予相对人的合法权益以保护的法律救济活动。

(二) 教育行政诉讼的特点

教育行政诉讼作为教育行政法律救济手段,具有如下特点:

1. 主管机关恒定

教育行政诉讼的主管机关只属于人民法院,而不属其他机关。

教育行政诉讼的产生,是由于教育行政管理相对人认为教育行政机关侵害了其合法权益而引起,作为解决侵权纠纷的诉讼活动,法院负有制止和纠正侵犯他人权益行为的权力和责任,使任何可能对他人权益造成损害或不利影响的"权力"或"权利",都必须受到法律规范的控制,以司法权力控制行政权力的膨胀或滥用,以免其损害他人合法权益,为相对人提供一种使其与教育行政机关处于平等法律地位的救济途径。

2. 诉讼专属

诉权在某种意义上是一种向国家机关请求依法保护合法权益的救济之权。在行政诉讼中,法律只赋予相对人(公民、法人或者其他组织),而没有赋予行政机关以诉权。教育行政诉讼只能由教育行政管理相对人,如教师、学生或学校提起,不能由教育行政机关提起,教育行政相对人在所有的教育行政诉讼中都是原告,而将教育行政机关恒定为被告。同时根据《行政诉讼法》的规定,教育行政机关只有上诉权,没有反诉权。

3. 标的确指

教育行政诉讼的标的是教育法律规定的具体教育行政行为,而非其他。教育管理相对人的行为不是行政诉讼的标的。对于教育行政机关实施的民事行为,如教育合同行为等,相对人只能向人民法院民事审判庭提起民事诉讼,而不能提起行政诉讼。对于教育行政机关实施的制定教育行政法规、规章的教育行政立法行为或者教育行政机关制定、发布具有普遍约束力的决定、命令等行为,根据现行《行政诉讼法》的规定,也不能进行行政诉讼,这是由我国的国家性质和政治体制决定的。根据我国宪法的规定,对抽象行政行为的审查权属于国家权力机关和上级行政机关。这一原则在《行政复议法》第七条关于"在对行政行为申请行政复议时,可以一并提起对该规定的审查申请"的规定中得到了体现。作为审判机关的人民法院并不享有对行政立法的撤销权。

4. 被告举证

在教育行政诉讼中,作为被告的教育行政机关或教育法律、法规授权的组织负有举证责任。《行政诉讼法》规定:"被告对作出的行政行为负有举证责任,应当提供作出该行政行为的证据和所依据的规范性文件。"这是由教育行政机关的性质所决定的,在教育行政管理活动中,教育行政机关作为管理者自始至终处于主动支配地位。作出的决定,其根据如何,相对人无从知晓。同时,教育行政机关在收集证据方面明显处于优越地位,其决定的作出过程和依据的了解程度非相对人所能达到,这就决定了教育行政机关应负举证责任。行政诉讼中的胜败结局,也取决于行政机关能否提出行政行为合法的足够证据。因此,行政诉讼中被告举证的原则,是以确保相对人的合法权益为目的,体现了对相对人合法权益所提供的行政诉讼救济特殊保障功能。

5. 不得调解

人民法院在审理教育行政诉讼案件时,不得采取调解作为审理程序和结案方式。这是由教育行政机关享有的公共权力和国家权力所决定的。教育行政机关无权任意处分或放弃国家赋予的法定职责和权力,同时,从保护相对人的合法权益角度看,如果让相对人作出让步,则无异于让相对人承认侵害合理,甘心承受其损害,这有悖于行政诉讼制度建立的目的。因此,不得调解,是为法院提供保护相对人合法权益,给予受损的合法权益以充分救济的法律保障。

二、行政诉讼的受案范围

教育行政诉讼的受案范围,又称人民法院主管范围,是指人民法院受理并审理教育行政争议的范围。这一范围从人民法院与教育行政机关的关系而言,是指法院对教育行政机关的哪些行政行为拥有司法解释权;从行政管理相对人的角度而言,是指其对教育行政机关的哪些行政行为不服时可以向人民法院起诉,以寻求司法救济。教育行政诉讼受案范围是一个十分重要的问题,直接影响到行政诉讼制度整体功能的发挥。

根据我国《行政诉讼法》的规定,教育行政诉讼的受案范围分为两部分:一是人民法院受理案件的范围;二是人民法院不受理事项的范围。

(一) 人民法院受理案件的范围

《行政诉讼法》第十二条具体规定了人民法院的受案范围。具体如下:

1. 不服行政处罚的案件

行政处罚是国家行政机关或法律、法规授权的组织对实施了违反行政管理秩序行为的公民、法人或其他组织给予的行政制裁。它主要涉及公民、法人或其他组织的人身权、财产权。如果适用不慎,很容易损害相对人的合法权益。为切实保护相对人免受违法行政处罚的侵害,《行政诉讼法》明确规定行政处罚为可诉行为。《行政诉讼法》规定,"对行政拘留、暂扣或者吊销许可证和执照、责令停产停业、没收违法所得、没收非法财物、罚物、警告等行政处罚不服的",可以向人民法院提起行政诉讼。

2. 不服行政强制措施的案件

行政强制措施是指主管行政机关依法在必要时采取强制手段,对相对人的人身或财产加以限制或处理,使其处于某种状态或履行某种义务的行为。《行政诉讼法》规定可以起诉的行政强制措施有两类:

(1) 对限制人身自由的强制措施不服的。这类强制措施有四种:① 收容审查;② 强制戒毒;③ 扣留;④ 其他。

(2) 对查封、扣押、冻结财产的强制措施不服的。行政机关对负有金钱给付义务或物品给付义务的相对人,在其不履行义务时,可以查封、扣押、冻结其财产。

3. 认为行政机关侵犯法律、法规规定的经营自主权的案件

经营自主权是指企业和各种经济组织依法享有的自主调配和使用其人力、物力和财力的权利以及在产、供、销各环节上的自主决定权。在实践中,行政机关侵犯经营自主权的形式多种多样。比如,学校校办企业具有的生产计划权、产品销售权等,认为受到行政机关侵犯,可以向人民法律提起行政诉讼。

4. 对行政机关拒绝颁发许可证和执照或者不予答复的案件

对各种特定的行业和活动实行许可证制度,是行政管理的重要手段。公民、法人或其他组织凡是符合法定条件申请许可证,主管行政机关都应在法定期限内予以颁发。否则,即可能侵犯公民、法人或其他组织的可得权利。比如,国家对社会力量办学实行许可证制度。学校在运营中也涉及一些申请执照的行业,如校办工厂申请相应的执照等。如果行政机关拒绝颁发,在法定期限内不予答复的,可以申请行政诉讼。

5. 申请行政机关履行法定职责而被拒绝或者不予答复的案件

保护公民、法人或其他组织的人身权、财产权是许多行政机关的法定职责。负有法定职责的行政机关不履行职责的,对行政机关来说,是违法失职行为。因而相对人可以向人民法院提出行政诉讼。例如,学校受到社会上不法分子骚扰,向邻近派出所报告,请求保护,而该派出所置之不理,这时学校可向人民法院起诉。

6. 认为行政机关没有依法发给抚恤金的案件

抚恤金是相对人因公或者因伤致残,死亡时发给本人或家属的款项,以维持本人或家属的日常生活。企业对职工伤亡的处理应按解决劳动纠纷的程序处理,不在此列。

7. 认为行政机关违法要求义务的案件

公民、法人或其他组织在行政法上的义务由法律、法规设定,必须依法履行。除法定义务外,行政机关不得要求相对人履行法外义务。否则,就是对相对人的侵害,相对人有权提起行政诉讼。例如,某县政府下发了《关于收缴教育附加费的通知》,其中对学校明确规定:学生家长不完成交纳任务,令其子女停学。这就是违法设罚,违反了《教育法》《义务教育法》等法律,侵犯了公民的受教育权。相对人可据此提起行政诉讼。

8. 认为行政机关侵犯其他人身权和财产权的案件

在实践中,具体行政行为的表现形式很多,除上述列举的 7 项可诉行为外,还包括行政确认、行政裁决、行政征服、行政给付等。行政机关在实施这些行为时侵犯相对人人身权、财产权的,亦属于行政诉讼范围。相对人不服,也可提起行政诉讼。

(二)人民法院不受理事项的范围

根据《行政诉讼法》第十三条的规定,人民法院不受理的事项有四类:

(1)国防、外交等国家行为。

(2)行政法规、规章或者行政机关制定、发布的具有普遍约束力的决定、命令。

(3)行政机关对行政机关工作人员的奖惩、任免等决定。

(4)法律规定由行政机关最终裁决的行政行为。

三、行政诉讼的管辖

(一)教育行政诉讼管辖的含义

人民法院受案范围是解决人民法院与其他国家机关之间处理行政争议的权限分工。在人民法院受案范围确定之后,就要解决人民法院内部审理行政案件的权限分工,即某一具体案件由何地人民法院审理问题。行政诉讼管辖是指在人民法院系统内审理第一审行政案件的权限划分的法律制度。换言之,它所解决的是公民、法人或者其他组织认为属于人民法院受案范围的具体行政行为侵犯了自己的合法权益时,向哪一级哪一个人民法院起诉的问题。管辖问题,在行政诉讼中占有重要地位。科学地确定管辖,在法院系统内合理分配第一审行政案件的审判权,有利于法院及时、正确地审理行政案件,并可以避免法院之间相互推诿和相互争夺管辖权的现象发生;另外,也有利于诉讼当事人有效行使行政诉讼权,从而保护其合法权益。

(二)行政诉讼管辖的分类

根据《行政诉讼法》的有关规定,行政诉讼的管辖可分为级别管辖、地域管辖和裁定管辖三种。

1. 级别管辖

级别管辖是指各级人民法院在审理第一审行政案件时的分工和权限。按照行政诉讼法的规定，划分级别管辖的标准是行政案件的性质及其重大复杂程度。

（1）基层人民法院的管辖。基层人民法院对行政案件具有普遍管辖权，除法律规定由中级人民法院、高级人民法院和最高人民法院管辖的第一审行政案件外，其他行政案件都由基层人民法院管辖。

（2）中级人民法院的管辖。中级人民法院管辖的条件有三类：① 确认发明专利权的案件、海关处理的案件；② 对国务院部门或者县级以上人民政府所做的行政行为提起诉讼的案件；③ 本辖区内重大、复杂的案件。

（3）高级、最高人民法院的管辖。高级人民法院管辖本辖区内重大、复杂的第一审行政案件。最高人民法院管辖全国范围内重大、复杂的第一审行政案件，如具有典型意义的案件以及在国际上有重大影响的涉外案件。

2. 地域管辖

地域管辖是同级人民法院之间在审理第一审行政案件时的分工和权限，又可分为一般地域管辖和特别地域管辖。

（1）一般地域管辖。一般地域管辖是指在一般情况下的地域管辖制度。按照《行政诉讼法》第十八条规定："行政案件由最初作出行政行为的行政机关所在地人民法院管辖。"或者说，由被告所在地法院管辖。

（2）特别地域管辖。特别地域管辖是适用于特殊情况的地域管辖制度。在具体确定某一条件的管辖时，特殊地域管辖优于一般地域管辖。按照《行政诉讼法》的规定，特殊地域管辖有三类：

① 经复议的案件，复议机关改变原具体行政行为的，可以由最初作出具体行政行为的行政机关所在地法院管辖，也可以由复议机关所在地法院管辖。

② 对限制人身自由的行政强制措施不服提起的诉讼，由被告所在地或原告所在地人民法院管辖。其中原告所在地包括原告的户籍所在地、经常居住地和被限制人身自由所在地。

③ 因不动产提起的行政诉讼，由不动产所在地法院管辖。

以上三类特殊地域管辖中，前两类不属于共同管辖。若对同一行政案件，两个以上的法院都具有管辖权，相对人可以向其中的任何一个法院提起诉讼。如果同时向两个以上法院起诉的，由最初收到诉状的法院管辖。如果两个以上的法院同时收到诉状的，由起诉人决定由哪个法院管辖。

3. 裁定管辖

裁定管辖指人民法院依法所确定的管辖，与法定管辖相对应。按《行政诉讼法》的规定，裁定管辖有三种：

（1）移送管辖。移送管辖是指人民法院受理行政案件后，发现本法院对该案件没有管辖权,依法将已受理的案件移送给有管辖权的法院而确定的制度。其实质为一种管辖纠错程序,其目的在于保证行政诉讼管辖制度的正确运用。

(2) 指定管辖。指定管辖是指上级人民法院以裁定的方式指定某一下级人民法院管辖某一案件。根据《行政诉讼法》的规定,指定管辖运用于以下两种情况:一是有管辖权的人民法院由于特殊原因不能行使管辖权;二是人民法院对管辖权发生争议,经协商未能解决。

(3) 管辖权的转移。管辖权的转移是指基于下级人民法院的申请或上级人民法院的决定,下级人民法院把有管辖权的案件转移给上级人民法院审判,或上级人民法院把有管辖权的案件转移给下级人民法院审判的制度。规定管辖权转移,是赋予上级人民法院在管辖上的灵活决定权,以满足行政诉讼的需要。

四、教育行政诉讼的起诉条件

根据《行政诉讼法》的规定,原告要使起诉被司法机关接受,必须符合下述条件:

(1) 原告是认为具体行政行为侵犯其合法权益的公民、法人或者其他组织。这一条件意味着:首先,原告是作为行政相对人的公民、法人和其他组织,而不是行使国家职权的行政主体;其次,原告是认为自己权益而非他人权益被侵犯的公民、法人或其他组织;再次,侵害原告权益的是行政主体的具体行政行为,而不是其他行为。《行政诉讼法》第二十五条规定:"行政行为的相对人以及其他与行政行为有利害关系的公民、法人或者其他组织,有权提起诉讼。有权提起诉讼的公民死亡,其近亲属可以提起诉讼。有权提起诉讼的法人或者其他组织终止,承受其权利的法人或者其他组织可以提起诉讼。"由此可见,作为行政诉讼的原告,必须符合法定条件。如果有权起诉的公民死亡,其近亲属可提起诉讼(近亲属包括配偶、父母、子女、兄弟姐妹、祖父母、外祖父母、孙子女、外孙子女等)。

(2) 有明确的被告。这一条件要求,原告在提起诉讼时,必须具体清楚地向法院表明告谁,即被诉行为是由哪个行政主体作出的。原告如仅有被侵害事实,而没有明确的侵害主体,起诉亦不能成立。因为人民法院最终要使一个具体的行政主体来承担法律责任。

行政诉讼的被告只能是作出具体行政行为的行政机关或者法律、法规授权的组织。行政机关的工作人员不能当被告。经复议的案件,复议机关决定维持原具体行政行为的,作出原具体行政行为的行政机关和复议机关是共同被告;复议机关改变原具体行政行为的,复议机关是被告。由行政机关委托的组织所作的具体行政行为,委托的行政机关是被告;对行政机关的派出机构作出的具体行政行为不服而起诉的,该行政机关是被告,但法律、法规对派出机构有授权的除外;如果作出具体行政行为的行政机关被撤销,继续行使其职权的行政机关是被告。

(3) 有具体的诉讼请求和事实根据。这一条件要求,首先原告提起诉讼时要向人民法院提出具体的请求事项,表明希望人民法院采取什么司法行为来对自己受到侵害的权利进行救济。例如,要求法院责成行政机关履行职责,或者要求法院撤销具体行政行为等。其次在提出诉讼请求的同时,原告还要向人民法院提出起诉所依据的事实根据。事实根据主要指原告权益受到侵害的情况与证据。原告在起诉时即使不能提供行政决定书等行政文书,至少应提供证明具体行政行为存在的有关情况或相关证据。否则,法院难以对之进行审理。

(4) 属于人民法院受案范围和受诉人民法院管辖。这一条件要求,首先原告所指控的具体行政行为属于《行政诉讼法》第十二条规定的受案范围,超出此受案范围,人民法院不能接受其起诉;其次受诉法院必须对起诉的案件有管辖权,符合《行政诉讼法》第三章管辖的规定。行政审判权必须由一个具体的法院来行使。法院审理行政案件是有分工的。所以,法院受理原告起诉必须确定是否对相应案件有管辖权。

五、教育行政诉讼的审理依据和判决

人民法院判决行政案件,涉及审判的依据和如何判决处理两大问题。了解这两个问题,对于事前是否确定起诉,判决之后是否上诉,有很现实的意义。

(一) 审判依据

审判依据是指人民法院审理行政案件时,衡量具体行政行为是否合法的尺度。

(1) 依据法律、行政法规和地方性法规。这里有三层含义:一是规定人民法院审理行政案件以法律、行政法规和地方性法规为依据。二是规定地方性法规可以作为审查依据,但它只能适用于本行政区域内发生的行政案件。三是由于民族自治地方的自治条例和单行条例,就其性质而言属于地方性法规。因此,人民法院审理发生在民族自治地方的行政案件,应以该民族自治地方的自治条例和单行条例为依据。

(2) "参照"规章。所谓参照,指人民法院审理行政案件在没有法律法规规定的情况下参考并依照规章的规定精神作出处理。这就是说:① 前提是没有法律法规规定。② 区别情况决定是"参考"还是"依照"。也就是说,经人民法院审查,认为符合法律、行政法规规定的规章,作为人民法院要参照审理;对审查认为不符合法律、行政法规的规章,人民法院不参照执行;一部分符合法律、行政法规规定的规章,可以就该部分参照审理。符合法律、行政法规规定的规章必须同时具备两个条件:① 在行政机关职权范围内制定的;② 规章规定的内容不得与宪法法律和行政法规相抵触。当规章的规定与法律、行政法规的规定不一致时,人民法院不能承认其效力。

(二) 判决处理

根据《行政诉讼法》的规定,人民法院对受理的行政案件经过审理后,依不同的情况,分别可以作出如下判决:

1. 判决维持具体行政行为

人民法院对经过审理的行政案件,认为行政机关作出的具体行政行为认定的事实清楚,提供的证据确实、充分,适用法律法规正确,处理程序符合法律、法规规定的程序的,应当判决驳回原告的诉讼请求,维护被告作出的具体行政行为。

2. 判决撤销、部分撤销或者判决重新作出具体行政行为

人民法院经审理，认定具体行政行为有下列情况之一的，应判决撤销、部分撤销或者判决被告重新作出具体行政行为，包括：

（1）主要证据不足。即被告向人民法院提交的证据不能证实其所作出的具体行政行为的合法性。

（2）适用法律法规不当。具体行政行为适用法律法规不当，主要有以下四种情况：应适用甲法，却适用了乙法；应适用甲法的某些条款，却适用了甲法的其他条款；片面适用法条；适用了尚未生效或已经失效的法律法规。

（3）违反法定程序。法律法规规定的行政程序，是行政机关正确、及时作出具体行政行为的必要保证，是防止行政机关及其工作人员滥用职权的有效措施。违反法定的行政程序，很可能作出不正确的具体行政行为，侵犯公民、法人或其他组织的合法权益。因此，违反法定程序的具体行政行为一般都撤销。例如，某公安局对违反治安行政管理的行为人没有按照《治安管理处罚条例》的规定，未经传唤、讯问、取证等程序就裁决，给予拘留处罚。

（4）超越职权。超越职权主要有以下四种情况。第一种，甲机关行使乙机关的职权。如根据《教育法》的规定，违反学校登记注册管理的行为应由教育行政机关处理，工商行政管理机关对此进行处理，就属于越权行为。第二种，超过法律、法规规定的范围和幅度行使行政权。如《学校卫生工作条例》中规定对违反该法情节严重的，卫生行政部门会同工商行政部门没收其不符合国家有关规定的物品，并处以非法所得两倍以下的罚款，而某行政处罚机关单独对违反该法行为人给予两倍以上的罚款。第三种，下级行政机关行使上级行政机关的职权。如《治安管理处罚条例》规定，50元以上罚款和行政拘留，由县级公安机关裁决。其公安派出所却作出了处以 50 元以上罚款或拘留的决定。第四种，超越管辖的行政职权。例如，A 县教育局对发生在 B 县的违反教育法的行为进行处罚。

（5）滥用职权。指行政机关所行使权力的目的不是出于社会公共利益或者不符合法律授予这种权力的目的，即指行政机关在法定权限范围内不正当行使行政机关权力所发生的法律错误。如动机不良，假公济私，打击报复行使行政处罚权；故意拖延告知管理相对人行使诉讼权或复议权等。

上述五种情况，除了判决撤销或者部分撤销外，还可以根据需要判决被告重新作出具体行政行为。人民法院判决被告重新作出具体行政行为的，被告不得以同一事实和理由作出与原具体行政行为基本相同的具体行为。否则，人民法院可以依据《行政诉讼法》的规定，以拒绝履行判决采取强制措施。

3. 判决被告履行法定职责

行政机关不履行法律法规规定职责的，人民法院应判决其在一定期限内履行法定职责。具体来讲，主要有以下两种情况：① 行政机关拒绝或者不予答复符合法定条件申请颁发许可证和执照的。例如，某校办工厂符合食品卫生法规定的生产食品的卫生条件和标准,向卫生行政管理机关申请发放卫生许可证。卫生行政管理机关拒绝发给其卫生许可证,在法定期限内不予答复。告到人民法院后,法院查清这一事实,应判决卫生行政管理机关在一定期限内,发给该厂卫生许可证。② 申请负有保护人身权、财产权的行政机关履行保护人身权、财产权的职责,该机关拒绝履行或者不予答复的。人民法院可以在开庭审理、查明案件事实的基础上,判决履行职责。

4. 判决变更具体行政行为

人民法院经审理,认定行政处罚显失公正的,可以判决变更。这里所讲的"变更",是指人民法院判决减轻或者加重对原告或第三人的行政处罚。人民法院判决变更具体行政行为,必须同时具备两个条件。第一,必须是行政处罚,而不能是其他行政行为;第二,必须是"显失公正"的行政处罚。所谓显失公正,是指行政机关给予违法行为人的行政处罚与其过错极不相称,畸轻或者畸重。例如,某甲打某乙,致某乙胳膊上一小块青肿,就给予某甲 15 天拘留处罚。对此人民法院可以判决变更。

应当指出,第一审行政案件一经宣判,作出判决的人民法院就无权擅自撤销或者变更其所作出的判决,只有依照第二审程序或者审判监督程序才能改变。

第五节　教育行政赔偿

一、行政赔偿概述

(一)行政赔偿的概念

行政赔偿是指行政主体及工作人员在行使职权过程中,有违反《国家赔偿法》规定的行为,侵犯了公民、法人或其他组织的合法权益并造成损害,由行政主体给予赔偿的法律制度。建立行政赔偿制度有利于监督行政机关及其工作人员依法行政,为行政侵权的受害人提供有效的救济。行政赔偿是国家赔偿的重要组成部分,与其他法律赔偿形式相比较,行政赔偿具有以下特征。

第一,行政赔偿的实质是一种国家赔偿。国家根据管理社会事务的需要设立各类行政机关,聘任相应的工作人员。虽然造成侵权损害的行为是由行政机关的工作人员具体实施的,但工作人员都是以国家的名义,代表国家行使行政职权,实施行政管理活动,所以,行政行为的结果应由国家来承担。而国家是一个抽象的政治实体,不能具体参与行政赔偿活动,故实施具体行政赔偿的义务主体是行政主体,但最终的赔偿责任承担者是国家。

第二,行政赔偿的起因是行政侵权损害行为。在国家行政管理活动中行政主体代表国家行使行政职权。行政主体正当合法地行使行政职权不会引起行政赔偿的发生,只有行政主体的行政行为具有违法性,即违反了法律法规或规章的规定的侵权行为才承担行政赔偿责任。根据《国家赔偿法》的规定,实行职务侵权责任原则是我国行政赔偿制度的重要特点。

第三，行政赔偿的赔偿范围以具体行政行为造成的实际损害为限。行政赔偿只有在行政相对人的合法权益受到实际损害时才会发生。所谓合法权益，是指行政相对人根据法律规定已经获得的或可能获得的权力和利益，包括财产利益和精神利益。所谓实际损害，是指合法权益的损害必须是实际确定已发生或将要发生的，不能是假想臆造的。对于财产权的损失，应是直接损失，国家不予赔偿间接损失；对于公民人身权的损害，按照国家法定标准予以确定。

第四，行政赔偿的赔偿义务主体是行政主体。行政主体的违法行政行为造成的损害，无论是由集体决定产生的，还是由行政机关工作人员个人过错产生的，都由该行政机关予以赔偿。在实际行政管理活动中，行政机关可能会委托其他组织或者个人行使行政权力，这时，如果受委托的行政权力侵犯了行政相对人的合法权益并造成损害的，委托的行政机关则为赔偿义务主体。此外，在由法律、法规授权的组织行使授予的行政权力时侵犯了行政相对人的合法权益造成损害的，则被授权的组织为赔偿义务主体。

（二）行政赔偿和其他法律赔偿的区别

1. 行政赔偿和刑事赔偿

刑事赔偿，是指行使国家侦查、检察、审判、监狱管理职权的机关及其工作人员违法行使职权，侵犯公民、法人和其他组织的合法权益造成实际损害的，由该司法机关依法予以赔偿的法律救济制度。刑事赔偿是基于行使国家侦查、检察、审判、监狱管理职权的机关及其工作人员违法行使职权行为引起的，这类违法职权行为对公民、法人和其他组织的合法权益造成损害时，由相应的司法机关承担赔偿责任。

从宏观上看，刑事赔偿与行政赔偿并无差异，都是指因国家机关及其工作人员违法行使国家权力而侵犯公民、法人和其他组织的合法权益并造成损害时，由国家承担赔偿责任的法律救济制度。并且刑事赔偿与行政赔偿共同构成了国家赔偿法律救济制度。但从微观上看，行政赔偿与刑事赔偿在赔偿范围、赔偿义务主体、引起赔偿的原因行为以及赔偿程序等方面均有差异，因此在理论与实践中应予以明确区分。

2. 行政赔偿和民事赔偿

民事赔偿，是指公民、法人和其他组织在民事活动中，由于一方侵害了另一方的合法权益，由侵权方对被侵害方赔偿损失的一种法律制度。民事赔偿作为一种承担法律责任的形式，以弥补他人的损失为目的，以一定的财产给付为内容，是侵权人承担的一项强制性的法律义务。行政赔偿与民事赔偿具有密切的关系，行政赔偿具有民事赔偿的一般性，它是从民事赔偿中独立、分化和演变而来的。作为已独立出来的行政赔偿，与民事赔偿的区别主要有以下几点。

（1）赔偿发生的基础不同。行政赔偿发生的前提是行政主体及其工作人员在行使行政职权的行政活动中有违法行为，对公民、法人和其他组织的合法权益造成了损害；民事赔偿发生的前提是平等民事主体在进行民事活动中发生的民事侵权，与国家权力无关。

（2）赔偿主体不同。行政赔偿的赔偿义务主体是国家行政主体；民事赔偿的赔偿义务主体是侵权主体，是具体的公民、法人和其他组织。

（3）赔偿费用的来源不同。行政赔偿的经费主要来源于国家财政的预算，作专项开支。民事赔偿中，公民个人作为赔偿义务主体的，从个人合法收入中支出；法人或其他组织作为赔偿义务主体的，赔偿费用从该组织的自有资金或者预算外资金中支出。

3. 行政赔偿和行政补偿

行政补偿是行政主体及其工作人员在行使职权的过程中，因其合法行为使无特定义务的公民、法人或其他组织的合法权益受到损失，依法由国家给予补偿的制度。如国家对征用土地的补偿等。行政补偿的前提是行政主体为了公共利益的需要，依法行使公共权力造成行政相对人合法权益的损失而进行的一般为事前补偿的制度。行政赔偿与行政补偿都是国家对行政主体及其公务人员在行使职权过程中给公民、法人或者其他组织合法权益造成的损害采取补救措施，但行政补偿是由合法行为引起的，这与由违法行为引起的行政赔偿具有本质的区别。

（三）行政赔偿的归责原则

归责原则是确定和判断行为人侵权责任的依据和标准。行政赔偿的归责原则，是指确定和判断行政主体及其工作人员行政侵权责任的根据和标准，它是确定和判断行政侵权是否承担法律责任的理论基础。从理论和国外的立法实践来看，行政赔偿责任制度的归责原则体系主要有以下三种。

1. 过错责任原则

过错责任原则，是指行政主体在行使行政职权时因过错给受害人的合法权益造成损害才承担赔偿责任的一种归责原则。过错责任原则，是民事责任的主要归责原则，世界各国行政赔偿责任理论深受民事责任理论的影响，基本上都确立了过错责任原则。过错是行为人的一种心理状态，分为故意和过失两种，过错责任原则属于主观归责原则，行为人必须具有主观上的过错存在，才对其行为造成的损害承担赔偿责任。过错责任从理论上合理地解决了共同侵权行为和混合过错的责任承担问题，明确了救济范围，有助于减轻国家财政负担。但是，采用过错责任原则追究行政主体的侵权责任，需要受害人举证证明行政主体在从事行政行为时主观上有过错，这在实践中困难较大，不利于保护行政相对人的合法权益。因此，采用过错责任原则的国家，比较注重引入其他一些措施修正该原则，如减轻受害人的举证责任、引入危险责任原则等。

2. 无过错责任原则

无过错责任原则也称"危险责任原则"或"严格责任原则"，是指只要行政机关及其工作人员行使行政职权侵犯了受害人的合法权益，该行政机关就应承担赔偿责任，而不评判侵权行为引起的原因、性质与内容，不考虑行政机关及其工作人员是否违法或有无过错。无过错责任原则是一种基于结果的国家责任，它加重了国家的责任，因此，西方国家在适用该原则时都尽量避免将其一般化，而仅作为过错原则的补充。无过错责任原则在整个归责体系中一直处于辅助和从属的地位。

3. 职务侵权责任原则

职务侵权责任原则,是指行政机关及其工作人员违法行使职权侵犯了受害人的合法权益并造成损害的,由该行政机关承担赔偿责任的一种归责原则。采用职务侵权责任原则的国家首推瑞士,《瑞士联邦责任法》(1959年)第三条规定:"联邦对于公务员执行职务时,不法侵害他人权利者,不问该公务员有无过错,应负赔偿责任。"职务侵权责任原则在审判实践中,标准客观,易于把握,我国行政赔偿制度采用职务侵权责任原则。我国《国家赔偿法》第二条规定:"国家机关和国家机关工作人员行使职权,有本法规定的侵犯公民、法人和其他组织合法权益的情形,造成损害的,受害人有依照本法取得国家赔偿的权利。"

二、行政赔偿的构成要件

行政机关及其工作人员侵犯公民、法人和其他组织的合法权益,依照法律规定应该承担行政赔偿责任,但这并不表示只要行政相对人受到损害,行政机关就必须给予赔偿。根据《国家赔偿法》的规定,承担行政赔偿责任应同时具备以下条件。

(一) 主体要件

承担行政赔偿责任的主体是指因侵权行为而承担法律责任的义务主体。我国行政赔偿责任制度的侵权主体是国家行政机关及其工作人员。确定行政赔偿的责任主体,就是要明确国家行政机关对于哪些组织或个人的侵权行为所造成的损害承担赔偿责任。请求行政赔偿,必须肯定侵权行为主体是国家行政机关及其工作人员,不是行政机关及其工作人员的侵权行为,行政机关不承担赔偿责任。

(二) 行为要件

承担行政赔偿责任的行为必须是侵权行为,具体是指行政机关及其工作人员违法侵害公民、法人和其他组织合法权益造成损害的行为。侵权行为是违法行为,它是行政赔偿责任中的一种重要构成要件。违法既包括实体上的违法,也包括程序上的违法。违法行为有两种表现形式:作为的违法行为和不作为的违法行为。

(三) 损害结果要件

确立行政赔偿责任的目的在于对受害人进行赔偿,因此,损害存在是行政赔偿责任产生的前提条件。我国《行政赔偿法》将损害结果确定为人身权的损害与财产权的损害两个方面。损害必须具备两个条件:一是必须是已经发生的或将来一定会发生的;二是损害只能发生于受法律保护的权益,即合法权益。

(四) 行为与损害结果之间的因果要件

行政侵权行为与损害结果之间必须存在着法律上的因果关系。因果关系是指各个客观现象之间的一种内在的、必然的联系。行政侵权行为与损害之间的因果关系,是指行政侵权行为的发生是损害发生的直接原因,损害的发生是行政侵权行为发生的必然结果。在行政赔偿责任的构成要件中,因果关系是较为稳定的要件。

三、行政赔偿的范围

行政赔偿范围的概念应解决两个问题:一是哪些行政侵权行为应当承担行政赔偿责任;二是哪些损失应获得行政赔偿。行政赔偿范围决定了国家承担的赔偿责任的大小,行政赔偿范围的确定受到一国人权保障观念、经济实力、政治体制、法学理论等条件的影响,在一定层面上反映了一个国家对公民、法人及其他组织合法权益的保护水平。我国《国家赔偿法》第二章规定的行政赔偿范围只解决了行政赔偿范围概念应解决的第一个问题,即只解决了行政主体的哪些行为导致行政相对人的合法权益受到损害应承担行政赔偿责任,哪些行为不承担行政赔偿责任的问题。《国家赔偿法》用概括和列举相结合的方法,针对我国行政管理的实际情况,规定了应当承担行政赔偿责任的行为限于侵犯人身权和财产权的行为。这里的"行为"不仅包括职务行为,也包括与职务相关的行为。所谓"与职务相关的行为",依据最高人民法院 1997 年 4 月 29 日发布的《关于审理行政赔偿案件若干问题的规定》,包括具体行政行为和与行政机关及其工作人员行使行政职权有关的,给公民、法人或者其他组织造成损害的,违反行政职责的行为。行政机关工作人员行使与职权无关的个人行为,国家不承担赔偿责任。具体而言,我国行政赔偿的范围包括肯定范围与否定范围。

(一)承担行政赔偿的范围

《国家赔偿法》规定的承担行政赔偿的情形包括侵犯人身权和侵犯财产权两大类。

1. 侵犯人身权的行为

根据《国家赔偿法》第三条的规定,行政机关及其工作人员在行使职权时有下列侵犯人身权情形之一的,受害人有取得赔偿的权利:① 违法拘留或者违法采取限制公民人身自由的行政强制措施的;② 非法拘禁或者以其他方法非法剥夺公民人身自由的;③ 以殴打、虐待等行为或者唆使、放纵他人以殴打、虐待等行为造成公民身体伤害或者死亡的;④ 违法使用武器、警械造成公民身体伤害或者死亡的;⑤ 造成公民身体伤害或者死亡的其他违法行为。

2. 侵犯财产权的行为

根据《国家赔偿法》第四条的规定,行政机关及其工作人员在行使职权时有下列侵犯财产权情形之一的,受害人有取得赔偿的权利:① 违法实施罚款、吊销许可证和执照、责令停产停业、没收财物等行政处罚的;② 违法对财产采取查封、扣押、冻结等行政强制措施的;③ 违法征收、征用财产的;④ 造成财产损害的其他违法行为。

(二)不承担行政赔偿的范围

根据我国《国家赔偿法》第五条的规定,属于下列情形之一的,国家不承担赔偿责任：① 行政机关工作人员与行使职权无关的个人行为；② 因公民、法人和其他组织自己的行为致使损害发生的；③ 法律规定的其他情形。

另外，《最高人民法院关于审理行政赔偿案件若干问题的规定》第六条规定："公民、法人或者其他组织以国防、外交等国家行为或者行政机关制定发布行政法规、规章或者具有普遍约束力的决定、命令侵犯其合法权利造成损害为由，向人民法院提起行政赔偿诉讼的，人民法院不予受理。"据此，国家行为和抽象行政行为也被排除在行政赔偿范围之外。

四、行政赔偿的义务机关

行政赔偿义务机关，是指代表国家处理赔偿请求、支付赔偿费用、参加赔偿诉讼的行政机关。我国的行政赔偿义务机关包括以下几类。

(一) 实施侵害的行政机关

行政机关违法行使行政职权侵犯公民、法人和其他组织的合法权益造成损害的，该行政机关为行政赔偿义务机关。

行政机关的工作人员违法行使行政职权侵犯公民、法人和其他组织的合法权益造成损害的，该工作人员所在的行政机关为行政赔偿义务机关。

(二) 法律、法规授予行政权的组织

法律、法规授予行政权的组织在行使被授予的行政权时，侵犯公民、法人和其他组织的合法权益造成损害的，被授权的组织为行政赔偿义务机关。当该组织在行使其固有职权或所授予的非行政权时侵犯公民、法人和其他组织的合法权益造成损害的，该组织并不能成为行政赔偿义务机关，因为此时并没有产生行政赔偿关系。

(三) 委托的行政机关

受行政机关委托的组织或个人在行使受委托的行政权时，侵犯公民、法人和其他组织的合法权益造成损害的，委托的行政机关为赔偿义务机关。

(四) 行政复议机关

行政复议机关只有在被复议的行政行为侵害了公民、法人和其他组织的合法权益造成损害，并因行政复议机关的复议决定加重了损害的情况下，才能成为行政赔偿义务机关，且仅对加重的损害部分承担赔偿责任。对于由最初作出具体行政行为的行政机关所造成的损害，该行政机关为赔偿义务机关。

(五) 赔偿义务机关被撤销后的赔偿义务机关

上述行政赔偿义务机关被撤销的，继续行使其职权的行政机关为赔偿义务机关；没有继续行使其职权的行政机关的，撤销该赔偿义务机关的行政机关为行政赔偿义务机关。

五、教师行政赔偿的提起和受理

(一) 行政赔偿的提起

赔偿请求人向教育行政机关请求赔偿,应递交行政赔偿申请书,及有关的证据材料(如因人身伤害请求赔偿,应提交证明伤害程度、性质的医院证明书、医疗费收据等)。申请书应当载明:① 受害人的姓名、性别、年龄、工作单位和住所,法人或者其他组织的名称、住所和法定代表人或者主要负责人的姓名、职务;② 具体要求、事实根据和理由;③ 赔偿义务机关;④ 申请的年、月、日。应当指出行政赔偿程序由非诉讼程序(行政程序)与诉讼程序(司法程序)两个部分组成。在我国原则上行政赔偿请求人必须首先向行政赔偿义务机关提出赔偿请求,由行政赔偿义务机关先行通过行政程序予以解决,只有当行政赔偿义务机关不接受、不理睬行政赔偿请求人的赔偿的请求或者行政赔偿请求人对赔偿数额有异议时,行政赔偿请求人再诉请人民法院予以裁决。

(二) 行政赔偿申请的受理

主要是下列几项内容:① 是否符合要求赔偿的要件;② 申请书的形式和内容是否符合要求;③ 申请人所要求赔偿之损害是否确系由本行政机关及其工作人员或受本机关委托的组织和个人之违法行为造成;④ 申请赔偿之损害是否属于《国家赔偿法》所规定的赔偿范围之内。如果经审查,所有这些要求都已达到,则应受理。

如果发现:① 申请书的内容、形式有缺漏,应告知申请人予以补正;② 如果申请人不具有请求权,应告知要由有请求权的人来申请;③ 申请人丧失申请权利的,应告知其不予受理的原因。

如果审查结果认为该申请符合赔偿条件,赔偿义务机关应与请求权人进行协商。双方就赔偿问题达到一致意见后,应制作具有法律效力的"赔偿协议书",载明赔偿方式、金额、履行期限等,并在自收到申请之日起两个月内,依照赔偿协议书中的规定给予赔偿。

赔偿义务机关赔偿损失后,应当责令有故意或者重大过失的工作人员或者受委托的组织或个人承担部分或者全部赔偿费用。对有故意或者重大过失的责任人员,有关机关应当依法给予行政处分;构成犯罪的,应当依法追究刑事责任。

(三) 申请的拒绝

被请求的机关在收到请求权人的申请后,通常以两种方式拒绝赔偿:

(1) 认为本机关无赔偿义务,因而应在收到申请后以书面的形式通告请求人不予赔偿,并说明不予赔偿的理由。理由一般有两个:① 被申请之违法侵害行为不是本机关的工作人员或受本机关委托的组织和个人所为,因而本机关不是赔偿义务机关;② 被请求赔偿之损害事实,不在国家赔偿法所规定的赔偿范围之内,依法不应予以赔偿。

(2) 自收到申请后,置之不理,超过两个月的法定期限,不予赔偿,或者赔偿请求人对赔偿数额有异议,这种情况可以被认为是默示的拒绝。请求人不论遇到何种方式的拒绝,均可在三个月内向人民法院提起赔偿诉讼,通过司法程序求得损害赔偿。

思考与练习

一、名词解释

教育法律救济　教育申诉制度　教育行政复议　教育行政诉讼

二、问题思考

1. 简述教育法律责任的含义。

2. 简述教育法律救济的途径。

3. 简述教育申诉制度的基本内容。

4. 简述教育行政复议的基本内容。

5. 简述教育行政诉讼的基本内容。

三、案例分析

齐××与被告人之一陈××都是山东省滕州市第八中学学生。在1990年的中专考试中,齐××被山东省济宁市商业学校录取,陈××预考被淘汰。但在陈父即原村党支部书记的一手策划下,从滕州市八中领取了济宁市商业学校给齐××的录取通知书,冒名顶替入学就读,毕业后分配到中国银行山东省滕州支行工作。1999年1月29日,得知真相的齐××以侵害其姓名权和受教育权为由,将陈××、济宁市商业学校、滕州市第八中学和滕州市教委告上法庭,要求停止侵害、赔礼道歉并赔偿经济损失16万元和精神损失40万元。2001年8月13日,最高人民法院认定"陈××等以侵犯姓名权的手段,侵犯了齐××依据宪法规定所享有的受教育的基本权利,并造成了具体的损害后果,应承担相应的民事责任。"2001年8月24日,山东省高级人民法院根据最高院批复作出二审判决:陈××停止对齐××姓名权的侵害;齐××因受教育权被侵犯而获得经济损失赔偿48 045元及精神损害赔偿5万元。

根据相关法律法规,回答:

(1) 本案例中,齐××的什么权利受到了侵犯?

(2) 侵害受教育权的具体表现及相关法律法规是什么?

(3) 本案对我们维护自己的合法权益有何启示?

附　录

附录1:《中华人民共和国教育法》

中华人民共和国教育法

（1995 年 3 月 18 日第八届全国人民代表大会第三次会议通过。根据 2009 年 8 月 27 日第十一届全国人民代表大会常务委员会第十次会议《关于修改部分法律的决定》第一次修正。根据 2015 年 12 月 27 日第十二届全国人民代表大会常务委员会第十八次会议《关于修改〈中华人民共和国教育法〉的决定》第二次修正。2021 年 4 月 29 日，第十三届全国人民代表大会常务委员会第二十八次会议通过《全国人民代表大会常务委员会关于修改〈中华人民共和国教育法〉的决定》，自 2021 年 4 月 30 日起施行。）

第一章　总　则

第一条　为了发展教育事业，提高全民族的素质，促进社会主义物质文明和精神文明建设，根据宪法，制定本法。

第二条　在中华人民共和国境内的各级各类教育，适用本法。

第三条　国家坚持中国共产党的领导，坚持以马克思列宁主义、毛泽东思想、邓小平理论、"三个代表"重要思想、科学发展观、习近平新时代中国特色社会主义思想为指导，遵循宪法确定的基本原则，发展社会主义的教育事业。

第四条　教育是社会主义现代化建设的基础，对提高人民综合素质、促进人的全面发展、增强中华民族创新创造活力、实现中华民族伟大复兴具有决定性意义，国家保障教育事业优先发展。

全社会应当关心和支持教育事业的发展。

全社会应当尊重教师。

第五条　教育必须为社会主义现代化建设服务、为人民服务，必须与生产劳动和社会实践相结合，培养德智体美劳全面发展的社会主义建设者和接班人。

第六条　教育应当坚持立德树人，对受教育者加强社会主义核心价值观教育，增强受教育者的社会责任感、创新精神和实践能力。

国家在受教育者中进行爱国主义、集体主义、中国特色社会主义的教育，进行理想、道德、纪律、法治、国防和民族团结的教育。

第七条　教育应当继承和弘扬中华优秀传统文化、革命文化、社会主义先进文化，吸收人类文明发展的一切优秀成果。

第八条　教育活动必须符合国家和社会公共利益。

国家实行教育与宗教相分离。任何组织和个人不得利用宗教进行妨碍国家教育制度的活动。

第九条　中华人民共和国公民有受教育的权利和义务。

公民不分民族、种族、性别、职业、财产状况、宗教信仰等,依法享有平等的受教育机会。

第十条　国家根据各少数民族的特点和需要,帮助各少数民族地区发展教育事业。

国家扶持边远贫困地区发展教育事业。

国家扶持和发展残疾人教育事业。

第十一条　国家适应社会主义市场经济发展和社会进步的需要,推进教育改革,推动各级各类教育协调发展、衔接融通,完善现代国民教育体系,健全终身教育体系,提高教育现代化水平。

国家采取措施促进教育公平,推动教育均衡发展。

国家支持、鼓励和组织教育科学研究,推广教育科学研究成果,促进教育质量提高。

第十二条　国家通用语言文字为学校及其他教育机构的基本教育教学语言文字,学校及其他教育机构应当使用国家通用语言文字进行教育教学。

民族自治地方以少数民族学生为主的学校及其他教育机构,从实际出发,使用国家通用语言文字和本民族或者当地民族通用的语言文字实施双语教育。

国家采取措施,为少数民族学生为主的学校及其他教育机构实施双语教育提供条件和支持。

第十三条　国家对发展教育事业做出突出贡献的组织和个人,给予奖励。

第十四条　国务院和地方各级人民政府根据分级管理、分工负责的原则,领导和管理教育工作。

中等及中等以下教育在国务院领导下,由地方人民政府管理。

高等教育由国务院和省、自治区、直辖市人民政府管理。

第十五条　国务院教育行政部门主管全国教育工作,统筹规划、协调管理全国的教育事业。

县级以上地方各级人民政府教育行政部门主管本行政区域内的教育工作。

县级以上各级人民政府其他有关部门在各自的职责范围内,负责有关的教育工作。

第十六条　国务院和县级以上地方各级人民政府应当向本级人民代表大会或者其常务委员会报告教育工作和教育经费预算、决算情况,接受监督。

第二章　教育基本制度

第十七条　国家实行学前教育、初等教育、中等教育、高等教育的学校教育制度。

国家建立科学的学制系统。学制系统内的学校和其他教育机构的设置、教育形式、修业年限、招生对象、培养目标等,由国务院或者由国务院授权教育行政部门规定。

第十八条　国家制定学前教育标准,加快普及学前教育,构建覆盖城乡,特别是农村的学前教育公共服务体系。

各级人民政府应当采取措施,为适龄儿童接受学前教育提供条件和支持。

第十九条　国家实行九年制义务教育制度。

各级人民政府采取各种措施保障适龄儿童、少年就学。

适龄儿童、少年的父母或者其他监护人以及有关社会组织和个人有义务使适龄儿童、少年接受并完成规定年限的义务教育。

第二十条　国家实行职业教育制度和继续教育制度。

各级人民政府、有关行政部门和行业组织以及企业事业组织应当采取措施，发展并保障公民接受职业学校教育或者各种形式的职业培训。

国家鼓励发展多种形式的继续教育，使公民接受适当形式的政治、经济、文化、科学、技术、业务等方面的教育，促进不同类型学习成果的互认和衔接，推动全民终身学习。

第二十一条　国家实行国家教育考试制度。

国家教育考试由国务院教育行政部门确定种类，并由国家批准的实施教育考试的机构承办。

第二十二条　国家实行学业证书制度。

经国家批准设立或者认可的学校及其他教育机构按照国家有关规定，颁发学历证书或者其他学业证书。

第二十三条　国家实行学位制度。

学位授予单位依法对达到一定学术水平或者专业技术水平的人员授予相应的学位，颁发学位证书。

第二十四条　各级人民政府、基层群众性自治组织和企业事业组织应当采取各种措施，开展扫除文盲的教育工作。

按照国家规定具有接受扫除文盲教育能力的公民，应当接受扫除文盲的教育。

第二十五条　国家实行教育督导制度和学校及其他教育机构教育评估制度。

第三章　学校及其他教育机构

第二十六条　国家制定教育发展规划，并举办学校及其他教育机构。

国家鼓励企业事业组织、社会团体、其他社会组织及公民个人依法举办学校及其他教育机构。

国家举办学校及其他教育机构，应当坚持勤俭节约的原则。

以财政性经费、捐赠资产举办或者参与举办的学校及其他教育机构不得设立为营利性组织。

第二十七条　设立学校及其他教育机构，必须具备下列基本条件：

（一）有组织机构和章程；

（二）有合格的教师；

（三）有符合规定标准的教学场所及设施、设备等；

（四）有必备的办学资金和稳定的经费来源。

第二十八条　学校及其他教育机构的设立、变更和终止，应当按照国家有关规定办理审核、批准、注册或者备案手续。

第二十九条　学校及其他教育机构行使下列权利：

（一）按照章程自主管理；

（二）组织实施教育教学活动；

（三）招收学生或者其他受教育者；

（四）对受教育者进行学籍管理，实施奖励或者处分；

（五）对受教育者颁发相应的学业证书；

（六）聘任教师及其他职工，实施奖励或者处分；

（七）管理、使用本单位的设施和经费；

（八）拒绝任何组织和个人对教育教学活动的非法干涉；

（九）法律、法规规定的其他权利。

国家保护学校及其他教育机构的合法权益不受侵犯。

第三十条　学校及其他教育机构应当履行下列义务：

（一）遵守法律、法规；

（二）贯彻国家的教育方针，执行国家教育教学标准，保证教育教学质量；

（三）维护受教育者、教师及其他职工的合法权益；

（四）以适当方式为受教育者及其监护人了解受教育者的学业成绩及其他有关情况提供便利；

（五）遵照国家有关规定收取费用并公开收费项目；

（六）依法接受监督。

第三十一条　学校及其他教育机构的举办者按照国家有关规定，确定其所举办的学校或者其他教育机构的管理体制。

学校及其他教育机构的校长或者主要行政负责人必须由具有中华人民共和国国籍、在中国境内定居、并具备国家规定任职条件的公民担任，其任免按照国家有关规定办理。学校的教学及其他行政管理，由校长负责。

学校及其他教育机构应当按照国家有关规定，通过以教师为主体的教职工代表大会等组织形式，保障教职工参与民主管理和监督。

第三十二条　学校及其他教育机构具备法人条件的，自批准设立或者登记注册之日起取得法人资格。

学校及其他教育机构在民事活动中依法享有民事权利，承担民事责任。

学校及其他教育机构中的国有资产属于国家所有。

学校及其他教育机构兴办的校办产业独立承担民事责任。

第四章　教师和其他教育工作者

第三十三条　教师享有法律规定的权利，履行法律规定的义务，忠诚于人民的教育事业。

第三十四条　国家保护教师的合法权益，改善教师的工作条件和生活条件，提高教师的社会地位。

教师的工资报酬、福利待遇,依照法律、法规的规定办理。

第三十五条　国家实行教师资格、职务、聘任制度,通过考核、奖励、培养和培训,提高教师素质,加强教师队伍建设。

第三十六条　学校及其他教育机构中的管理人员,实行教育职员制度。

学校及其他教育机构中的教学辅助人员和其他专业技术人员,实行专业技术职务聘任制度。

第五章　受教育者

第三十七条　受教育者在入学、升学、就业等方面依法享有平等权利。

学校和有关行政部门应当按照国家有关规定,保障女子在入学、升学、就业、授予学位、派出留学等方面享有同男子平等的权利。

第三十八条　国家、社会对符合入学条件、家庭经济困难的儿童、少年、青年,提供各种形式的资助。

第三十九条　国家、社会、学校及其他教育机构应当根据残疾人身心特性和需要实施教育,并为其提供帮助和便利。

第四十条　国家、社会、家庭、学校及其他教育机构应当为有违法犯罪行为的未成年人接受教育创造条件。

第四十一条　从业人员有依法接受职业培训和继续教育的权利和义务。

国家机关、企业事业组织和其他社会组织,应当为本单位职工的学习和培训提供条件和便利。

第四十二条　国家鼓励学校及其他教育机构、社会组织采取措施,为公民接受终身教育创造条件。

第四十三条　受教育者享有下列权利:

(一)参加教育教学计划安排的各种活动,使用教育教学设施、设备、图书资料;

(二)按照国家有关规定获得奖学金、贷学金、助学金;

(三)在学业成绩和品行上获得公正评价,完成规定的学业后获得相应的学业证书、学位证书;

(四)对学校给予的处分不服向有关部门提出申诉,对学校、教师侵犯其人身权、财产权等合法权益,提出申诉或者依法提起诉讼;

(五)法律、法规规定的其他权利。

第四十四条　受教育者应当履行下列义务:

(一)遵守法律、法规;

(二)遵守学生行为规范,尊敬师长,养成良好的思想品德和行为习惯;

(三)努力学习,完成规定的学习任务;

(四)遵守所在学校或者其他教育机构的管理制度。

第四十五条　教育、体育、卫生行政部门和学校及其他教育机构应当完善体育、卫生保健设施,保护学生的身心健康。

第六章　教育与社会

第四十六条　国家机关、军队、企业事业组织、社会团体及其他社会组织和个人,应当依法为儿童、少年、青年学生的身心健康成长创造良好的社会环境。

第四十七条　国家鼓励企业事业组织、社会团体及其他社会组织同高等学校、中等职业学校在教学、科研、技术开发和推广等方面进行多种形式的合作。

企业事业组织、社会团体及其他社会组织和个人,可以通过适当形式,支持学校的建设,参与学校管理。

第四十八条　国家机关、军队、企业事业组织及其他社会组织应当为学校组织的学生实习、社会实践活动提供帮助和便利。

第四十九条　学校及其他教育机构在不影响正常教育教学活动的前提下,应当积极参加当地的社会公益活动。

第五十条　未成年人的父母或者其他监护人应当为其未成年子女或者其他被监护人受教育提供必要条件。

未成年人的父母或者其他监护人应当配合学校及其他教育机构,对其未成年子女或者其他被监护人进行教育。

学校、教师可以对学生家长提供家庭教育指导。

第五十一条　图书馆、博物馆、科技馆、文化馆、美术馆、体育馆(场)等社会公共文化体育设施,以及历史文化古迹和革命纪念馆(地),应当对教师、学生实行优待,为受教育者接受教育提供便利。

广播、电视台(站)应当开设教育节目,促进受教育者思想品德、文化和科学技术素质的提高。

第五十二条　国家、社会建立和发展对未成年人进行校外教育的设施。

学校及其他教育机构应当同基层群众性自治组织、企业事业组织、社会团体相互配合,加强对未成年人的校外教育工作。

第五十三条　国家鼓励社会团体、社会文化机构及其他社会组织和个人开展有益于受教育者身心健康的社会文化教育活动。

第七章　教育投入与条件保障

第五十四条　国家建立以财政拨款为主、其他多种渠道筹措教育经费为辅的体制,逐步增加对教育的投入,保证国家举办的学校教育经费的稳定来源。

企业事业组织、社会团体及其他社会组织和个人依法举办的学校及其他教育机构,办学经费由举办者负责筹措,各级人民政府可以给予适当支持。

第五十五条　国家财政性教育经费支出占国民生产总值的比例应当随着国民经济的发展和财政收入的增长逐步提高。具体比例和实施步骤由国务院规定。

全国各级财政支出总额中教育经费所占比例应当随着国民经济的发展逐步提高。

第五十六条　各级人民政府的教育经费支出,按照事权和财权相统一的原则,在财政预算中单独列项。

各级人民政府教育财政拨款的增长应当高于财政经常性收入的增长,并使按在校学生人数平均的教育费用逐步增长,保证教师工资和学生人均公用经费逐步增长。

第五十七条 国务院及县级以上地方各级人民政府应当设立教育专项资金,重点扶持边远贫困地区、少数民族地区实施义务教育。

第五十八条 税务机关依法足额征收教育费附加,由教育行政部门统筹管理,主要用于实施义务教育。

省、自治区、直辖市人民政府根据国务院的有关规定,可以决定开征用于教育的地方附加费,专款专用。

第五十九条 国家采取优惠措施,鼓励和扶持学校在不影响正常教育教学的前提下开展勤工俭学和社会服务,兴办校办产业。

第六十条 国家鼓励境内、境外社会组织和个人捐资助学。

第六十一条 国家财政性教育经费、社会组织和个人对教育的捐赠,必须用于教育,不得挪用、克扣。

第六十二条 国家鼓励运用金融、信贷手段,支持教育事业的发展。

第六十三条 各级人民政府及其教育行政部门应当加强对学校及其他教育机构教育经费的监督管理,提高教育投资效益。

第六十四条 地方各级人民政府及其有关行政部门必须把学校的基本建设纳入城乡建设规划,统筹安排学校的基本建设用地及所需物资,按照国家有关规定实行优先、优惠政策。

第六十五条 各级人民政府对教科书及教学用图书资料的出版发行,对教学仪器、设备的生产和供应,对用于学校教育教学和科学研究的图书资料、教学仪器、设备的进口,按照国家有关规定实行优先、优惠政策。

第六十六条 国家推进教育信息化,加快教育信息基础设施建设,利用信息技术促进优质教育资源普及共享,提高教育教学水平和教育管理水平。

县级以上人民政府及其有关部门应当发展教育信息技术和其他现代化教学方式,有关行政部门应当优先安排,给予扶持。

国家鼓励学校及其他教育机构推广运用现代化教学方式。

第八章 教育对外交流与合作

第六十七条 国家鼓励开展教育对外交流与合作,支持学校及其他教育机构引进优质教育资源,依法开展中外合作办学,发展国际教育服务,培养国际化人才。

教育对外交流与合作坚持独立自主、平等互利、相互尊重的原则,不得违反中国法律,不得损害国家主权、安全和社会公共利益。

第六十八条 中国境内公民出国留学、研究、进行学术交流或者任教,依照国家有关规定办理。

第六十九条 中国境外个人符合国家规定的条件并办理有关手续后,可以进入中国境内学校及其他教育机构学习、研究、进行学术交流或者任教，其合法权益受国家保护。

第七十条　中国对境外教育机构颁发的学位证书、学历证书及其他学业证书的承认，依照中华人民共和国缔结或者加入的国际条约办理，或者按照国家有关规定办理。

第九章　法律责任

第七十一条　违反国家有关规定，不按照预算核拨教育经费的，由同级人民政府限期核拨；情节严重的，对直接负责的主管人员和其他直接责任人员，依法给予处分。

违反国家财政制度、财务制度，挪用、克扣教育经费的，由上级机关责令限期归还被挪用、克扣的经费，并对直接负责的主管人员和其他直接责任人员，依法给予处分；构成犯罪的，依法追究刑事责任。

第七十二条　结伙斗殴、寻衅滋事，扰乱学校及其他教育机构教育教学秩序或者破坏校舍、场地及其他财产的，由公安机关给予治安管理处罚；构成犯罪的，依法追究刑事责任。

侵占学校及其他教育机构的校舍、场地及其他财产的，依法承担民事责任。

第七十三条　明知校舍或者教育教学设施有危险，而不采取措施，造成人员伤亡或者重大财产损失的，对直接负责的主管人员和其他直接责任人员，依法追究刑事责任。

第七十四条　违反国家有关规定，向学校或者其他教育机构收取费用的，由政府责令退还所收费用；对直接负责的主管人员和其他直接责任人员，依法给予处分。

第七十五条　违反国家有关规定，举办学校或者其他教育机构的，由教育行政部门或者其他有关行政部门予以撤销；有违法所得的，没收违法所得；对直接负责的主管人员和其他直接责任人员，依法给予处分。

第七十六条　学校或者其他教育机构违反国家有关规定招收学生的，由教育行政部门或者其他有关行政部门责令退回招收的学生，退还所收费用；对学校、其他教育机构给予警告，可以处违法所得五倍以下罚款；情节严重的，责令停止相关招生资格一年以上三年以下，直至撤销招生资格、吊销办学许可证；对直接负责的主管人员和其他直接责任人员，依法给予处分；构成犯罪的，依法追究刑事责任。

第七十七条　在招收学生工作中滥用职权、玩忽职守、徇私舞弊的，由教育行政部门或者其他有关行政部门责令退回招收的不符合入学条件的人员；对直接负责的主管人员和其他直接责任人员，依法给予处分；构成犯罪的，依法追究刑事责任。

盗用、冒用他人身份，顶替他人取得的入学资格的，由教育行政部门或者其他有关行政部门责令撤销入学资格，并责令停止参加相关国家教育考试二年以上五年以下；已经取得学位证书、学历证书或者其他学业证书的，由颁发机构撤销相关证书；已经成为公职人员的，依法给予开除处分；构成违反治安管理行为的，由公安机关依法给予治安管理处罚；构成犯罪的，依法追究刑事责任。

与他人串通，允许他人冒用本人身份，顶替本人取得的入学资格的，由教育行政部门或者其他有关行政部门责令停止参加相关国家教育考试一年以上三年以下；有违法所得的,没收违法所得;已经成为公职人员的,依法给予处分;构成违反治安管理行为的,由公安机关依法给予治安管理处罚;构成犯罪的,依法追究刑事责任。

组织、指使盗用或者冒用他人身份,顶替他人取得的入学资格的,有违法所得的,没收违法所得;属于公职人员的,依法给予处分;构成违反治安管理行为的,由公安机关依法给予治安管理处罚;构成犯罪的,依法追究刑事责任。

入学资格被顶替权利受到侵害的,可以请求恢复其入学资格。

第七十八条　学校及其他教育机构违反国家有关规定向受教育者收取费用的,由教育行政部门或者其他有关行政部门责令退还所收费用;对直接负责的主管人员和其他直接责任人员,依法给予处分。

第七十九条　考生在国家教育考试中有下列行为之一的,由组织考试的教育考试机构工作人员在考试现场采取必要措施予以制止并终止其继续参加考试;组织考试的教育考试机构可以取消其相关考试资格或者考试成绩;情节严重的,由教育行政部门责令停止参加相关国家教育考试一年以上三年以下;构成违反治安管理行为的,由公安机关依法给予治安管理处罚;构成犯罪的,依法追究刑事责任:

(一) 非法获取考试试题或者答案的;

(二) 携带或者使用考试作弊器材、资料的;

(三) 抄袭他人答案的;

(四) 让他人代替自己参加考试的;

(五) 其他以不正当手段获得考试成绩的作弊行为。

第八十条　任何组织或者个人在国家教育考试中有下列行为之一,有违法所得的,由公安机关没收违法所得,并处违法所得一倍以上五倍以下罚款;情节严重的,处五日以上十五日以下拘留;构成犯罪的,依法追究刑事责任;属于国家机关工作人员的,还应当依法给予处分:

(一) 组织作弊的;

(二) 通过提供考试作弊器材等方式为作弊提供帮助或者便利的;

(三) 代替他人参加考试的;

(四) 在考试结束前泄露、传播考试试题或者答案的;

(五) 其他扰乱考试秩序的行为。

第八十一条　举办国家教育考试,教育行政部门、教育考试机构疏于管理,造成考场秩序混乱、作弊情况严重的,对直接负责的主管人员和其他直接责任人员,依法给予处分;构成犯罪的,依法追究刑事责任。

第八十二条　学校或者其他教育机构违反本法规定,颁发学位证书、学历证书或者其他学业证书的,由教育行政部门或者其他有关行政部门宣布证书无效,责令收回或者予以没收;有违法所得的,没收违法所得;情节严重的,责令停止相关招生资格一年以上三年以下,直至撤销招生资格、颁发证书资格;对直接负责的主管人员和其他直接责任人员,依法给予处分。

前款规定以外的任何组织或者个人制造、销售、颁发假冒学位证书、学历证书或者其他学业证书,构成违反治安管理行为的,由公安机关依法给予治安管理处罚;构成犯罪的,依法追究刑事责任。

以作弊、剽窃、抄袭等欺诈行为或者其他不正当手段获得学位证书、学历证书或者其他学业证书的,由颁发机构撤销相关证书。购买、使用假冒学位证书、学历证书或者其他学业证书,构成违反治安管理行为的,由公安机关依法给予治安管理处罚。

第八十三条　违反本法规定,侵犯教师、受教育者、学校或者其他教育机构的合法权益,造成损失、损害的,应当依法承担民事责任。

第十章　附　则

第八十四条　军事学校教育由中央军事委员会根据本法的原则规定。

宗教学校教育由国务院另行规定。

第八十五条　境外的组织和个人在中国境内办学和合作办学的办法,由国务院规定。

第八十六条　本法自 1995 年 9 月 1 日起施行。

附录 2:《中华人民共和国义务教育法》

中华人民共和国义务教育法

(1986 年 4 月 12 日第六届全国人民代表大会第四次会议通过;2006 年 6 月 29 日第十届全国人民代表大会常务委员会第二十二次会议修订;根据 2015 年 4 月 24 日第十二届全国人民代表大会常务委员会第十四次会议《关于修改〈中华人民共和国义务教育法〉等五部法律的决定》第一次修正;根据 2018 年 12 月 29 日第十三届全国人民代表大会常务委员会第七次会议《关于修改〈中华人民共和国产品质量法〉等五部法律的决定》第二次修正。)

第一章 总 则

第一条 为了保障适龄儿童、少年接受义务教育的权利,保证义务教育的实施,提高全民族素质,根据宪法和教育法,制定本法。

第二条 国家实行九年义务教育制度。义务教育是国家统一实施的所有适龄儿童、少年必须接受的教育,是国家必须予以保障的公益性事业。实施义务教育,不收学费、杂费。国家建立义务教育经费保障机制,保证义务教育制度实施。

第三条 义务教育必须贯彻国家的教育方针,实施素质教育,提高教育质量,使适龄儿童、少年在品德、智力、体质等方面全面发展,为培养有理想、有道德、有文化、有纪律的社会主义建设者和接班人奠定基础。

第四条 凡具有中华人民共和国国籍的适龄儿童、少年,不分性别、民族、种族、家庭财产状况、宗教信仰等,依法享有平等接受义务教育的权利,并履行接受义务教育的义务。

第五条 各级人民政府及其有关部门应当履行本法规定的各项职责,保障适龄儿童、少年接受义务教育的权利。适龄儿童、少年的父母或者其他法定监护人应当依法保证其按时入学接受并完成义务教育。依法实施义务教育的学校应当按照规定标准完成教育教学任务,保证教育教学质量。社会组织和个人应当为适龄儿童、少年接受义务教育创造良好的环境。

第六条 国务院和县级以上地方人民政府应当合理配置教育资源,促进义务教育均衡发展,改善薄弱学校的办学条件,并采取措施,保障农村地区、民族地区实施义务教育,保障家庭经济困难的和残疾的适龄儿童、少年接受义务教育。国家组织和鼓励经济发达地区支援经济欠发达地区实施义务教育。

第七条 义务教育实行国务院领导,省、自治区、直辖市人民政府统筹规划实施,县级人民政府为主管理的体制。县级以上人民政府教育行政部门具体负责义务教育实施工作;县级以上人民政府其他有关部门在各自的职责范围内负责义务教育实施工作。

第八条　人民政府教育督导机构对义务教育工作执行法律法规情况、教育教学质量以及义务教育均衡发展状况等进行督导,督导报告向社会公布。

第九条　任何社会组织或者个人有权对违反本法的行为向有关国家机关提出检举或者控告。发生违反本法的重大事件,妨碍义务教育实施,造成重大社会影响,负有领导责任的人民政府或者人民政府教育行政部门负责人应当引咎辞职。

第十条　对在义务教育实施工作中做出突出贡献的社会组织和个人,各级人民政府及其有关部门按照有关规定给予表彰、奖励。

第二章　学　生

第十一条　凡年满六周岁的儿童,其父母或者其他法定监护人应当送其入学接受并完成义务教育;条件不具备的地区的儿童,可以推迟到七周岁。适龄儿童、少年因身体状况需要延缓入学或者休学的,其父母或者其他法定监护人应当提出申请,由当地乡镇人民政府或者县级人民政府教育行政部门批准。

第十二条　适龄儿童、少年免试入学。地方各级人民政府应当保障适龄儿童、少年在户籍所在地学校就近入学。父母或者其他法定监护人在非户籍所在地工作或者居住的适龄儿童、少年,在其父母或者其他法定监护人工作或者居住地接受义务教育的,当地人民政府应当为其提供平等接受义务教育的条件。具体办法由省、自治区、直辖市规定。县级人民政府教育行政部门对本行政区域内的军人子女接受义务教育予以保障。

第十三条　县级人民政府教育行政部门和乡镇人民政府组织和督促适龄儿童、少年入学,帮助解决适龄儿童、少年接受义务教育的困难,采取措施防止适龄儿童、少年辍学。居民委员会和村民委员会协助政府做好工作,督促适龄儿童、少年入学。

第十四条　禁止用人单位招用应当接受义务教育的适龄儿童、少年。根据国家有关规定经批准招收适龄儿童、少年进行文艺、体育等专业训练的社会组织,应当保证所招收的适龄儿童、少年接受义务教育;自行实施义务教育的,应当经县级人民政府教育行政部门批准。

第三章　学　校

第十五条　县级以上地方人民政府根据本行政区域内居住的适龄儿童、少年的数量和分布状况等因素,按照国家有关规定,制定、调整学校设置规划。新建居民区需要设置学校的,应当与居民区的建设同步进行。

第十六条　学校建设,应当符合国家规定的办学标准,适应教育教学需要;应当符合国家规定的选址要求和建设标准,确保学生和教职工安全。

第十七条　县级人民政府根据需要设置寄宿制学校,保障居住分散的适龄儿童、少年入学接受义务教育。

第十八条　国务院教育行政部门和省、自治区、直辖市人民政府根据需要,在经济发达地区设置接收少数民族适龄儿童、少年的学校(班)。

第十九条　县级以上地方人民政府根据需要设置相应的实施特殊教育的学校（班），对视力残疾、听力语言残疾和智力残疾的适龄儿童、少年实施义务教育。特殊教育学校（班）应当具备适应残疾儿童、少年学习、康复、生活特点的场所和设施。普通学校应当接收具有接受普通教育能力的残疾适龄儿童、少年随班就读，并为其学习、康复提供帮助。

第二十条　县级以上地方人民政府根据需要，为具有预防未成年人犯罪法规定的严重不良行为的适龄少年设置专门的学校实施义务教育。

第二十一条　对未完成义务教育的未成年犯和被采取强制性教育措施的未成年人应当进行义务教育，所需经费由人民政府予以保障。

第二十二条　县级以上人民政府及其教育行政部门应当促进学校均衡发展，缩小学校之间办学条件的差距，不得将学校分为重点学校和非重点学校。学校不得分设重点班和非重点班。县级以上人民政府及其教育行政部门不得以任何名义改变或者变相改变公办学校的性质。

第二十三条　各级人民政府及其有关部门依法维护学校周边秩序，保护学生、教师、学校的合法权益，为学校提供安全保障。

第二十四条　学校应当建立、健全安全制度和应急机制，对学生进行安全教育，加强管理，及时消除隐患，预防发生事故。县级以上地方人民政府定期对学校校舍安全进行检查；对需要维修、改造的，及时予以维修、改造。学校不得聘用曾经因故意犯罪被依法剥夺政治权利或者其他不适合从事义务教育工作的人担任工作人员。

第二十五条　学校不得违反国家规定收取费用，不得以向学生推销或者变相推销商品、服务等方式谋取利益。

第二十六条　学校实行校长负责制。校长应当符合国家规定的任职条件。校长由县级人民政府教育行政部门依法聘任。

第二十七条　对违反学校管理制度的学生，学校应当予以批评教育，不得开除。

第四章　教　师

第二十八条　教师享有法律规定的权利，履行法律规定的义务，应当为人师表，忠诚于人民的教育事业。全社会应当尊重教师。

第二十九条　教师在教育教学中应当平等对待学生，关注学生的个体差异，因材施教，促进学生的充分发展。教师应当尊重学生的人格，不得歧视学生，不得对学生实施体罚、变相体罚或者其他侮辱人格尊严的行为，不得侵犯学生合法权益。

第三十条　教师应当取得国家规定的教师资格。国家建立统一的义务教育教师职务制度。教师职务分为初级职务、中级职务和高级职务。

第三十一条　各级人民政府保障教师工资福利和社会保险待遇，改善教师工作和生活条件；完善农村教师工资经费保障机制。教师的平均工资水平应当不低于当地公务员的平均工资水平。特殊教育教师享有特殊岗位补助津贴。在民族地区和边远贫困地区工作的教师享有艰苦贫困地区补助津贴。

第三十二条　县级以上人民政府应当加强教师培养工作,采取措施发展教师教育。县级人民政府教育行政部门应当均衡配置本行政区域内学校师资力量,组织校长、教师的培训和流动,加强对薄弱学校的建设。

第三十三条　国务院和地方各级人民政府鼓励和支持城市学校教师和高等学校毕业生到农村地区、民族地区从事义务教育工作。国家鼓励高等学校毕业生以志愿者的方式到农村地区、民族地区缺乏教师的学校任教。县级人民政府教育行政部门依法认定其教师资格,其任教时间计入工龄。

第五章　教育教学

第三十四条　教育教学工作应当符合教育规律和学生身心发展特点,面向全体学生,教书育人,将德育、智育、体育、美育等有机统一在教育教学活动中,注重培养学生独立思考能力、创新能力和实践能力,促进学生全面发展。

第三十五条　国务院教育行政部门根据适龄儿童、少年身心发展的状况和实际情况,确定教学制度、教育教学内容和课程设置,改革考试制度,并改进高级中等学校招生办法,推进实施素质教育。学校和教师按照确定的教育教学内容和课程设置开展教育教学活动,保证达到国家规定的基本质量要求。国家鼓励学校和教师采用启发式教育等教育教学方法,提高教育教学质量。

第三十六条　学校应当把德育放在首位,寓德育于教育教学之中,开展与学生年龄相适应的社会实践活动,形成学校、家庭、社会相互配合的思想道德教育体系,促进学生养成良好的思想品德和行为习惯。

第三十七条　学校应当保证学生的课外活动时间,组织开展文化娱乐等课外活动。社会公共文化体育设施应当为学校开展课外活动提供便利。

第三十八条　教科书根据国家教育方针和课程标准编写,内容力求精简,精选必备的基础知识、基本技能,经济实用,保证质量。国家机关工作人员和教科书审查人员,不得参与或者变相参与教科书的编写工作。

第三十九条　国家实行教科书审定制度。教科书的审定办法由国务院教育行政部门规定。未经审定的教科书,不得出版、选用。

第四十条　教科书价格由省、自治区、直辖市人民政府价格行政部门会同同级出版主管部门按照微利原则确定。

第四十一条　国家鼓励教科书循环使用。

第六章　经费保障

第四十二条　国家将义务教育全面纳入财政保障范围,义务教育经费由国务院和地方各级人民政府依照本法规定予以保障。国务院和地方各级人民政府将义务教育经费纳入财政预算,按照教职工编制标准、工资标准和学校建设标准、学生人均公用经费标准等,及时足额拨付义务教育经费,确保学校的正常运转和校舍安全,确保教职工工资按照规定发放。国务院和地方各级人民政府用于实施义务教育财政拨款的增长比例应当高于财政经常性收入的增长比例,保证按照在校学生人数平均的义务教育费用逐步增长,保证教职工工资和学生人均公用经费逐步增长。

第四十三条 学校的学生人均公用经费基本标准由国务院财政部门会同教育行政部门制定,并根据经济和社会发展状况适时调整。制定、调整学生人均公用经费基本标准,应当满足教育教学基本需要。省、自治区、直辖市人民政府可以根据本行政区域的实际情况,制定不低于国家标准的学校学生人均公用经费标准。特殊教育学校(班)学生人均公用经费标准应当高于普通学校学生人均公用经费标准。

第四十四条 义务教育经费投入实行国务院和地方各级人民政府根据职责共同负担,省、自治区、直辖市人民政府负责统筹落实的体制。农村义务教育所需经费,由各级人民政府根据国务院的规定分项目、按比例分担。各级人民政府对家庭经济困难的适龄儿童、少年免费提供教科书并补助寄宿生生活费。义务教育经费保障的具体办法由国务院规定。

第四十五条 地方各级人民政府在财政预算中将义务教育经费单列。县级人民政府编制预算,除向农村地区学校和薄弱学校倾斜外,应当均衡安排义务教育经费。

第四十六条 国务院和省、自治区、直辖市人民政府规范财政转移支付制度,加大一般性转移支付规模和规范义务教育专项转移支付,支持和引导地方各级人民政府增加对义务教育的投入。地方各级人民政府确保将上级人民政府的义务教育转移支付资金按照规定用于义务教育。

第四十七条 国务院和县级以上地方人民政府根据实际需要,设立专项资金,扶持农村地区、民族地区实施义务教育。

第四十八条 国家鼓励社会组织和个人向义务教育捐赠,鼓励按照国家有关基金会管理的规定设立义务教育基金。

第四十九条 义务教育经费严格按照预算规定用于义务教育;任何组织和个人不得侵占、挪用义务教育经费,不得向学校非法收取或者摊派费用。

第五十条 县级以上人民政府建立健全义务教育经费的审计监督和统计公告制度。

第七章 法律责任

第五十一条 国务院有关部门和地方各级人民政府违反本法第六章的规定,未履行对义务教育经费保障职责的,由国务院或者上级地方人民政府责令限期改正;情节严重的,对直接负责的主管人员和其他直接责任人员依法给予行政处分。

第五十二条 县级以上地方人民政府有下列情形之一的,由上级人民政府责令限期改正;情节严重的,对直接负责的主管人员和其他直接责任人员依法给予行政处分:(一)未按照国家有关规定制定、调整学校的设置规划的;(二)学校建设不符合国家规定的办学标准、选址要求和建设标准的;(三)未定期对学校校舍安全进行检查,并及时维修、改造的;(四)未依照本法规定均衡安排义务教育经费的。

第五十三条 县级以上人民政府或者其教育行政部门有下列情形之一的,由上级人民政府或者其教育行政部门责令限期改正、通报批评;情节严重的,对直接负责的主管人员和其他直接责任人员依法给予行政处分:(一)将学校分为重点学校和非重点学校的;(二)改变或者变相改变公办学校性质的。县级人民政府教育行政部门或者乡镇人民政府未采取措施组织适龄儿童、少年入学或者防止辍学的,依照前款规定追究法律责任。

第五十四条　有下列情形之一的,由上级人民政府或者上级人民政府教育行政部门、财政部门、价格行政部门和审计机关根据职责分工责令限期改正;情节严重的,对直接负责的主管人员和其他直接责任人员依法给予处分:(一)侵占、挪用义务教育经费的;(二)向学校非法收取或者摊派费用的。

第五十五条　学校或者教师在义务教育工作中违反教育法、教师法规定的,依照教育法、教师法的有关规定处罚。

第五十六条　学校违反国家规定收取费用的,由县级人民政府教育行政部门责令退还所收费用;对直接负责的主管人员和其他直接责任人员依法给予处分。学校以向学生推销或者变相推销商品、服务等方式谋取利益的,由县级人民政府教育行政部门给予通报批评;有违法所得的,没收违法所得;对直接负责的主管人员和其他直接责任人员依法给予处分。国家机关工作人员和教科书审查人员参与或者变相参与教科书编写的,由县级以上人民政府或者其教育行政部门根据职责权限责令限期改正,依法给予行政处分;有违法所得的,没收违法所得。

第五十七条　学校有下列情形之一的,由县级人民政府教育行政部门责令限期改正;情节严重的,对直接负责的主管人员和其他直接责任人员依法给予处分:(一)拒绝接收具有接受普通教育能力的残疾适龄儿童、少年随班就读的;(二)分设重点班和非重点班的;(三)违反本法规定开除学生的;(四)选用未经审定的教科书的。

第五十八条　适龄儿童、少年的父母或者其他法定监护人无正当理由未依照本法规定送适龄儿童、少年入学接受义务教育的,由当地乡镇人民政府或者县级人民政府教育行政部门给予批评教育,责令限期改正。

第五十九条　有下列情形之一的,依照有关法律、行政法规的规定予以处罚:(一)胁迫或者诱骗应当接受义务教育的适龄儿童、少年失学、辍学的;(二)非法招用应当接受义务教育的适龄儿童、少年的;(三)出版未经依法审定的教科书的。

第六十条　违反本法规定,构成犯罪的,依法追究刑事责任。

第八章　附　则

第六十一条　对接受义务教育的适龄儿童、少年不收杂费的实施步骤,由国务院规定。

第六十二条　社会组织或者个人依法举办的民办学校实施义务教育的,依照民办教育促进法有关规定执行;民办教育促进法未作规定的,适用本法。

第六十三条　本法自 2006 年 9 月 1 日起施行。

附录3:《中华人民共和国教师法》

中华人民共和国教师法

(1993年10月31日第八届全国人民代表大会常务委员会第四次会议通过,1993年10月31日中华人民共和国主席令第十五号公布;根据2009年8月27日中华人民共和国主席令第十八号第十一届全国人民代表大会常务委员会第十次会议《关于修改部分法律的决定》修正。)

第一章　总　则

第一条　为了保障教师的合法权益,建设具有良好思想品德修养和业务素质的教师队伍,促进社会主义教育事业的发展,制定本法。

第二条　本法适用于在各级各类学校和其他教育机构中专门从事教育教学工作的教师。

第三条　教师是履行教育教学职责的专业人员,承担教书育人,培养社会主义事业建设者和接班人、提高民族素质的使命。教师应当忠诚于人民的教育事业。

第四条　各级人民政府应当采取措施,加强教师的思想政治教育和业务培训,改善教师的工作条件和生活条件,保障教师的合法权益,提高教师的社会地位。全社会都应当尊重教师。

第五条　国务院教育行政部门主管全国的教师工作。

国务院有关部门在各自职权范围内负责有关的教师工作。

学校和其他教育机构根据国家规定,自主进行教师管理工作。

第六条　每年九月十日为教师节。

第二章　权利和义务

第七条　教师享有下列权利:

(一)进行教育教学活动,开展教育教学改革和实验;

(二)从事科学研究、学术交流,参加专业的学术团体,在学术活动中充分发表意见;

(三)指导学生的学习和发展,评定学生的品行和学业成绩;

(四)按时获取工资报酬,享受国家规定的福利待遇以及寒暑假期的带薪休假;

(五)对学校教育教学、管理工作和教育行政部门的工作提出意见和建议,通过教职工代表大会或者其他形式,参与学校的民主管理;

(六)参加进修或者其他方式的培训。

第八条　教师应当履行下列义务：

（一）遵守宪法、法律和职业道德，为人师表；

（二）贯彻国家的教育方针，遵守规章制度，执行学校的教学计划，履行教师聘约，完成教育教学工作任务；

（三）对学生进行宪法所确定的基本原则的教育和爱国主义、民族团结的教育，法制教育以及思想品德、文化、科学技术教育，组织、带领学生开展有益的社会活动；

（四）关心、爱护全体学生，尊重学生人格，促进学生在品德、智力、体质等方面全面发展；

（五）制止有害于学生的行为或者其他侵犯学生合法权益的行为，批评和抵制有害于学生健康成长的现象；

（六）不断提高思想政治觉悟和教育教学业务水平。

第九条　为保障教师完成教育教学任务，各级人民政府、教育行政部门、有关部门、学校和其他教育机构应当履行下列职责：

（一）提供符合国家安全标准的教育教学设施和设备；

（二）提供必需的图书、资料及其他教育教学用品；

（三）对教师在教育教学、科学研究中的创造性工作给以鼓励和帮助；

（四）支持教师制止有害于学生的行为或者其他侵犯学生合法权益的行为。

第三章　资格和任用

第十条　国家实行教师资格制度。

中国公民凡遵守宪法和法律，热爱教育事业，具有良好的思想品德，具备本法规定的学历或者经国家教师资格考试合格，有教育教学能力，经认定合格的，可以取得教师资格。

第十一条　取得教师资格应当具备的相应学历是：

（一）取得幼儿园教师资格，应当具备幼儿师范学校毕业及其以上学历；

（二）取得小学教师资格，应当具备中等师范学校毕业及其以上学历；

（三）取得初级中学教师、初级职业学校文化、专业课教师资格，应当具备高等师范专科学校或者其他大学专科毕业及其以上学历；

（四）取得高级中学教师资格和中等专业学校、技工学校、职业高中文化课、专业课教师资格，应当具备高等师范院校本科或者其他大学本科毕业及其以上学历；取得中等专业学校、技工学校和职业高中学生实习指导教师资格应当具备的学历，由国务院教育行政部门规定；

（五）取得高等学校教师资格，应当具备研究生或者大学本科毕业学历；

（六）取得成人教育教师资格，应当按照成人教育的层次、类别，分别具备高等、中等学校毕业及其以上学历。不具备本法规定的教师资格学历的公民，申请获取教师资格，必须通过国家教师资格考试。国家教师资格考试制度由国务院规定。

第十二条　本法实施前已经在学校或者其他教育机构中任教的教师，未具备本法规定学历的,由国务院教育行政部门规定教师资格过渡办法。

第十三条　中小学教师资格由县级以上地方人民政府教育行政部门认定。中等专业学校、技工学校的教师资格由县级以上地方人民政府教育行政部门组织有关主管部门认定。普通高等学校的教师资格由国务院或者省、自治区、直辖市教育行政部门或者由其委托的学校认定。具备本法规定的学历或者经国家教师资格考试合格的公民,要求有关部门认定其教师资格的,有关部门应当依照本法规定的条件予以认定。取得教师资格的人员首次任教时,应当有试用期。

第十四条　受到剥夺政治权利或者故意犯罪受到有期徒刑以上刑事处罚的,不能取得教师资格;已经取得教师资格的,丧失教师资格。

第十五条　各级师范学校毕业生,应当按照国家有关规定从事教育教学工作。国家鼓励非师范高等学校毕业生到中小学或者职业学校任教。

第十六条　国家实行教师职务制度,具体办法由国务院规定。

第十七条　学校和其他教育机构应当逐步实行教师聘任制。教师的聘任应当遵循双方地位平等的原则,由学校和教师签订聘任合同,明确规定双方的权利、义务和责任。实施教师聘任制的步骤、办法由国务院教育行政部门规定。

第四章　培养和培训

第十八条　各级人民政府和有关部门应当办好师范教育,并采取措施,鼓励优秀青年进入各级师范学校学习。各级教师进修学校承担培训中小学教师的任务。非师范学校应当承担培养和培训中小学教师的任务。各级师范学校学生享受专业奖学金。

第十九条　各级人民政府教育行政部门、学校主管部门和学校应当制定教师培训规划,对教师进行多种形式的思想政治、业务培训。

第二十条　国家机关、企业事业单位和其他社会组织应当为教师的社会调查和社会实践提供方便,给予协助。

第二十一条　各级人民政府应当采取措施,为少数民族地区和边远贫困地区培养、培训教师。

第五章　考　核

第二十二条　学校或者其他教育机构应当对教师的政治思想、业务水平、工作态度和工作成绩进行考核。教育行政部门对教师的考核工作进行指导、监督。

第二十三条　考核应当客观、公正、准确,充分听取教师本人、其他教师以及学生的意见。

第二十四条　教师考核结果是受聘任教、晋升工资、实施奖惩的依据。

第六章　待　遇

第二十五条　教师的平均工资水平应当不低于或者高于国家公务员的平均工资水平,并逐步提高。建立正常晋级增薪制度,具体办法由国务院规定。

第二十六条　中小学教师和职业学校教师享受教龄津贴和其他津贴,具体办法由国务院教育行政部门会同有关部门制定。

第二十七条　地方各级人民政府对教师以及具有中专以上学历的毕业生到少数民族地区和边远贫困地区从事教育教学工作的,应当予以补贴。

第二十八条　地方各级人民政府和国务院有关部门,对城市教师住房的建设、租赁、出售实行优先、优惠。县、乡两级人民政府应当为农村中小学教师解决住房提供方便。

第二十九条　教师的医疗同当地国家公务员享受同等的待遇;定期对教师进行身体健康检查,并因地制宜安排教师进行休养。医疗机构应当对当地教师的医疗提供方便。

第三十条　教师退休或者退职后,享受国家规定的退休或者退职待遇。县级以上地方人民政府可以适当提高长期从事教育教学工作的中小学退休教师的退休金比例。

第三十一条　各级人民政府应当采取措施,改善国家补助、集体支付工资的中小学教师的待遇,逐步做到在工资收入上与国家支付工资的教师同工同酬,具体办法由地方各级人民政府根据本地区的实际情况规定。

第三十二条　社会力量所办学校的教师的待遇,由举办者自行确定并予以保障。

第七章　奖　励

第三十三条　教师在教育教学、培养人才、科学研究、教学改革、学校建设、社会服务、勤工俭学等方面成绩优异的,由所在学校予以表彰、奖励。国务院和地方各级人民政府及其有关部门对有突出贡献的教师,应当予以表彰、奖励。对有重大贡献的教师,依照国家有关规定授予荣誉称号。

第三十四条　国家支持和鼓励社会组织或者个人向依法成立的奖励教师的基金组织捐助资金,对教师进行奖励。

第八章　法律责任

第三十五条　侮辱、殴打教师的,根据不同情况,分别给予行政处分或者行政处罚;造成损害的,责令赔偿损失;情节严重,构成犯罪的,依法追究刑事责任。

第三十六条　对依法提出申诉、控告、检举的教师进行打击报复的,由其所在单位或者上级机关责令改正;情节严重的,可以根据具体情况给予行政处分。国家工作人员对教师打击报复构成犯罪的,依照刑法有关规定追究刑事责任。

第三十七条　教师有下列情形之一的,由所在学校、其他教育机构或者教育行政部门给予行政处分或者解聘。

(一)故意不完成教育教学任务给教育教学工作造成损失的;

(二)体罚学生,经教育不改的;

(三)品行不良、侮辱学生,影响恶劣的。

教师有前款第(二)项、第(三)项所列情形之一,情节严重,构成犯罪的,依法追究刑事责任。

第三十八条 地方人民政府对违反本法规定,拖欠教师工资或者侵犯教师其他合法权益的,应当责令其限期改正。违反国家财政制度、财务制度,挪用国家财政用于教育的经费,严重妨碍教育教学工作,拖欠教师工资,损害教师合法权益的,由上级机关责令限期归还被挪用的经费,并对直接责任人员给予行政处分;情节严重,构成犯罪的,依法追究刑事责任。

第三十九条 教师对学校或者其他教育机构侵犯其合法权益的,或者对学校或者其他教育机构作出的处理不服的,可以向教育行政部门提出申诉,教育行政部门应当在接到申诉的三十日内,作出处理。教师认为当地人民政府有关行政部门侵犯其根据本法规定享有的权利的,可以向同级人民政府或者上一级人民政府有关部门提出申诉,同级人民政府或者上一级人民政府有关部门应当作出处理。

第九章 附 则

第四十条 本法下列用语的含义是:

(一)各级各类学校,是指实施学前教育、普通初等教育、普通中等教育、职业教育、普通高等教育以及特殊教育、成人教育的学校。

(二)其他教育机构,是指少年宫以及地方教研室、电化教育机构等。

(三)中小学教师,是指幼儿园、特殊教育机构、普通中小学、成人初等中等教育机构、职业中学以及其他教育机构的教师。

第四十一条 学校和其他教育机构中的教育教学辅助人员,其他类型的学校的教师和教育教学辅助人员,可以根据实际情况参照 本法的有关规定执行。军队所属院校的教师和教育教学辅助人员,由中央军事委员会依照本法制定有关规定。

第四十二条 外籍教师的聘任办法由国务院教育行政部门规定。

第四十三条 本法自一九九四年一月一日起施行。

附录4:《中华人民共和国未成年人保护法》

中华人民共和国未成年人保护法

(1991 年 9 月 4 日第七届全国人民代表大会常务委员会第二十一次会议通过 2006 年 12 月 29 日第十届全国人民代表大会常务委员会第二十五次会议第一次修订 根据 2012 年 10 月 26 日第十一届全国人民代表大会常务委员会第二十九次会议《关于修改〈中华人民共和国未成年人保护法〉的决定》修正 2020 年 10 月 17 日第十三届全国人民代表大会常务委员会第二十二次会议第二次修订。)

第一章 总 则

第一条 为了保护未成年人身心健康,保障未成年人合法权益,促进未成年人德智体美劳全面发展,培养有理想、有道德、有文化、有纪律的社会主义建设者和接班人,培养担当民族复兴大任的时代新人,根据宪法,制定本法。

第二条 本法所称未成年人是指未满十八周岁的公民。

第三条 国家保障未成年人的生存权、发展权、受保护权、参与权等权利。

未成年人依法平等地享有各项权利,不因本人及其父母或者其他监护人的民族、种族、性别、户籍、职业、宗教信仰、教育程度、家庭状况、身心健康状况等受到歧视。

第四条 保护未成年人,应当坚持最有利于未成年人的原则。处理涉及未成年人事项,应当符合下列要求:

(一)给予未成年人特殊、优先保护;

(二)尊重未成年人人格尊严;

(三)保护未成年人隐私权和个人信息;

(四)适应未成年人身心健康发展的规律和特点;

(五)听取未成年人的意见;

(六)保护与教育相结合。

第五条 国家、社会、学校和家庭应当对未成年人进行理想教育、道德教育、科学教育、文化教育、法治教育、国家安全教育、健康教育、劳动教育,加强爱国主义、集体主义和中国特色社会主义的教育,培养爱祖国、爱人民、爱劳动、爱科学、爱社会主义的公德,抵制资本主义、封建主义和其他腐朽思想的侵蚀,引导未成年人树立和践行社会主义核心价值观。

第六条 保护未成年人,是国家机关、武装力量、政党、人民团体、企业事业单位、社会组织、城乡基层群众性自治组织、未成年人的监护人以及其他成年人的共同责任。

国家、社会、学校和家庭应当教育和帮助未成年人维护自身合法权益,增强自我保护的意识和能力。

第七条　未成年人的父母或者其他监护人依法对未成年人承担监护职责。

国家采取措施指导、支持、帮助和监督未成年人的父母或者其他监护人履行监护职责。

第八条　县级以上人民政府应当将未成年人保护工作纳入国民经济和社会发展规划，相关经费纳入本级政府预算。

第九条　县级以上人民政府应当建立未成年人保护工作协调机制，统筹、协调、督促和指导有关部门在各自职责范围内做好未成年人保护工作。协调机制具体工作由县级以上人民政府民政部门承担，省级人民政府也可以根据本地实际情况确定由其他有关部门承担。

第十条　共产主义青年团、妇女联合会、工会、残疾人联合会、关心下一代工作委员会、青年联合会、学生联合会、少年先锋队以及其他人民团体、有关社会组织，应当协助各级人民政府及其有关部门、人民检察院、人民法院做好未成年人保护工作，维护未成年人合法权益。

第十一条　任何组织或者个人发现不利于未成年人身心健康或者侵犯未成年人合法权益的情形，都有权劝阻、制止或者向公安、民政、教育等有关部门提出检举、控告。

国家机关、居民委员会、村民委员会、密切接触未成年人的单位及其工作人员，在工作中发现未成年人身心健康受到侵害、疑似受到侵害或者面临其他危险情形的，应当立即向公安、民政、教育等有关部门报告。

有关部门接到涉及未成年人的检举、控告或者报告，应当依法及时受理、处置，并以适当方式将处理结果告知相关单位和人员。

第十二条　国家鼓励和支持未成年人保护方面的科学研究，建设相关学科、设置相关专业，加强人才培养。

第十三条　国家建立健全未成年人统计调查制度，开展未成年人健康、受教育等状况的统计、调查和分析，发布未成年人保护的有关信息。

第十四条　国家对保护未成年人有显著成绩的组织和个人给予表彰和奖励。

第二章　家庭保护

第十五条　未成年人的父母或者其他监护人应当学习家庭教育知识，接受家庭教育指导，创造良好、和睦、文明的家庭环境。

共同生活的其他成年家庭成员应当协助未成年人的父母或者其他监护人抚养、教育和保护未成年人。

第十六条　未成年人的父母或者其他监护人应当履行下列监护职责：

（一）为未成年人提供生活、健康、安全等方面的保障；

（二）关注未成年人的生理、心理状况和情感需求；

（三）教育和引导未成年人遵纪守法、勤俭节约，养成良好的思想品德和行为习惯；

（四）对未成年人进行安全教育，提高未成年人的自我保护意识和能力；

（五）尊重未成年人受教育的权利,保障适龄未成年人依法接受并完成义务教育;

（六）保障未成年人休息、娱乐和体育锻炼的时间,引导未成年人进行有益身心健康的活动;

（七）妥善管理和保护未成年人的财产;

（八）依法代理未成年人实施民事法律行为;

（九）预防和制止未成年人的不良行为和违法犯罪行为,并进行合理管教;

（十）其他应当履行的监护职责。

第十七条　未成年人的父母或者其他监护人不得实施下列行为:

（一）虐待、遗弃、非法送养未成年人或者对未成年人实施家庭暴力;

（二）放任、教唆或者利用未成年人实施违法犯罪行为;

（三）放任、唆使未成年人参与邪教、迷信活动或者接受恐怖主义、分裂主义、极端主义等侵害;

（四）放任、唆使未成年人吸烟(含电子烟,下同)、饮酒、赌博、流浪乞讨或者欺凌他人;

（五）放任或者迫使应当接受义务教育的未成年人失学、辍学;

（六）放任未成年人沉迷网络,接触危害或者可能影响其身心健康的图书、报刊、电影、广播电视节目、音像制品、电子出版物和网络信息等;

（七）放任未成年人进入营业性娱乐场所、酒吧、互联网上网服务营业场所等不适宜未成年人活动的场所;

（八）允许或者迫使未成年人从事国家规定以外的劳动;

（九）允许、迫使未成年人结婚或者为未成年人订立婚约;

（十）违法处分、侵吞未成年人的财产或者利用未成年人牟取不正当利益;

（十一）其他侵犯未成年人身心健康、财产权益或者不依法履行未成年人保护义务的行为。

第十八条　未成年人的父母或者其他监护人应当为未成年人提供安全的家庭生活环境,及时排除引发触电、烫伤、跌落等伤害的安全隐患;采取配备儿童安全座椅、教育未成年人遵守交通规则等措施,防止未成年人受到交通事故的伤害;提高户外安全保护意识,避免未成年人发生溺水、动物伤害等事故。

第十九条　未成年人的父母或者其他监护人应当根据未成年人的年龄和智力发展状况,在作出与未成年人权益有关的决定前,听取未成年人的意见,充分考虑其真实意愿。

第二十条　未成年人的父母或者其他监护人发现未成年人身心健康受到侵害、疑似受到侵害或者其他合法权益受到侵犯的,应当及时了解情况并采取保护措施;情况严重的,应当立即向公安、民政、教育等部门报告。

第二十一条　未成年人的父母或者其他监护人不得使未满八周岁或者由于身体、心理原因需要特别照顾的未成年人处于无人看护状态,或者将其交由无民事行为能力、限制民事行为能力、患有严重传染性疾病或者其他不适宜的人员临时照护。

未成年人的父母或者其他监护人不得使未满十六周岁的未成年人脱离监护单独生活。

第二十二条　未成年人的父母或者其他监护人因外出务工等原因在一定期限内不能完全履行监护职责的，应当委托具有照护能力的完全民事行为能力人代为照护；无正当理由的，不得委托他人代为照护。

未成年人的父母或者其他监护人在确定被委托人时，应当综合考虑其道德品质、家庭状况、身心健康状况、与未成年人生活情感上的联系等情况，并听取有表达意愿能力未成年人的意见。

具有下列情形之一的，不得作为被委托人：

（一）曾实施性侵害、虐待、遗弃、拐卖、暴力伤害等违法犯罪行为；

（二）有吸毒、酗酒、赌博等恶习；

（三）曾拒不履行或者长期怠于履行监护、照护职责；

（四）其他不适宜担任被委托人的情形。

第二十三条　未成年人的父母或者其他监护人应当及时将委托照护情况书面告知未成年人所在学校、幼儿园和实际居住地的居民委员会、村民委员会，加强和未成年人所在学校、幼儿园的沟通；与未成年人、被委托人至少每周联系和交流一次，了解未成年人的生活、学习、心理等情况，并给予未成年人亲情关爱。

未成年人的父母或者其他监护人接到被委托人、居民委员会、村民委员会、学校、幼儿园等关于未成年人心理、行为异常的通知后，应当及时采取干预措施。

第二十四条　未成年人的父母离婚时，应当妥善处理未成年子女的抚养、教育、探望、财产等事宜，听取有表达意愿能力未成年人的意见。不得以抢夺、藏匿未成年子女等方式争夺抚养权。

未成年人的父母离婚后，不直接抚养未成年子女的一方应当依照协议、人民法院判决或者调解确定的时间和方式，在不影响未成年人学习、生活的情况下探望未成年子女，直接抚养的一方应当配合，但被人民法院依法中止探望权的除外。

第三章　学校保护

第二十五条　学校应当全面贯彻国家教育方针，坚持立德树人，实施素质教育，提高教育质量，注重培养未成年学生认知能力、合作能力、创新能力和实践能力，促进未成年学生全面发展。

学校应当建立未成年学生保护工作制度，健全学生行为规范，培养未成年学生遵纪守法的良好行为习惯。

第二十六条　幼儿园应当做好保育、教育工作，遵循幼儿身心发展规律，实施启蒙教育，促进幼儿在体质、智力、品德等方面和谐发展。

第二十七条　学校、幼儿园的教职员工应当尊重未成年人人格尊严，不得对未成年人实施体罚、变相体罚或者其他侮辱人格尊严的行为。

第二十八条　学校应当保障未成年学生受教育的权利，不得违反国家规定开除、变相开除未成年学生。

学校应当对尚未完成义务教育的辍学未成年学生进行登记并劝返复学;劝返无效的,应当及时向教育行政部门书面报告。

第二十九条 学校应当关心、爱护未成年学生,不得因家庭、身体、心理、学习能力等情况歧视学生。对家庭困难、身心有障碍的学生,应当提供关爱;对行为异常、学习有困难的学生,应当耐心帮助。

学校应当配合政府有关部门建立留守未成年学生、困境未成年学生的信息档案,开展关爱帮扶工作。

第三十条 学校应当根据未成年学生身心发展特点,进行社会生活指导、心理健康辅导、青春期教育和生命教育。

第三十一条 学校应当组织未成年学生参加与其年龄相适应的日常生活劳动、生产劳动和服务性劳动,帮助未成年学生掌握必要的劳动知识和技能,养成良好的劳动习惯。

第三十二条 学校、幼儿园应当开展勤俭节约、反对浪费、珍惜粮食、文明饮食等宣传教育活动,帮助未成年人树立浪费可耻、节约为荣的意识,养成文明健康、绿色环保的生活习惯。

第三十三条 学校应当与未成年学生的父母或者其他监护人互相配合,合理安排未成年学生的学习时间,保障其休息、娱乐和体育锻炼的时间。

学校不得占用国家法定节假日、休息日及寒暑假期,组织义务教育阶段的未成年学生集体补课,加重其学习负担。

幼儿园、校外培训机构不得对学龄前未成年人进行小学课程教育。

第三十四条 学校、幼儿园应当提供必要的卫生保健条件,协助卫生健康部门做好在校、在园未成年人的卫生保健工作。

第三十五条 学校、幼儿园应当建立安全管理制度,对未成年人进行安全教育,完善安保设施、配备安保人员,保障未成年人在校、在园期间的人身和财产安全。

学校、幼儿园不得在危及未成年人人身安全、身心健康的校舍和其他设施、场所中进行教育教学活动。

学校、幼儿园安排未成年人参加文化娱乐、社会实践等集体活动,应当保护未成年人的身心健康,防止发生人身伤害事故。

第三十六条 使用校车的学校、幼儿园应当建立健全校车安全管理制度,配备安全管理人员,定期对校车进行安全检查,对校车驾驶人进行安全教育,并向未成年人讲解校车安全乘坐知识,培养未成年人校车安全事故应急处理技能。

第三十七条 学校、幼儿园应当根据需要,制定应对自然灾害、事故灾难、公共卫生事件等突发事件和意外伤害的预案,配备相应设施并定期进行必要的演练。

未成年人在校内、园内或者本校、本园组织的校外、园外活动中发生人身伤害事故的,学校、幼儿园应当立即救护,妥善处理,及时通知未成年人的父母或者其他监护人,并向有关部门报告。

第三十八条　学校、幼儿园不得安排未成年人参加商业性活动，不得向未成年人及其父母或者其他监护人推销或者要求其购买指定的商品和服务。

学校、幼儿园不得与校外培训机构合作为未成年人提供有偿课程辅导。

第三十九条　学校应当建立学生欺凌防控工作制度，对教职员工、学生等开展防治学生欺凌的教育和培训。

学校对学生欺凌行为应当立即制止，通知实施欺凌和被欺凌未成年学生的父母或者其他监护人参与欺凌行为的认定和处理；对相关未成年学生及时给予心理辅导、教育和引导；对相关未成年学生的父母或者其他监护人给予必要的家庭教育指导。

对实施欺凌的未成年学生，学校应当根据欺凌行为的性质和程度，依法加强管教。对严重的欺凌行为，学校不得隐瞒，应当及时向公安机关、教育行政部门报告，并配合相关部门依法处理。

第四十条　学校、幼儿园应当建立预防性侵害、性骚扰未成年人工作制度。对性侵害、性骚扰未成年人等违法犯罪行为，学校、幼儿园不得隐瞒，应当及时向公安机关、教育行政部门报告，并配合相关部门依法处理。

学校、幼儿园应当对未成年人开展适合其年龄的性教育，提高未成年人防范性侵害、性骚扰的自我保护意识和能力。对遭受性侵害、性骚扰的未成年人，学校、幼儿园应当及时采取相关的保护措施。

第四十一条　婴幼儿照护服务机构、早期教育服务机构、校外培训机构、校外托管机构等应当参照本章有关规定，根据不同年龄阶段未成年人的成长特点和规律，做好未成年人保护工作。

第四章　社会保护

第四十二条　全社会应当树立关心、爱护未成年人的良好风尚。

国家鼓励、支持和引导人民团体、企业事业单位、社会组织以及其他组织和个人，开展有利于未成年人健康成长的社会活动和服务。

第四十三条　居民委员会、村民委员会应当设置专人专岗负责未成年人保护工作，协助政府有关部门宣传未成年人保护方面的法律法规，指导、帮助和监督未成年人的父母或者其他监护人依法履行监护职责，建立留守未成年人、困境未成年人的信息档案并给予关爱帮扶。

居民委员会、村民委员会应当协助政府有关部门监督未成年人委托照护情况，发现被委托人缺乏照护能力、怠于履行照护职责等情况，应当及时向政府有关部门报告，并告知未成年人的父母或者其他监护人，帮助、督促被委托人履行照护职责。

第四十四条　爱国主义教育基地、图书馆、青少年宫、儿童活动中心、儿童之家应当对未成年人免费开放；博物馆、纪念馆、科技馆、展览馆、美术馆、文化馆、社区公益性互联网上网服务场所以及影剧院、体育场馆、动物园、植物园、公园等场所，应当按照有关规定对未成年人免费或者优惠开放。

国家鼓励爱国主义教育基地、博物馆、科技馆、美术馆等公共场馆开设未成年人专场,为未成年人提供有针对性的服务。

国家鼓励国家机关、企业事业单位、部队等开发自身教育资源,设立未成年人开放日,为未成年人主题教育、社会实践、职业体验等提供支持。

国家鼓励科研机构和科技类社会组织对未成年人开展科学普及活动。

第四十五条　城市公共交通以及公路、铁路、水路、航空客运等应当按照有关规定对未成年人实施免费或者优惠票价。

第四十六条　国家鼓励大型公共场所、公共交通工具、旅游景区景点等设置母婴室、婴儿护理台以及方便幼儿使用的坐便器、洗手台等卫生设施,为未成年人提供便利。

第四十七条　任何组织或者个人不得违反有关规定,限制未成年人应当享有的照顾或者优惠。

第四十八条　国家鼓励创作、出版、制作和传播有利于未成年人健康成长的图书、报刊、电影、广播电视节目、舞台艺术作品、音像制品、电子出版物和网络信息等。

第四十九条　新闻媒体应当加强未成年人保护方面的宣传,对侵犯未成年人合法权益的行为进行舆论监督。新闻媒体采访报道涉及未成年人事件应当客观、审慎和适度,不得侵犯未成年人的名誉、隐私和其他合法权益。

第五十条　禁止制作、复制、出版、发布、传播含有宣扬淫秽、色情、暴力、邪教、迷信、赌博、引诱自杀、恐怖主义、分裂主义、极端主义等危害未成年人身心健康内容的图书、报刊、电影、广播电视节目、舞台艺术作品、音像制品、电子出版物和网络信息等。

第五十一条　任何组织或者个人出版、发布、传播的图书、报刊、电影、广播电视节目、舞台艺术作品、音像制品、电子出版物或者网络信息,包含可能影响未成年人身心健康内容的,应当以显著方式作出提示。

第五十二条　禁止制作、复制、发布、传播或者持有有关未成年人的淫秽色情物品和网络信息。

第五十三条　任何组织或者个人不得刊登、播放、张贴或者散发含有危害未成年人身心健康内容的广告;不得在学校、幼儿园播放、张贴或者散发商业广告;不得利用校服、教材等发布或者变相发布商业广告。

第五十四条　禁止拐卖、绑架、虐待、非法收养未成年人,禁止对未成年人实施性侵害、性骚扰。

禁止胁迫、引诱、教唆未成年人参加黑社会性质组织或者从事违法犯罪活动。

禁止胁迫、诱骗、利用未成年人乞讨。

第五十五条　生产、销售用于未成年人的食品、药品、玩具、用具和游戏游艺设备、游乐设施等,应当符合国家或者行业标准,不得危害未成年人的人身安全和身心健康。上述产品的生产者应当在显著位置标明注意事项,未标明注意事项的不得销售。

第五十六条　未成年人集中活动的公共场所应当符合国家或者行业安全标准,并采取相应安全保护措施。对可能存在安全风险的设施,应当定期进行维护,在显著位置设置安全警示标志并标明适龄范围和注意事项;必要时应当安排专门人员看管。

大型的商场、超市、医院、图书馆、博物馆、科技馆、游乐场、车站、码头、机场、旅游景区景点等场所运营单位应当设置搜寻走失未成年人的安全警报系统。场所运营单位接到求助后,应当立即启动安全警报系统,组织人员进行搜寻并向公安机关报告。

公共场所发生突发事件时,应当优先救护未成年人。

第五十七条　旅馆、宾馆、酒店等住宿经营者接待未成年人入住,或者接待未成年人和成年人共同入住时,应当询问父母或者其他监护人的联系方式、入住人员的身份关系等有关情况;发现有违法犯罪嫌疑的,应当立即向公安机关报告,并及时联系未成年人的父母或者其他监护人。

第五十八条　学校、幼儿园周边不得设置营业性娱乐场所、酒吧、互联网上网服务营业场所等不适宜未成年人活动的场所。营业性歌舞娱乐场所、酒吧、互联网上网服务营业场所等不适宜未成年人活动场所的经营者,不得允许未成年人进入;游艺娱乐场所设置的电子游戏设备,除国家法定节假日外,不得向未成年人提供。经营者应当在显著位置设置未成年人禁入、限入标志;对难以判明是不是未成年人的,应当要求其出示身份证件。

第五十九条　学校、幼儿园周边不得设置烟、酒、彩票销售网点。禁止向未成年人销售烟、酒、彩票或者兑付彩票奖金。烟、酒和彩票经营者应当在显著位置设置不向未成年人销售烟、酒或者彩票的标志;对难以判明是不是未成年人的,应当要求其出示身份证件。

任何人不得在学校、幼儿园和其他未成年人集中活动的公共场所吸烟、饮酒。

第六十条　禁止向未成年人提供、销售管制刀具或者其他可能致人严重伤害的器具等物品。经营者难以判明购买者是不是未成年人的,应当要求其出示身份证件。

第六十一条　任何组织或者个人不得招用未满十六周岁未成年人,国家另有规定的除外。

营业性娱乐场所、酒吧、互联网上网服务营业场所等不适宜未成年人活动的场所不得招用已满十六周岁的未成年人。

招用已满十六周岁未成年人的单位和个人应当执行国家在工种、劳动时间、劳动强度和保护措施等方面的规定,不得安排其从事过重、有毒、有害等危害未成年人身心健康的劳动或者危险作业。

任何组织或者个人不得组织未成年人进行危害其身心健康的表演等活动。经未成年人的父母或者其他监护人同意,未成年人参与演出、节目制作等活动,活动组织方应当根据国家有关规定,保障未成年人合法权益。

第六十二条　密切接触未成年人的单位招聘工作人员时,应当向公安机关、人民检察院查询应聘者是否具有性侵害、虐待、拐卖、暴力伤害等违法犯罪记录;发现其具有前述行为记录的,不得录用。

密切接触未成年人的单位应当每年定期对工作人员是否具有上述违法犯罪记录进行查询。通过查询或者其他方式发现其工作人员具有上述行为的,应当及时解聘。

第六十三条　任何组织或者个人不得隐匿、毁弃、非法删除未成年人的信件、日记、电子邮件或者其他网络通讯内容。

除下列情形外,任何组织或者个人不得开拆、查阅未成年人的信件、日记、电子邮件或者其他网络通讯内容:

(一)无民事行为能力未成年人的父母或者其他监护人代未成年人开拆、查阅;

(二)因国家安全或者追查刑事犯罪依法进行检查;

(三)紧急情况下为了保护未成年人本人的人身安全。

第五章　网络保护

第六十四条　国家、社会、学校和家庭应当加强未成年人网络素养宣传教育,培养和提高未成年人的网络素养,增强未成年人科学、文明、安全、合理使用网络的意识和能力,保障未成年人在网络空间的合法权益。

第六十五条　国家鼓励和支持有利于未成年人健康成长的网络内容的创作与传播,鼓励和支持专门以未成年人为服务对象、适合未成年人身心健康特点的网络技术、产品、服务的研发、生产和使用。

第六十六条　网信部门及其他有关部门应当加强对未成年人网络保护工作的监督检查,依法惩处利用网络从事危害未成年人身心健康的活动,为未成年人提供安全、健康的网络环境。

第六十七条　网信部门会同公安、文化和旅游、新闻出版、电影、广播电视等部门根据保护不同年龄阶段未成年人的需要,确定可能影响未成年人身心健康网络信息的种类、范围和判断标准。

第六十八条　新闻出版、教育、卫生健康、文化和旅游、网信等部门应当定期开展预防未成年人沉迷网络的宣传教育,监督网络产品和服务提供者履行预防未成年人沉迷网络的义务,指导家庭、学校、社会组织互相配合,采取科学、合理的方式对未成年人沉迷网络进行预防和干预。

任何组织或者个人不得以侵害未成年人身心健康的方式对未成年人沉迷网络进行干预。

第六十九条　学校、社区、图书馆、文化馆、青少年宫等场所为未成年人提供的互联网上网服务设施,应当安装未成年人网络保护软件或者采取其他安全保护技术措施。

智能终端产品的制造者、销售者应当在产品上安装未成年人网络保护软件,或者以显著方式告知用户未成年人网络保护软件的安装渠道和方法。

第七十条　学校应当合理使用网络开展教学活动。未经学校允许,未成年学生不得将手机等智能终端产品带入课堂,带入学校的应当统一管理。

学校发现未成年学生沉迷网络的,应当及时告知其父母或者其他监护人,共同对未成年学生进行教育和引导,帮助其恢复正常的学习生活。

第七十一条　未成年人的父母或者其他监护人应当提高网络素养,规范自身使用网络的行为,加强对未成年人使用网络行为的引导和监督。

未成年人的父母或者其他监护人应当通过在智能终端产品上安装未成年人网络保护软件、选择适合未成年人的服务模式和管理功能等方式,避免未成年人接触危害或者可能影响其身心健康的网络信息,合理安排未成年人使用网络的时间,有效预防未成年人沉迷网络。

第七十二条　信息处理者通过网络处理未成年人个人信息的,应当遵循合法、正当和必要的原则。处理不满十四周岁未成年人个人信息的,应当征得未成年人的父母或者其他监护人同意,但法律、行政法规另有规定的除外。

未成年人、父母或者其他监护人要求信息处理者更正、删除未成年人个人信息的,信息处理者应当及时采取措施予以更正、删除,但法律、行政法规另有规定的除外。

第七十三条　网络服务提供者发现未成年人通过网络发布私密信息的,应当及时提示,并采取必要的保护措施。

第七十四条　网络产品和服务提供者不得向未成年人提供诱导其沉迷的产品和服务。

网络游戏、网络直播、网络音视频、网络社交等网络服务提供者应当针对未成年人使用其服务设置相应的时间管理、权限管理、消费管理等功能。

以未成年人为服务对象的在线教育网络产品和服务,不得插入网络游戏链接,不得推送广告等与教学无关的信息。

第七十五条　网络游戏经依法审批后方可运营。

国家建立统一的未成年人网络游戏电子身份认证系统。网络游戏服务提供者应当要求未成年人以真实身份信息注册并登录网络游戏。

网络游戏服务提供者应当按照国家有关规定和标准,对游戏产品进行分类,作出适龄提示,并采取技术措施,不得让未成年人接触不适宜的游戏或者游戏功能。

网络游戏服务提供者不得在每日二十二时至次日八时向未成年人提供网络游戏服务。

第七十六条　网络直播服务提供者不得为未满十六周岁的未成年人提供网络直播发布者账号注册服务;为年满十六周岁的未成年人提供网络直播发布者账号注册服务时,应当对其身份信息进行认证,并征得其父母或者其他监护人同意。

第七十七条　任何组织或者个人不得通过网络以文字、图片、音视频等形式,对未成年人实施侮辱、诽谤、威胁或者恶意损害形象等网络欺凌行为。

遭受网络欺凌的未成年人及其父母或者其他监护人有权通知网络服务提供者采取删除、屏蔽、断开链接等措施。网络服务提供者接到通知后,应当及时采取必要的措施制止网络欺凌行为,防止信息扩散。

第七十八条　网络产品和服务提供者应当建立便捷、合理、有效的投诉和举报渠道,公开投诉、举报方式等信息,及时受理并处理涉及未成年人的投诉、举报。

第七十九条　任何组织或者个人发现网络产品、服务含有危害未成年人身心健康的信息,有权向网络产品和服务提供者或者网信、公安等部门投诉、举报。

第八十条　网络服务提供者发现用户发布、传播可能影响未成年人身心健康的信息且未作显著提示的,应当作出提示或者通知用户予以提示;未作出提示的,不得传输相关信息。

网络服务提供者发现用户发布、传播含有危害未成年人身心健康内容的信息的,应当立即停止传输相关信息,采取删除、屏蔽、断开链接等处置措施,保存有关记录,并向网信、公安等部门报告。

网络服务提供者发现用户利用其网络服务对未成年人实施违法犯罪行为的,应当立即停止向该用户提供网络服务,保存有关记录,并向公安机关报告。

第六章　政府保护

第八十一条　县级以上人民政府承担未成年人保护协调机制具体工作的职能部门应当明确相关内设机构或者专门人员,负责承担未成年人保护工作。

乡镇人民政府和街道办事处应当设立未成年人保护工作站或者指定专门人员,及时办理未成年人相关事务;支持、指导居民委员会、村民委员会设立专人专岗,做好未成年人保护工作。

第八十二条　各级人民政府应当将家庭教育指导服务纳入城乡公共服务体系,开展家庭教育知识宣传,鼓励和支持有关人民团体、企业事业单位、社会组织开展家庭教育指导服务。

第八十三条　各级人民政府应当保障未成年人受教育的权利,并采取措施保障留守未成年人、困境未成年人、残疾未成年人接受义务教育。

对尚未完成义务教育的辍学未成年学生,教育行政部门应当责令父母或者其他监护人将其送入学校接受义务教育。

第八十四条　各级人民政府应当发展托育、学前教育事业,办好婴幼儿照护服务机构、幼儿园,支持社会力量依法兴办母婴室、婴幼儿照护服务机构、幼儿园。

县级以上地方人民政府及其有关部门应当培养和培训婴幼儿照护服务机构、幼儿园的保教人员,提高其职业道德素质和业务能力。

第八十五条　各级人民政府应当发展职业教育,保障未成年人接受职业教育或者职业技能培训,鼓励和支持人民团体、企业事业单位、社会组织为未成年人提供职业技能培训服务。

第八十六条　各级人民政府应当保障具有接受普通教育能力、能适应校园生活的残疾未成年人就近在普通学校、幼儿园接受教育;保障不具有接受普通教育能力的残疾未成年人在特殊教育学校、幼儿园接受学前教育、义务教育和职业教育。

各级人民政府应当保障特殊教育学校、幼儿园的办学、办园条件,鼓励和支持社会力量举办特殊教育学校、幼儿园。

第八十七条　地方人民政府及其有关部门应当保障校园安全,监督、指导学校、幼儿园等单位落实校园安全责任,建立突发事件的报告、处置和协调机制。

第八十八条　公安机关和其他有关部门应当依法维护校园周边的治安和交通秩序,设置监控设备和交通安全设施,预防和制止侵害未成年人的违法犯罪行为。

第八十九条　地方人民政府应当建立和改善适合未成年人的活动场所和设施,支持公益性未成年人活动场所和设施的建设和运行,鼓励社会力量兴办适合未成年人的活动场所和设施,并加强管理。

地方人民政府应当采取措施,鼓励和支持学校在国家法定节假日、休息日及寒暑假期将文化体育设施对未成年人免费或者优惠开放。

地方人民政府应当采取措施,防止任何组织或者个人侵占、破坏学校、幼儿园、婴幼儿照护服务机构等未成年人活动场所的场地、房屋和设施。

第九十条 各级人民政府及其有关部门应当对未成年人进行卫生保健和营养指导,提供卫生保健服务。

卫生健康部门应当依法对未成年人的疫苗预防接种进行规范,防治未成年人常见病、多发病,加强传染病防治和监督管理,做好伤害预防和干预,指导和监督学校、幼儿园、婴幼儿照护服务机构开展卫生保健工作。

教育行政部门应当加强未成年人的心理健康教育,建立未成年人心理问题的早期发现和及时干预机制。卫生健康部门应当做好未成年人心理治疗、心理危机干预以及精神障碍早期识别和诊断治疗等工作。

第九十一条 各级人民政府及其有关部门对困境未成年人实施分类保障,采取措施满足其生活、教育、安全、医疗康复、住房等方面的基本需要。

第九十二条 具有下列情形之一的,民政部门应当依法对未成年人进行临时监护:

(一)未成年人流浪乞讨或者身份不明,暂时查找不到父母或者其他监护人;

(二)监护人下落不明且无其他人可以担任监护人;

(三)监护人因自身客观原因或者因发生自然灾害、事故灾难、公共卫生事件等突发事件不能履行监护职责,导致未成年人监护缺失;

(四)监护人拒绝或者怠于履行监护职责,导致未成年人处于无人照料的状态;

(五)监护人教唆、利用未成年人实施违法犯罪行为,未成年人需要被带离安置;

(六)未成年人遭受监护人严重伤害或者面临人身安全威胁,需要被紧急安置;

(七)法律规定的其他情形。

第九十三条 对临时监护的未成年人,民政部门可以采取委托亲属抚养、家庭寄养等方式进行安置,也可以交由未成年人救助保护机构或者儿童福利机构进行收留、抚养。

临时监护期间,经民政部门评估,监护人重新具备履行监护职责条件的,民政部门可以将未成年人送回监护人抚养。

第九十四条 具有下列情形之一的,民政部门应当依法对未成年人进行长期监护:

(一)查找不到未成年人的父母或者其他监护人;

(二)监护人死亡或者被宣告死亡且无其他人可以担任监护人;

(三)监护人丧失监护能力且无其他人可以担任监护人;

(四)人民法院判决撤销监护人资格并指定由民政部门担任监护人;

(五)法律规定的其他情形。

第九十五条 民政部门进行收养评估后,可以依法将其长期监护的未成年人交由符合条件的申请人收养。收养关系成立后,民政部门与未成年人的监护关系终止。

第九十六条 民政部门承担临时监护或者长期监护职责的,财政、教育、卫生健康、公安等部门应当根据各自职责予以配合。

县级以上人民政府及其民政部门应当根据需要设立未成年人救助保护机构、儿童福利机构,负责收留、抚养由民政部门监护的未成年人。

第九十七条 县级以上人民政府应当开通全国统一的未成年人保护热线,及时受理、转介侵犯未成年人合法权益的投诉、举报;鼓励和支持人民团体、企业事业单位、社会组织参与建设未成年人保护服务平台、服务热线、服务站点,提供未成年人保护方面的咨询、帮助。

第九十八条 国家建立性侵害、虐待、拐卖、暴力伤害等违法犯罪人员信息查询系统,向密切接触未成年人的单位提供免费查询服务。

第九十九条 地方人民政府应当培育、引导和规范有关社会组织、社会工作者参与未成年人保护工作,开展家庭教育指导服务,为未成年人的心理辅导、康复救助、监护及收养评估等提供专业服务。

第七章 司法保护

第一百条 公安机关、人民检察院、人民法院和司法行政部门应当依法履行职责,保障未成年人合法权益。

第一百零一条 公安机关、人民检察院、人民法院和司法行政部门应当确定专门机构或者指定专门人员,负责办理涉及未成年人案件。办理涉及未成年人案件的人员应当经过专门培训,熟悉未成年人身心特点。专门机构或者专门人员中,应当有女性工作人员。

公安机关、人民检察院、人民法院和司法行政部门应当对上述机构和人员实行与未成年人保护工作相适应的评价考核标准。

第一百零二条 公安机关、人民检察院、人民法院和司法行政部门办理涉及未成年人案件,应当考虑未成年人身心特点和健康成长的需要,使用未成年人能够理解的语言和表达方式,听取未成年人的意见。

第一百零三条 公安机关、人民检察院、人民法院、司法行政部门以及其他组织和个人不得披露有关案件中未成年人的姓名、影像、住所、就读学校以及其他可能识别出其身份的信息,但查找失踪、被拐卖未成年人等情形除外。

第一百零四条 对需要法律援助或者司法救助的未成年人,法律援助机构或者公安机关、人民检察院、人民法院和司法行政部门应当给予帮助,依法为其提供法律援助或者司法救助。

法律援助机构应当指派熟悉未成年人身心特点的律师为未成年人提供法律援助服务。

法律援助机构和律师协会应当对办理未成年人法律援助案件的律师进行指导和培训。

第一百零五条 人民检察院通过行使检察权,对涉及未成年人的诉讼活动等依法进行监督。

第一百零六条　未成年人合法权益受到侵犯，相关组织和个人未代为提起诉讼的，人民检察院可以督促、支持其提起诉讼；涉及公共利益的，人民检察院有权提起公益诉讼。

第一百零七条　人民法院审理继承案件，应当依法保护未成年人的继承权和受遗赠权。

人民法院审理离婚案件，涉及未成年子女抚养问题的，应当尊重已满八周岁未成年子女的真实意愿，根据双方具体情况，按照最有利于未成年子女的原则依法处理。

第一百零八条　未成年人的父母或者其他监护人不依法履行监护职责或者严重侵犯被监护的未成年人合法权益的，人民法院可以根据有关人员或者单位的申请，依法作出人身安全保护令或者撤销监护人资格。

被撤销监护人资格的父母或者其他监护人应当依法继续负担抚养费用。

第一百零九条　人民法院审理离婚、抚养、收养、监护、探望等案件涉及未成年人的，可以自行或者委托社会组织对未成年人的相关情况进行社会调查。

第一百一十条　公安机关、人民检察院、人民法院讯问未成年犯罪嫌疑人、被告人，询问未成年被害人、证人，应当依法通知其法定代理人或者其成年亲属、所在学校的代表等合适成年人到场，并采取适当方式，在适当场所进行，保障未成年人的名誉权、隐私权和其他合法权益。

人民法院开庭审理涉及未成年人案件，未成年被害人、证人一般不出庭作证；必须出庭的，应当采取保护其隐私的技术手段和心理干预等保护措施。

第一百一十一条　公安机关、人民检察院、人民法院应当与其他有关政府部门、人民团体、社会组织互相配合，对遭受性侵害或者暴力伤害的未成年被害人及其家庭实施必要的心理干预、经济救助、法律援助、转学安置等保护措施。

第一百一十二条　公安机关、人民检察院、人民法院办理未成年人遭受性侵害或者暴力伤害案件，在询问未成年被害人、证人时，应当采取同步录音录像等措施，尽量一次完成；未成年被害人、证人是女性的，应当由女性工作人员进行。

第一百一十三条　对违法犯罪的未成年人，实行教育、感化、挽救的方针，坚持教育为主、惩罚为辅的原则。

对违法犯罪的未成年人依法处罚后，在升学、就业等方面不得歧视。

第一百一十四条　公安机关、人民检察院、人民法院和司法行政部门发现有关单位未尽到未成年人教育、管理、救助、看护等保护职责的，应当向该单位提出建议。被建议单位应当在一个月内作出书面回复。

第一百一十五条　公安机关、人民检察院、人民法院和司法行政部门应当结合实际，根据涉及未成年人案件的特点，开展未成年人法治宣传教育工作。

第一百一十六条　国家鼓励和支持社会组织、社会工作者参与涉及未成年人案件中未成年人的心理干预、法律援助、社会调查、社会观护、教育矫治、社区矫正等工作。

第八章　法律责任

第一百一十七条　违反本法第十一条第二款规定,未履行报告义务造成严重后果的,由上级主管部门或者所在单位对直接负责的主管人员和其他直接责任人员依法给予处分。

第一百一十八条　未成年人的父母或者其他监护人不依法履行监护职责或者侵犯未成年人合法权益的,由其居住地的居民委员会、村民委员会予以劝诫、制止;情节严重的,居民委员会、村民委员会应当及时向公安机关报告。

公安机关接到报告或者公安机关、人民检察院、人民法院在办理案件过程中发现未成年人的父母或者其他监护人存在上述情形的,应当予以训诫,并可以责令其接受家庭教育指导。

第一百一十九条　学校、幼儿园、婴幼儿照护服务等机构及其教职员工违反本法第二十七条、第二十八条、第三十九条规定的,由公安、教育、卫生健康、市场监督管理等部门按照职责分工责令改正;拒不改正或者情节严重的,对直接负责的主管人员和其他直接责任人员依法给予处分。

第一百二十条　违反本法第四十四条、第四十五条、第四十七条规定,未给予未成年人免费或者优惠待遇的,由市场监督管理、文化和旅游、交通运输等部门按照职责分工责令限期改正,给予警告;拒不改正的,处一万元以上十万元以下罚款。

第一百二十一条　违反本法第五十条、第五十一条规定的,由新闻出版、广播电视、电影、网信等部门按照职责分工责令限期改正,给予警告,没收违法所得,可以并处十万元以下罚款;拒不改正或者情节严重的,责令暂停相关业务、停产停业或者吊销营业执照、吊销相关许可证,违法所得一百万元以上的,并处违法所得一倍以上十倍以下的罚款,没有违法所得或者违法所得不足一百万元的,并处十万元以上一百万元以下罚款。

第一百二十二条　场所运营单位违反本法第五十六条第二款规定、住宿经营者违反本法第五十七条规定的,由市场监督管理、应急管理、公安等部门按照职责分工责令限期改正,给予警告;拒不改正或者造成严重后果的,责令停业整顿或者吊销营业执照、吊销相关许可证,并处一万元以上十万元以下罚款。

第一百二十三条　相关经营者违反本法第五十八条、第五十九条第一款、第六十条规定的,由文化和旅游、市场监督管理、烟草专卖、公安等部门按照职责分工责令限期改正,给予警告,没收违法所得,可以并处五万元以下罚款;拒不改正或者情节严重的,责令停业整顿或者吊销营业执照、吊销相关许可证,可以并处五万元以上五十万元以下罚款。

第一百二十四条　违反本法第五十九条第二款规定,在学校、幼儿园和其他未成年人集中活动的公共场所吸烟、饮酒的,由卫生健康、教育、市场监督管理等部门按照职责分工责令改正,给予警告,可以并处五百元以下罚款;场所管理者未及时制止的,由卫生健康、教育、市场监督管理等部门按照职责分工给予警告,并处一万元以下罚款。

第一百二十五条　违反本法第六十一条规定的,由文化和旅游、人力资源和社会保障、市场监督管理等部门按照职责分工责令限期改正,给予警告,没收违法所得,可以并处十万元以下罚款;拒不改正或者情节严重的,责令停产停业或者吊销营业执照、吊销相关许可证,并处十万元以上一百万元以下罚款。

第一百二十六条　密切接触未成年人的单位违反本法第六十二条规定,未履行查询义务,或者招用、继续聘用具有相关违法犯罪记录人员的,由教育、人力资源和社会保障、市场监督管理等部门按照职责分工责令限期改正,给予警告,并处五万元以下罚款;拒不改正或者造成严重后果的,责令停业整顿或者吊销营业执照、吊销相关许可证,并处五万元以上五十万元以下罚款,对直接负责的主管人员和其他直接责任人员依法给予处分。

第一百二十七条　信息处理者违反本法第七十二条规定,或者网络产品和服务提供者违反本法第七十三条、第七十四条、第七十五条、第七十六条、第七十七条、第八十条规定的,由公安、网信、电信、新闻出版、广播电视、文化和旅游等有关部门按照职责分工责令改正,给予警告,没收违法所得,违法所得一百万元以上的,并处违法所得一倍以上十倍以下罚款,没有违法所得或者违法所得不足一百万元的,并处十万元以上一百万元以下罚款,对直接负责的主管人员和其他责任人员处一万元以上十万元以下罚款;拒不改正或者情节严重的,并可以责令暂停相关业务、停业整顿、关闭网站、吊销营业执照或者吊销相关许可证。

第一百二十八条　国家机关工作人员玩忽职守、滥用职权、徇私舞弊,损害未成年人合法权益的,依法给予处分。

第一百二十九条　违反本法规定,侵犯未成年人合法权益,造成人身、财产或者其他损害的,依法承担民事责任。

违反本法规定,构成违反治安管理行为的,依法给予治安管理处罚;构成犯罪的,依法追究刑事责任。

第九章　附　则

第一百三十条　本法中下列用语的含义:

(一)密切接触未成年人的单位,是指学校、幼儿园等教育机构;校外培训机构;未成年人救助保护机构、儿童福利机构等未成年人安置、救助机构;婴幼儿照护服务机构、早期教育服务机构;校外托管、临时看护机构;家政服务机构;为未成年人提供医疗服务的医疗机构;其他对未成年人负有教育、培训、监护、救助、看护、医疗等职责的企业事业单位、社会组织等。

(二)学校,是指普通中小学、特殊教育学校、中等职业学校、专门学校。

(三)学生欺凌,是指发生在学生之间,一方蓄意或者恶意通过肢体、语言及网络等手段实施欺压、侮辱,造成另一方人身伤害、财产损失或者精神损害的行为。

第一百三十一条　对中国境内未满十八周岁的外国人、无国籍人,依照本法有关规定予以保护。

第一百三十二条　本法自 2021 年 6 月 1 日起施行。

附录5:《中华人民共和国预防未成年人犯罪法》

中华人民共和国预防未成年人犯罪法

(1999 年 6 月 28 日第九届全国人民代表大会常务委员会第十次会议通过,根据 2012 年 10 月 26 日第十一届全国人民代表大会常务委员会第二十九次会议《关于修改〈中华人民共和国预防未成年人犯罪法〉的决定》修正,2020 年 12 月 26 日第十三届全国人民代表大会常务委员会第二十四次会议修订,自 2021 年 6 月 1 日起施行。)

第一章 总 则

第一条 为了保障未成年人身心健康,培养未成年人良好品行,有效预防未成年人违法犯罪,制定本法。

第二条 预防未成年人犯罪,立足于教育和保护未成年人相结合,坚持预防为主、提前干预,对未成年人的不良行为和严重不良行为及时进行分级预防、干预和矫治。

第三条 开展预防未成年人犯罪工作,应当尊重未成年人人格尊严,保护未成年人的名誉权、隐私权和个人信息等合法权益。

第四条 预防未成年人犯罪,在各级人民政府组织下,实行综合治理。

国家机关、人民团体、社会组织、企业事业单位、居民委员会、村民委员会、学校、家庭等各负其责、相互配合,共同做好预防未成年人犯罪工作,及时消除滋生未成年人违法犯罪行为的各种消极因素,为未成年人身心健康发展创造良好的社会环境。

第五条 各级人民政府在预防未成年人犯罪方面的工作职责是:

(一)制定预防未成年人犯罪工作规划;

(二)组织公安、教育、民政、文化和旅游、市场监督管理、网信、卫生健康、新闻出版、电影、广播电视、司法行政等有关部门开展预防未成年人犯罪工作;

(三)为预防未成年人犯罪工作提供政策支持和经费保障;

(四)对本法的实施情况和工作规划的执行情况进行检查;

(五)组织开展预防未成年人犯罪宣传教育;

(六)其他预防未成年人犯罪工作职责。

第六条 国家加强专门学校建设,对有严重不良行为的未成年人进行专门教育。专门教育是国民教育体系的组成部分,是对有严重不良行为的未成年人进行教育和矫治的重要保护处分措施。

省级人民政府应当将专门教育发展和专门学校建设纳入经济社会发展规划。县级以上地方人民政府成立专门教育指导委员会,根据需要合理设置专门学校。

专门教育指导委员会由教育、民政、财政、人力资源社会保障、公安、司法行政、人民检察院、人民法院、共产主义青年团、妇女联合会、关心下一代工作委员会、专门学校等单位，以及律师、社会工作者等人员组成，研究确定专门学校教学、管理等相关工作。

专门学校建设和专门教育具体办法，由国务院规定。

第七条　公安机关、人民检察院、人民法院、司法行政部门应当由专门机构或者经过专业培训、熟悉未成年人身心特点的专门人员负责预防未成年人犯罪工作。

第八条　共产主义青年团、妇女联合会、工会、残疾人联合会、关心下一代工作委员会、青年联合会、学生联合会、少年先锋队以及有关社会组织，应当协助各级人民政府及其有关部门、人民检察院和人民法院做好预防未成年人犯罪工作，为预防未成年人犯罪培育社会力量，提供支持服务。

第九条　国家鼓励、支持和指导社会工作服务机构等社会组织参与预防未成年人犯罪相关工作，并加强监督。

第十条　任何组织或者个人不得教唆、胁迫、引诱未成年人实施不良行为或者严重不良行为，以及为未成年人实施上述行为提供条件。

第十一条　未成年人应当遵守法律法规及社会公共道德规范，树立自尊、自律、自强意识，增强辨别是非和自我保护的能力，自觉抵制各种不良行为以及违法犯罪行为的引诱和侵害。

第十二条　预防未成年人犯罪，应当结合未成年人不同年龄的生理、心理特点，加强青春期教育、心理关爱、心理矫治和预防犯罪对策的研究。

第十三条　国家鼓励和支持预防未成年人犯罪相关学科建设、专业设置、人才培养及科学研究，开展国际交流与合作。

第十四条　国家对预防未成年人犯罪工作有显著成绩的组织和个人，给予表彰和奖励。

第二章　预防犯罪的教育

第十五条　国家、社会、学校和家庭应当对未成年人加强社会主义核心价值观教育，开展预防犯罪教育，增强未成年人的法治观念，使未成年人树立遵纪守法和防范违法犯罪的意识，提高自我管控能力。

第十六条　未成年人的父母或者其他监护人对未成年人的预防犯罪教育负有直接责任，应当依法履行监护职责，树立优良家风，培养未成年人良好品行；发现未成年人心理或者行为异常的，应当及时了解情况并进行教育、引导和劝诫，不得拒绝或者怠于履行监护职责。

第十七条　教育行政部门、学校应当将预防犯罪教育纳入学校教学计划，指导教职员工结合未成年人的特点，采取多种方式对未成年学生进行有针对性的预防犯罪教育。

第十八条　学校应当聘任从事法治教育的专职或者兼职教师，并可以从司法和执法机关、法学教育和法律服务机构等单位聘请法治副校长、校外法治辅导员。

第十九条　学校应当配备专职或者兼职的心理健康教育教师，开展心理健康教育。学校可以根据实际情况与专业心理健康机构合作，建立心理健康筛查和早期干预机制，预防和解决学生心理、行为异常问题。

学校应当与未成年学生的父母或者其他监护人加强沟通,共同做好未成年学生心理健康教育;发现未成年学生可能患有精神障碍的,应当立即告知其父母或者其他监护人送相关专业机构诊治。

第二十条　教育行政部门应当会同有关部门建立学生欺凌防控制度。学校应当加强日常安全管理,完善学生欺凌发现和处置的工作流程,严格排查并及时消除可能导致学生欺凌行为的各种隐患。

第二十一条　教育行政部门鼓励和支持学校聘请社会工作者长期或者定期进驻学校,协助开展道德教育、法治教育、生命教育和心理健康教育,参与预防和处理学生欺凌等行为。

第二十二条　教育行政部门、学校应当通过举办讲座、座谈、培训等活动,介绍科学合理的教育方法,指导教职员工、未成年学生的父母或者其他监护人有效预防未成年人犯罪。

学校应当将预防犯罪教育计划告知未成年学生的父母或者其他监护人。未成年学生的父母或者其他监护人应当配合学校对未成年学生进行有针对性的预防犯罪教育。

第二十三条　教育行政部门应当将预防犯罪教育的工作效果纳入学校年度考核内容。

第二十四条　各级人民政府及其有关部门、人民检察院、人民法院、共产主义青年团、少年先锋队、妇女联合会、残疾人联合会、关心下一代工作委员会等应当结合实际,组织、举办多种形式的预防未成年人犯罪宣传教育活动。有条件的地方可以建立青少年法治教育基地,对未成年人开展法治教育。

第二十五条　居民委员会、村民委员会应当积极开展有针对性的预防未成年人犯罪宣传活动,协助公安机关维护学校周围治安,及时掌握本辖区内未成年人的监护、就学和就业情况,组织、引导社区社会组织参与预防未成年人犯罪工作。

第二十六条　青少年宫、儿童活动中心等校外活动场所应当把预防犯罪教育作为一项重要的工作内容,开展多种形式的宣传教育活动。

第二十七条　职业培训机构、用人单位在对已满十六周岁准备就业的未成年人进行职业培训时,应当将预防犯罪教育纳入培训内容。

第三章　对不良行为的干预

第二十八条　本法所称不良行为,是指未成年人实施的不利于其健康成长的下列行为:

(一)吸烟、饮酒;

(二)多次旷课、逃学;

(三)无故夜不归宿、离家出走;

(四)沉迷网络;

(五)与社会上具有不良习性的人交往,组织或者参加实施不良行为的团伙;

（六）进入法律法规规定未成年人不宜进入的场所；

（七）参与赌博、变相赌博，或者参加封建迷信、邪教等活动；

（八）阅览、观看或者收听宣扬淫秽、色情、暴力、恐怖、极端等内容的读物、音像制品或者网络信息等；

（九）其他不利于未成年人身心健康成长的不良行为。

第二十九条　未成年人的父母或者其他监护人发现未成年人有不良行为的，应当及时制止并加强管教。

第三十条　公安机关、居民委员会、村民委员会发现本辖区内未成年人有不良行为的，应当及时制止，并督促其父母或者其他监护人依法履行监护职责。

第三十一条　学校对有不良行为的未成年学生，应当加强管理教育，不得歧视；对拒不改正或者情节严重的，学校可以根据情况予以处分或者采取以下管理教育措施：

（一）予以训导；

（二）要求遵守特定的行为规范；

（三）要求参加特定的专题教育；

（四）要求参加校内服务活动；

（五）要求接受社会工作者或者其他专业人员的心理辅导和行为干预；

（六）其他适当的管理教育措施。

第三十二条　学校和家庭应当加强沟通，建立家校合作机制。学校决定对未成年学生采取管理教育措施的，应当及时告知其父母或者其他监护人；未成年学生的父母或者其他监护人应当支持、配合学校进行管理教育。

第三十三条　未成年学生偷窃少量财物，或者有殴打、辱骂、恐吓、强行索要财物等学生欺凌行为，情节轻微的，可以由学校依照本法第三十一条规定采取相应的管理教育措施。

第三十四条　未成年学生旷课、逃学的，学校应当及时联系其父母或者其他监护人，了解有关情况；无正当理由的，学校和未成年学生的父母或者其他监护人应当督促其返校学习。

第三十五条　未成年人无故夜不归宿、离家出走的，父母或者其他监护人、所在的寄宿制学校应当及时查找，必要时向公安机关报告。

收留夜不归宿、离家出走未成年人的，应当及时联系其父母或者其他监护人、所在学校；无法取得联系的，应当及时向公安机关报告。

第三十六条　对夜不归宿、离家出走或者流落街头的未成年人，公安机关、公共场所管理机构等发现或者接到报告后，应当及时采取有效保护措施，并通知其父母或者其他监护人、所在的寄宿制学校，必要时应当护送其返回住所、学校；无法与其父母或者其他监护人、学校取得联系的，应当护送未成年人到救助保护机构接受救助。

第三十七条　未成年人的父母或者其他监护人、学校发现未成年人组织或者参加实施不良行为的团伙，应当及时制止；发现该团伙有违法犯罪嫌疑的，应当立即向公安机关报告。

第四章　对严重不良行为的矫治

第三十八条　本法所称严重不良行为,是指未成年人实施的有刑法规定、因不满法定刑事责任年龄不予刑事处罚的行为,以及严重危害社会的下列行为:

(一)结伙斗殴,追逐、拦截他人,强拿硬要或者任意损毁、占用公私财物等寻衅滋事行为;

(二)非法携带枪支、弹药或者弩、匕首等国家规定的管制器具;

(三)殴打、辱骂、恐吓,或者故意伤害他人身体;

(四)盗窃、哄抢、抢夺或者故意损毁公私财物;

(五)传播淫秽的读物、音像制品或者信息等;

(六)卖淫、嫖娼,或者进行淫秽表演;

(七)吸食、注射毒品,或者向他人提供毒品;

(八)参与赌博赌资较大;

(九)其他严重危害社会的行为。

第三十九条　未成年人的父母或者其他监护人、学校、居民委员会、村民委员会发现有人教唆、胁迫、引诱未成年人实施严重不良行为的,应当立即向公安机关报告。公安机关接到报告或者发现有上述情形的,应当及时依法查处;对人身安全受到威胁的未成年人,应当立即采取有效保护措施。

第四十条　公安机关接到举报或者发现未成年人有严重不良行为的,应当及时制止,依法调查处理,并可以责令其父母或者其他监护人消除或者减轻违法后果,采取措施严加管教。

第四十一条　对有严重不良行为的未成年人,公安机关可以根据具体情况,采取以下矫治教育措施:

(一)予以训诫;

(二)责令赔礼道歉、赔偿损失;

(三)责令具结悔过;

(四)责令定期报告活动情况;

(五)责令遵守特定的行为规范,不得实施特定行为、接触特定人员或者进入特定场所;

(六)责令接受心理辅导、行为矫治;

(七)责令参加社会服务活动;

(八)责令接受社会观护,由社会组织、有关机构在适当场所对未成年人进行教育、监督和管束;

(九)其他适当的矫治教育措施。

第四十二条　公安机关在对未成年人进行矫治教育时,可以根据需要邀请学校、居民委员会、村民委员会以及社会工作服务机构等社会组织参与。

未成年人的父母或者其他监护人应当积极配合矫治教育措施的实施,不得妨碍阻挠或者放任不管。

第四十三条　对有严重不良行为的未成年人，未成年人的父母或者其他监护人、所在学校无力管教或者管教无效的，可以向教育行政部门提出申请，经专门教育指导委员会评估同意后，由教育行政部门决定送入专门学校接受专门教育。

第四十四条　未成年人有下列情形之一的，经专门教育指导委员会评估同意，教育行政部门会同公安机关可以决定将其送入专门学校接受专门教育：

（一）实施严重危害社会的行为，情节恶劣或者造成严重后果；

（二）多次实施严重危害社会的行为；

（三）拒不接受或者配合本法第四十一条规定的矫治教育措施；

（四）法律、行政法规规定的其他情形。

第四十五条　未成年人实施刑法规定的行为、因不满法定刑事责任年龄不予刑事处罚的，经专门教育指导委员会评估同意，教育行政部门会同公安机关可以决定对其进行专门矫治教育。

省级人民政府应当结合本地的实际情况，至少确定一所专门学校按照分校区、分班级等方式设置专门场所，对前款规定的未成年人进行专门矫治教育。

前款规定的专门场所实行闭环管理，公安机关、司法行政部门负责未成年人的矫治工作，教育行政部门承担未成年人的教育工作。

第四十六条　专门学校应当在每个学期适时提请专门教育指导委员会对接受专门教育的未成年学生的情况进行评估。对经评估适合转回普通学校就读的，专门教育指导委员会应当向原决定机关提出书面建议，由原决定机关决定是否将未成年学生转回普通学校就读。

原决定机关决定将未成年学生转回普通学校的，其原所在学校不得拒绝接收；因特殊情况，不适宜转回原所在学校的，由教育行政部门安排转学。

第四十七条　专门学校应当对接受专门教育的未成年人分级分类进行教育和矫治，有针对性地开展道德教育、法治教育、心理健康教育，并根据实际情况进行职业教育；对没有完成义务教育的未成年人，应当保证其继续接受义务教育。

专门学校的未成年学生的学籍保留在原学校，符合毕业条件的，原学校应当颁发毕业证书。

第四十八条　专门学校应当与接受专门教育的未成年人的父母或者其他监护人加强联系，定期向其反馈未成年人的矫治和教育情况，为父母或者其他监护人、亲属等看望未成年人提供便利。

第四十九条　未成年人及其父母或者其他监护人对本章规定的行政决定不服的，可以依法提起行政复议或者行政诉讼。

第五章　对重新犯罪的预防

第五十条　公安机关、人民检察院、人民法院办理未成年人刑事案件，应当根据未成年人的生理、心理特点和犯罪的情况，有针对性地进行法治教育。

对涉及刑事案件的未成年人进行教育,其法定代理人以外的成年亲属或者教师、辅导员等参与有利于感化、挽救未成年人的,公安机关、人民检察院、人民法院应当邀请其参加有关活动。

第五十一条　公安机关、人民检察院、人民法院办理未成年人刑事案件,可以自行或者委托有关社会组织、机构对未成年犯罪嫌疑人或者被告人的成长经历、犯罪原因、监护、教育等情况进行社会调查;根据实际需要并经未成年犯罪嫌疑人、被告人及其法定代理人同意,可以对未成年犯罪嫌疑人、被告人进行心理测评。

社会调查和心理测评的报告可以作为办理案件和教育未成年人的参考。

第五十二条　公安机关、人民检察院、人民法院对于无固定住所、无法提供保证人的未成年人适用取保候审的,应当指定合适成年人作为保证人,必要时可以安排取保候审的未成年人接受社会观护。

第五十三条　对被拘留、逮捕以及在未成年犯管教所执行刑罚的未成年人,应当与成年人分别关押、管理和教育。对未成年人的社区矫正,应当与成年人分别进行。

对有上述情形且没有完成义务教育的未成年人,公安机关、人民检察院、人民法院、司法行政部门应当与教育行政部门相互配合,保证其继续接受义务教育。

第五十四条　未成年犯管教所、社区矫正机构应当对未成年犯、未成年社区矫正对象加强法治教育,并根据实际情况对其进行职业教育。

第五十五条　社区矫正机构应当告知未成年社区矫正对象安置帮教的有关规定,并配合安置帮教工作部门落实或者解决未成年社区矫正对象的就学、就业等问题。

第五十六条　对刑满释放的未成年人,未成年犯管教所应当提前通知其父母或者其他监护人按时接回,并协助落实安置帮教措施。没有父母或者其他监护人、无法查明其父母或者其他监护人的,未成年犯管教所应当提前通知未成年人原户籍所在地或者居住地的司法行政部门安排人员按时接回,由民政部门或者居民委员会、村民委员会依法对其进行监护。

第五十七条　未成年人的父母或者其他监护人和学校、居民委员会、村民委员会对接受社区矫正、刑满释放的未成年人,应当采取有效的帮教措施,协助司法机关以及有关部门做好安置帮教工作。

居民委员会、村民委员会可以聘请思想品德优秀,作风正派,热心未成年人工作的离退休人员、志愿者或其他人员协助做好前款规定的安置帮教工作。

第五十八条　刑满释放和接受社区矫正的未成年人,在复学、升学、就业等方面依法享有与其他未成年人同等的权利,任何单位和个人不得歧视。

第五十九条　未成年人的犯罪记录依法被封存的,公安机关、人民检察院、人民法院和司法行政部门不得向任何单位或者个人提供,但司法机关因办案需要或者有关单位根据国家有关规定进行查询的除外。依法进行查询的单位和个人应当对相关记录信息予以保密。

未成年人接受专门矫治教育、专门教育的记录,以及被行政处罚、采取刑事强制措施和不起诉的记录,适用前款规定。

第六十条　人民检察院通过依法行使检察权,对未成年人重新犯罪预防工作等进行监督。

第六章　法律责任

第六十一条　公安机关、人民检察院、人民法院在办理案件过程中发现实施严重不良行为的未成年人的父母或者其他监护人不依法履行监护职责的,应当予以训诫,并可以责令其接受家庭教育指导。

第六十二条　学校及其教职员工违反本法规定,不履行预防未成年人犯罪工作职责,或者虐待、歧视相关未成年人的,由教育行政等部门责令改正,通报批评;情节严重的,对直接负责的主管人员和其他直接责任人员依法给予处分。构成违反治安管理行为的,由公安机关依法予以治安管理处罚。

教职员工教唆、胁迫、引诱未成年人实施不良行为或者严重不良行为,以及品行不良、影响恶劣的,教育行政部门、学校应当依法予以解聘或者辞退。

第六十三条　违反本法规定,在复学、升学、就业等方面歧视相关未成年人的,由所在单位或者教育、人力资源社会保障等部门责令改正;拒不改正的,对直接负责的主管人员或者其他直接责任人员依法给予处分。

第六十四条　有关社会组织、机构及其工作人员虐待、歧视接受社会观护的未成年人,或者出具虚假社会调查、心理测评报告的,由民政、司法行政等部门对直接负责的主管人员或者其他直接责任人员依法给予处分,构成违反治安管理行为的,由公安机关予以治安管理处罚。

第六十五条　教唆、胁迫、引诱未成年人实施不良行为或者严重不良行为,构成违反治安管理行为的,由公安机关依法予以治安管理处罚。

第六十六条　国家机关及其工作人员在预防未成年人犯罪工作中滥用职权、玩忽职守、徇私舞弊的,对直接负责的主管人员和其他直接责任人员,依法给予处分。

第六十七条　违反本法规定,构成犯罪的,依法追究刑事责任。

第七章　附　则

第六十八条　本法自 2021 年 6 月 1 日起施行。

附录6:《未成年人学校保护规定》

未成年人学校保护规定

(2021年5月25日教育部第1次部务会议审议通过,现予公布,自2021年9月1日起施行。)

第一章　总　则

第一条　为了落实学校保护职责,保障未成年人合法权益,促进未成年人德智体美劳全面发展、健康成长,根据《中华人民共和国教育法》《中华人民共和国未成年人保护法》等法律法规,制定本规定。

第二条　普通中小学、中等职业学校(以下简称学校)对本校未成年人(以下统称学生)在校学习、生活期间合法权益的保护,适用本规定。

第三条　学校应当全面贯彻国家教育方针,落实立德树人根本任务,弘扬社会主义核心价值观,依法办学、依法治校,履行学生权益保护法定职责,健全保护制度,完善保护机制。

第四条　学校学生保护工作应当坚持最有利于未成年人的原则,注重保护和教育相结合,适应学生身心健康发展的规律和特点;关心爱护每个学生,尊重学生权利,听取学生意见。

第五条　教育行政部门应当落实工作职责,会同有关部门健全学校学生保护的支持措施、服务体系,加强对学校学生保护工作的支持、指导、监督和评价。

第二章　一般保护

第六条　学校应当平等对待每个学生,不得因学生及其父母或者其他监护人(以下统称家长)的民族、种族、性别、户籍、职业、宗教信仰、教育程度、家庭状况、身心健康情况等歧视学生或者对学生进行区别对待。

第七条　学校应当落实安全管理职责,保护学生在校期间人身安全。学校不得组织、安排学生从事抢险救灾、参与危险性工作,不得安排学生参加商业性活动及其他不宜学生参加的活动。

学生在校内或者本校组织的校外活动中发生人身伤害事故的,学校应当依据有关规定妥善处理,及时通知学生家长;情形严重的,应当按规定向有关部门报告。

第八条　学校不得设置侵犯学生人身自由的管理措施,不得对学生在课间及其他非教学时间的正当交流、游戏、出教室活动等言行自由设置不必要的约束。

第九条　学校应当尊重和保护学生的人格尊严,尊重学生名誉,保护和培育学生的荣誉感、责任感，表彰、奖励学生做到公开、公平、公正；在教育、管理中不得使用任何贬损、侮辱学生及其家长或者所属特定群体的言行、方式。

第十条　学校采集学生个人信息，应当告知学生及其家长，并对所获得的学生及其家庭信息负有管理、保密义务，不得毁弃以及非法删除、泄露、公开、买卖。

学校在奖励、资助、申请贫困救助等工作中，不得泄露学生个人及其家庭隐私；学生的考试成绩、名次等学业信息，学校应当便利学生本人和家长知晓，但不得公开，不得宣传升学情况；除因法定事由，不得查阅学生的信件、日记、电子邮件或者其他网络通讯内容。

第十一条　学校应当尊重和保护学生的受教育权利，保障学生平等使用教育教学设施设备、参加教育教学计划安排的各种活动，并在学业成绩和品行上获得公正评价。

对身心有障碍的学生，应当提供合理便利，实施融合教育，给予特别支持；对学习困难、行为异常的学生，应当以适当方式教育、帮助，必要时，可以通过安排教师或者专业人员课后辅导等方式给予帮助或者支持。

学校应当建立留守学生、困境学生档案，配合政府有关部门做好关爱帮扶工作，避免学生因家庭因素失学、辍学。

第十二条　义务教育学校不得开除或者变相开除学生，不得以长期停课、劝退等方式，剥夺学生在校接受并完成义务教育的权利；对转入专门学校的学生，应当保留学籍，原决定机关决定转回的学生，不得拒绝接收。

义务教育学校应当落实学籍管理制度，健全辍学或者休学、长期请假学生的报告备案制度，对辍学学生应当及时进行劝返，劝返无效的，应当报告有关主管部门。

第十三条　学校应当按规定科学合理安排学生在校作息时间，保证学生有休息、参加文娱活动和体育锻炼的机会和时间，不得统一要求学生在规定的上课时间前到校参加课程教学活动。

义务教育学校不得占用国家法定节假日、休息日及寒暑假，组织学生集体补课；不得以集体补课等形式侵占学生休息时间。

第十四条　学校不得采用毁坏财物的方式对学生进行教育管理，对学生携带进入校园的违法违规物品，按规定予以暂扣的，应当统一管理，并依照有关规定予以处理。

学校不得违反规定向学生收费，不得强制要求或者设置条件要求学生及家长捐款捐物、购买商品或者服务，或者要求家长提供物质帮助、需支付费用的服务等。

第十五条　学校以发布、汇编、出版等方式使用学生作品，对外宣传或者公开使用学生个体肖像的，应当取得学生及其家长许可，并依法保护学生的权利。

第十六条　学校应当尊重学生的参与权和表达权，指导、支持学生参与学校章程、校规校纪、班级公约的制定，处理与学生权益相关的事务时，应当以适当方式听取学生意见。

第十七条　学校对学生实施教育惩戒或者处分学生的，应当依据有关规定，听取学生的陈述、申辩，遵循审慎、公平、公正的原则作出决定。

除开除学籍处分以外，处分学生应当设置期限，对受到处分的学生应当跟踪观察、有针对性地实施教育,确有改正的,到期应当予以解除。解除处分后,学生获得表彰、奖励及其他权益,不再受原处分影响。

第三章　专项保护

第十八条　学校应当落实法律规定建立学生欺凌防控和预防性侵害、性骚扰等专项制度,建立对学生欺凌、性侵害、性骚扰行为的零容忍处理机制和受伤害学生的关爱、帮扶机制。

第十九条　学校应当成立由校内相关人员、法治副校长、法律顾问、有关专家、家长代表、学生代表等参与的学生欺凌治理组织,负责学生欺凌行为的预防和宣传教育、组织认定、实施矫治、提供援助等。

学校应当定期针对全体学生开展防治欺凌专项调查,对学校是否存在欺凌等情形进行评估。

第二十条　学校应当教育、引导学生建立平等、友善、互助的同学关系,组织教职工学习预防、处理学生欺凌的相关政策、措施和方法,对学生开展相应的专题教育,并且应当根据情况给予相关学生家长必要的家庭教育指导。

第二十一条　教职工发现学生实施下列行为的,应当及时制止:

(一)殴打、脚踢、掌掴、抓咬、推撞、拉扯等侵犯他人身体或者恐吓威胁他人;

(二)以辱骂、讥讽、嘲弄、挖苦、起侮辱性绰号等方式侵犯他人人格尊严;

(三)抢夺、强拿硬要或者故意毁坏他人财物;

(四)恶意排斥、孤立他人,影响他人参加学校活动或者社会交往;

(五)通过网络或者其他信息传播方式捏造事实诽谤他人、散布谣言或者错误信息诋毁他人、恶意传播他人隐私。

学生之间,在年龄、身体或者人数等方面占优势的一方蓄意或者恶意对另一方实施前款行为,或者以其他方式欺压、侮辱另一方,造成人身伤害、财产损失或者精神损害的,可以认定为构成欺凌。

第二十二条　教职工应当关注因身体条件、家庭背景或者学习成绩等可能处于弱势或者特殊地位的学生,发现学生存在被孤立、排挤等情形的,应当及时干预。

教职工发现学生有明显的情绪反常、身体损伤等情形,应当及时沟通了解情况,可能存在被欺凌情形的,应当及时向学校报告。

学校应当教育、支持学生主动、及时报告所发现的欺凌情形,保护自身和他人的合法权益。

第二十三条　学校接到关于学生欺凌报告的,应当立即开展调查,认为可能构成欺凌的,应当及时提交学生欺凌治理组织认定和处置,并通知相关学生的家长参与欺凌行为的认定和处理。认定构成欺凌的,应当对实施或者参与欺凌行为的学生作出教育惩戒或者纪律处分,并对其家长提出加强管教的要求,必要时,可以由法治副校长、辅导员对学生及其家长进行训导、教育。

对违反治安管理或者涉嫌犯罪等严重欺凌行为,学校不得隐瞒,应当及时向公安机关、教育行政部门报告,并配合相关部门依法处理。

不同学校学生之间发生的学生欺凌事件,应当在主管教育行政部门的指导下建立联合调查机制,进行认定和处理。

第二十四条　学校应当建立健全教职工与学生交往行为准则、学生宿舍安全管理规定、视频监控管理规定等制度,建立预防、报告、处置性侵害、性骚扰工作机制。

学校应当采取必要措施预防并制止教职工以及其他进入校园的人员实施以下行为:

(一)与学生发生恋爱关系、性关系;

(二)抚摸、故意触碰学生身体特定部位等猥亵行为;

(三)对学生作出调戏、挑逗或者具有性暗示的言行;

(四)向学生展示传播包含色情、淫秽内容的信息、书刊、影片、音像、图片或者其他淫秽物品;

(五)持有包含淫秽、色情内容的视听、图文资料;

(六)其他构成性骚扰、性侵害的违法犯罪行为。

第四章　管理要求

第二十五条　学校应当制定规范教职工、学生行为的校规校纪。校规校纪应当内容合法、合理,制定程序完备,向学生及其家长公开,并按照要求报学校主管部门备案。

第二十六条　学校应当严格执行国家课程方案,按照要求开齐开足课程、选用教材和教学辅助资料。学校开发的校本课程或者引进的课程应当经过科学论证,并报主管教育行政部门备案。

学校不得与校外培训机构合作向学生提供有偿的课程或者课程辅导。

第二十七条　学校应当加强作业管理,指导和监督教师按照规定科学适度布置家庭作业,不得超出规定增加作业量,加重学生学习负担。

第二十八条　学校应当按照规定设置图书馆、班级图书角,配备适合学生认知特点、内容积极向上的课外读物,营造良好阅读环境,培养学生阅读习惯,提升阅读质量。

学校应当加强读物和校园文化环境管理,禁止含有淫秽、色情、暴力、邪教、迷信、赌博、恐怖主义、分裂主义、极端主义等危害未成年人身心健康内容的读物、图片、视听作品等,以及商业广告、有悖于社会主义核心价值观的文化现象进入校园。

第二十九条　学校应当建立健全安全风险防控体系,按照有关规定完善安全、卫生、食品等管理制度,提供符合标准的教育教学设施、设备等,制定自然灾害、突发事件、极端天气和意外伤害应急预案,配备相应设施并定期组织必要的演练。

学生在校期间学校应当对校园实行封闭管理,禁止无关人员进入校园。

第三十条　学校应当以适当方式教育、提醒学生及家长,避免学生使用兴奋剂或者镇静催眠药、镇痛剂等成瘾性药物;发现学生使用的,应当予以制止、向主管部门或者公安机关报告,并应当及时通知家长,但学生因治疗需要并经执业医师诊断同意使用的除外。

第三十一条　学校应当建立学生体质监测制度，发现学生出现营养不良、近视、肥胖、龋齿等倾向或者有导致体质下降的不良行为习惯，应当进行必要的管理、干预，并通知家长，督促、指导家长实施矫治。

学校应当完善管理制度，保障学生在课间、课后使用学校的体育运动场地、设施开展体育锻炼；在周末和节假日期间，按规定向学生和周边未成年人免费或者优惠开放。

第三十二条　学校应当建立学生心理健康教育管理制度，建立学生心理健康问题的早期发现和及时干预机制，按照规定配备专职或者兼职心理健康教育教师、建设心理辅导室，或者通过购买专业社工服务等多种方式为学生提供专业化、个性化的指导和服务。

有条件的学校，可以定期组织教职工进行心理健康状况测评，指导、帮助教职工以积极、乐观的心态对待学生。

第三十三条　学校可以禁止学生携带手机等智能终端产品进入学校或者在校园内使用；对经允许带入的，应当统一管理，除教学需要外，禁止带入课堂。

第三十四条　学校应当将科学、文明、安全、合理使用网络纳入课程内容，对学生进行网络安全、网络文明和防止沉迷网络的教育，预防和干预学生过度使用网络。

学校为学生提供的上网设施，应当安装未成年人上网保护软件或者采取其他安全保护技术措施，避免学生接触不适宜未成年人接触的信息；发现网络产品、服务、信息有危害学生身心健康内容的，或者学生利用网络实施违法活动的，应当立即采取措施并向有关主管部门报告。

第三十五条　任何人不得在校园内吸烟、饮酒。学校应当设置明显的禁止吸烟、饮酒的标识，并不得以烟草制品、酒精饮料的品牌冠名学校、教学楼、设施设备及各类教学、竞赛活动。

第三十六条　学校应当严格执行入职报告和准入查询制度，不得聘用有下列情形的人员：

（一）受到剥夺政治权利或者因故意犯罪受到有期徒刑以上刑事处罚的；

（二）因卖淫、嫖娼、吸毒、赌博等违法行为受到治安管理处罚的；

（三）因虐待、性骚扰、体罚或者侮辱学生等情形被开除或者解聘的；

（四）实施其他被纳入教育领域从业禁止范围的行为的。

学校在聘用教职工或引入志愿者、社工等校外人员时，应当要求相关人员提交承诺书；对在聘人员应当按照规定定期开展核查，发现存在前款规定情形的人员应当及时解聘。

第三十七条　学校发现拟聘人员或者在职教职工存在下列情形的，应当对有关人员是否符合相应岗位要求进行评估，必要时可以安排有专业资质的第三方机构进行评估，并将相关结论作为是否聘用或者调整工作岗位、解聘的依据：

（一）有精神病史的；

（二）有严重酗酒、滥用精神类药物史的；

（三）有其他可能危害未成年人身心健康或者可能造成不良影响的身心疾病的。

第三十八条　学校应当加强对教职工的管理,预防和制止教职工实施法律、法规、规章以及师德规范禁止的行为。学校及教职工不得实施下列行为:

(一)利用管理学生的职务便利或者招生考试、评奖评优、推荐评价等机会,以任何形式向学生及其家长索取、收受财物或者接受宴请、其他利益;

(二)以牟取利益为目的,向学生推销或者要求、指定学生购买特定辅导书、练习册等教辅材料或者其他商品、服务;

(三)组织、要求学生参加校外有偿补课,或者与校外机构、个人合作向学生提供其他有偿服务;

(四)诱导、组织或者要求学生及其家长登录特定经营性网站,参与视频直播、网络购物、网络投票、刷票等活动;

(五)非法提供、泄露学生信息或者利用所掌握的学生信息牟取利益;

(六)其他利用管理学生的职权牟取不正当利益的行为。

第三十九条　学校根据《校车安全管理条例》配备、使用校车的,应当依法建立健全校车安全管理制度,向学生讲解校车安全乘坐知识,培养学生校车安全事故应急处理技能。

第四十条　学校应当定期巡查校园及周边环境,发现存在法律禁止在学校周边设立的营业场所、销售网点的,应当及时采取应对措施,并报告主管教育部门或者其他有关主管部门。

学校及其教职工不得安排或者诱导、组织学生进入营业性娱乐场所、互联网上网服务营业场所、电子游戏场所、酒吧等不适宜未成年人活动的场所;发现学生进入上述场所的,应当及时予以制止、教育,并向上述场所的主管部门反映。

第五章　保护机制

第四十一条　校长是学生学校保护的第一责任人。学校应当指定一名校领导直接负责学生保护工作,并明确具体的工作机构,有条件的,可以设立学生保护专员开展学生保护工作。学校应当为从事学生保护工作的人员接受相关法律、理论和技能的培训提供条件和支持,对教职工开展未成年人保护专项培训。

有条件的学校可以整合欺凌防治、纪律处分等组织、工作机制,组建学生保护委员会,统筹负责学生权益保护及相关制度建设。

第四十二条　学校要树立以生命关怀为核心的教育理念,利用安全教育、心理健康教育、环境保护教育、健康教育、禁毒和预防艾滋病教育等专题教育,引导学生热爱生命、尊重生命;要有针对性地开展青春期教育、性教育,使学生了解生理健康知识,提高防范性侵害、性骚扰的自我保护意识和能力。

第四十三条　学校应当结合相关课程要求,根据学生的身心特点和成长需求开展以宪法教育为核心、以权利与义务教育为重点的法治教育,培养学生树立正确的权利观念,并开展有针对性的预防犯罪教育。

第四十四条　学校可以根据实际组成由学校相关负责人、教师、法治副校长(辅导员）、司法和心理等方面专业人员参加的专业辅导工作机制，对有不良行为的学生进行矫治和帮扶；对有严重不良行为的学生，学校应当配合有关部门进行管教，无力管教或者管教无效的，可以依法向教育行政部门提出申请送专门学校接受专门教育。

第四十五条　学校在作出与学生权益有关的决定前，应当告知学生及其家长，听取意见并酌情采纳。

学校应当发挥学生会、少代会、共青团等学生组织的作用，指导、支持学生参与权益保护，对于情节轻微的学生纠纷或者其他侵害学生权益的情形，可以安排学生代表参与调解。

第四十六条　学校应当建立与家长有效联系机制，利用家访、家长课堂、家长会等多种方式与学生家长建立日常沟通。

学校应当建立学生重大生理、心理疾病报告制度，向家长及时告知学生身体及心理健康状况；学校发现学生身体状况或者情绪反应明显异常、突发疾病或者受到伤害的，应当及时通知学生家长。

第四十七条　学校和教职工发现学生遭受或疑似遭受家庭暴力、虐待、遗弃、长期无人照料、失踪等不法侵害以及面临不法侵害危险的，应当依照规定及时向公安、民政、教育等有关部门报告。学校应当积极参与、配合有关部门做好侵害学生权利案件的调查处理工作。

第四十八条　教职员工发现学生权益受到侵害，属于本职工作范围的，应当及时处理；不属于本职工作范围或者不能处理的，应当及时报告班主任或学校负责人；必要时可以直接向主管教育行政部门或者公安机关报告。

第四十九条　学生因遭受遗弃、虐待向学校请求保护的，学校不得拒绝、推诿，需要采取救助措施的，应当先行救助。

学校应当关心爱护学生，为身体或者心理受到伤害的学生提供相应的心理健康辅导、帮扶教育。对因欺凌造成身体或者心理伤害，无法在原班级就读的学生，学生家长提出调整班级请求，学校经评估认为有必要的，应当予以支持。

第六章　支持与监督

第五十条　教育行政部门应当积极探索与人民检察院、人民法院、公安、司法、民政、应急管理等部门以及从事未成年人保护工作的相关群团组织的协同机制，加强对学校学生保护工作的指导与监督。

第五十一条　教育行政部门应当会同有关部门健全教职工从业禁止人员名单和查询机制，指导、监督学校健全准入和定期查询制度。

第五十二条　教育行政部门可以通过政府购买服务的方式，组织具有相应资质的社会组织、专业机构及其他社会力量，为学校提供法律咨询、心理辅导、行为矫正等专业服务，为预防和处理学生权益受侵害的案件提供支持。

教育行政部门、学校在与有关部门、机构、社会组织及个人合作进行学生保护专业服务与支持过程中，应当与相关人员签订保密协议，保护学生个人及家庭隐私。

第五十三条　教育行政部门应当指定专门机构或者人员承担学生保护的监督职责,有条件的,可以设立学生保护专兼职监察员负责学生保护工作,处理或者指导处理学生欺凌、性侵害、性骚扰以及其他侵害学生权益的事件,会同有关部门落实学校安全区域制度,健全依法处理涉校纠纷的工作机制。

负责学生保护职责的人员应当接受专门业务培训,具备学生保护的必要知识与能力。

第五十四条　教育行政部门应当通过建立投诉举报电话、邮箱或其他途径,受理对学校或者教职工违反本规定或者其他法律法规、侵害学生权利的投诉、举报;处理过程中发现有关人员行为涉嫌违法犯罪的,应当及时向公安机关报案或者移送司法机关。

第五十五条　县级教育行政部门应当会同民政部门,推动设立未成年人保护社会组织,协助受理涉及学生权益的投诉举报、开展侵害学生权益案件的调查和处理,指导、支持学校、教职工、家长开展学生保护工作。

第五十六条　地方教育行政部门应当建立学生保护工作评估制度,定期组织或者委托第三方对管辖区域内学校履行保护学生法定职责情况进行评估,评估结果作为学校管理水平评价、校长考评考核的依据。

各级教育督导机构应当将学校学生保护工作情况纳入政府履行教育职责评价和学校督导评估的内容。

第七章　责任与处理

第五十七条　学校未履行未成年人保护法规定的职责,违反本规定侵犯学生合法权利的,主管教育行政部门应当责令改正,并视情节和后果,依照有关规定和权限分别对学校的主要负责人、直接责任人或者其他责任人员进行诫勉谈话、通报批评、给予处分或者责令学校给予处分;同时,可以给予学校1至3年不得参与相应评奖评优,不得获评各类示范、标兵单位等荣誉的处理。

第五十八条　学校未履行对教职工的管理、监督责任,致使发生教职工严重侵害学生身心健康的违法犯罪行为,或者有包庇、隐瞒不报,威胁、阻拦报案,妨碍调查、对学生打击报复等行为的,主管教育部门应当对主要负责人和直接责任人给予处分或者责令学校给予处分;情节严重的,应当移送有关部门查处,构成违法犯罪的,依法追究相应法律责任。因监管不力、造成严重后果而承担领导责任的校长,5年内不得再担任校长职务。

第五十九条　学校未按本规定建立学生权利保护机制,或者制定的校规违反法律法规和本规定,由主管教育部门责令限期改正、给予通报批评;情节严重、影响较大或者逾期不改正的,可以对学校主要负责人和直接负责人给予处分或者责令学校给予处分。

第六十条　教职工违反本规定的,由学校或者主管教育部门依照事业单位人员管理、中小学教师管理的规定予以处理。

教职工实施第二十四条第二款禁止行为的,应当依法予以开除或者解聘;有教师资格的,由主管教育行政部门撤销教师资格,纳入从业禁止人员名单;涉嫌犯罪的,移送有关部门依法追究责任。

教职工违反第三十八条规定牟取不当利益的,应当责令退还所收费用或者所获利益,给学生造成经济损失的,应当依法予以赔偿,并视情节给予处分,涉嫌违法犯罪的移送有关部门依法追究责任。

学校应当根据实际,建立健全校内其他工作人员聘用和管理制度,对其他人员违反本规定的,根据情节轻重予以校内纪律处分直至予以解聘,涉嫌违反治安管理或者犯罪的,移送有关部门依法追究责任。

第六十一条　教育行政部门未履行对学校的指导、监督职责,管辖区域内学校出现严重侵害学生权益情形的,由上级教育行政部门、教育督导机构责令改正、予以通报批评,情节严重的依法追究主要负责人或者直接责任人的责任。

第八章　附则

第六十二条　幼儿园、特殊教育学校应当根据未成年人身心特点,依据本规定有针对性地加强在园、在校未成年人合法权益的保护,并参照本规定、结合实际建立保护制度。

幼儿园、特殊教育学校及其教职工违反保护职责,侵害在园、在校未成年人合法权益的,应当适用本规定从重处理。

第六十三条　本规定自 2021 年 9 月 1 日起施行。